U0495668

刘克敌 卢建军 著

20世纪文化大师与学术流派丛书

章太炎与章门弟子

大象出版社

图书在版编目(CIP)数据

章太炎与章门弟子/刘克敌,卢建军著. —郑州:大象出版社,2010.10

(20世纪文化大师与学术流派)

ISBN 978 – 7 – 5347 – 6026 – 6

Ⅰ.①章… Ⅱ.①刘… ②卢… Ⅲ.①章太炎(1869~1936)—传记 Ⅳ.①B259.25

中国版本图书馆 CIP 数据核字(2010)第 180889 号

策划组稿	张前进
责任编辑	张前进
责任校对	侯金芳
封面设计	刘 & 王
出版发行	大象出版社(郑州市经七路25号 邮政编码450002)
	发行科 0371-63863551 总编室 0371-63863572
网　址	www.daxiang.cn
印　刷	河南新华印刷集团有限公司
版　次	2010年10月第1版 2010年10月第1次印刷
开　本	787×1092 1/16
印　张	19.25
字　数	248千字
定　价	32.00元

若发现印、装质量问题,影响阅读,请与承印厂联系调换。

印厂地址　郑州市经五路12号

邮政编码　450002　　电话　(0371)65957860-351

总序

中国的 20 世纪是一个天翻地覆、波澜壮阔的世纪,在这个现代百年里,涌现出为数不少的改变历史和文化的伟人和大师,他们的出现不仅重塑了中国形象,而且对此后中国人的思维方式、价值观念、文化信仰等产生了深刻的影响。本丛书以"20 世纪文化大师与学术流派"为写作对象,力图以现代文化大师及其弟子们的文化、政治、学术活动为中心,梳理近现代知识分子的精神谱系,描绘现代中国的文化地图,在对历史的回顾中,理解现在,展望未来。

本丛书可以说是对以师徒关系为中心形成的现代知识群体的研究。中国文化素有"尊师重道"的传统,所谓"道"者,意指"终极真理"、"一切的本原",为师者担负着"传道、授业、解惑"的责任,其所担负的社会文化角色的重要性是不言而喻的,故而"重道"也就意味着"尊师"。现代中国是一个革故鼎新的时代,旧的一切在时代浪潮的冲击下土崩瓦解、走向没落,而新的一切方兴未艾、势不可当。在此前所未有的巨大变革中,出现了一些为现代中国文化奠定基本格局的具有开创性的文化大师,他们的出现填补了传统退位后留下的精神信仰的空白,成为现代人仰慕、尊崇的导师、传统"圣人"一般的人物。这些大师级人物大都带有马克斯·韦伯所谓的"克里斯马"人物的神采和魅力,"克里斯马"(charisma)一词,最初用来形容宗教领袖,意思是指具有特殊魅力和吸引人的人,后来泛指各类具有超凡魅力的领袖人物。马克斯·韦伯认为"克里斯马"人物以其表现出的某种超凡的品质,所以"高踞于一般人之上,被认为具有超自然、超人或至少是非常特殊的力量和能力"①。"克里斯马"现象的出现在其时代也是一种特殊的社会机制的表现,无论是认为"英雄造时势"还是强调"时势造英雄","英雄"与"时势"的关系是极为密切、不可分割的,它彰显的是一种人与时代的互动:一方面"王纲解纽"的时代使这类创世精英脱颖而出,以天下兴亡为己任,锐意求变、率先垂范,成为得时代风气之先的先觉者、预言家和精神导师,吸引众人成为他的追随者;另一方面,新旧转型期的文化精神危机呼唤着这类人物的出现,以满足人们迫切的精神需求,使人们的心灵不因固有信仰的崩解而陷入空虚、迷茫,获得一种新的精神归宿感。处于由传统向现代转换之际的中国社会,出现了严重的政治、伦理、宗教、文化信仰的危机,人们对传统的价值观念和信仰体系发生根本动摇,社会亟须一种新的信仰,来重新凝聚散乱的人心,这就为"克里斯马"人物的出现提供了众多的受众和适宜的时代土壤。"克里斯马"人物的出现,可以为人们的心灵提供一种导向,进而转变人们的信仰和行为,使他们"以全新的观点去看待各种问题",因此,"克里斯马"可以表现为一种变革时代的"强大的革命力量"。马克斯·韦伯认为人类社会迄今共有三种权威类型,它们分别是:传统的权威、"克里斯马"的权威和法理的权威。"克里斯马"权威是介于传统权威和现代法理权威之间的过渡期的文化现象。

本丛书所包括的文化大师:康有为、章太炎、胡适、鲁迅、周作人、钱穆等大都是在近现代文化学术上创宗立派、开一代风气、具有超凡魅力的领袖人物,其中康有为、章太炎两位是活跃于清末民

---

① 转引自汝信:《现代外国哲学》,人民出版社1986年版,第97页。

初的政学两界的文化大师,对后世影响甚巨。康有为自幼期为圣贤,及长更是以"圣人"自居,不屑于词章考据之学,而专注于义理之学,养心静坐。他曾于"静坐时,忽见天地万物皆我一体,大放光明,自以为圣人,则欣喜而笑"①,自谓进入了"得道成圣"之境。康有为融会中西,由现代"公同平等"原理,推演出世界"大同"之说,在其时代起到了一种石破天惊的破旧立新效果;他积极投身政治、倡导维新变法,并吸引众多弟子讲学论政,其中以梁启超、陈焕章、徐勤等最为著名,他们形成"康门弟子"这一晚清著名政治、文化门派,影响之大,自不待言。晚年的康有为成为现代中国的政治、文化保守主义的代表人物,在清末民初时代变局中也是一位自成一派、不可忽略的研究对象。章太炎则以清末"有学问的革命家"名标青史,他率先倡导民族革命,曾因"苏报案"入狱三年,出狱之后,革命之志更坚,流亡日本、宣传革命、聚众讲学,深得进步青年学子的敬仰,在他身边聚拢了不少杰出人才,其门下弟子钱玄同、周氏兄弟等成为了其后新文化运动的主力军,影响也不可不谓之深远。章太炎的学问"以朴学立根基,以玄学致广大",在现代思想史、学术史上具有重要地位。他具有一种"究元决疑"的思想家的气质,以《俱分进化论》、《五无论》、《四惑论》等名篇,对时代思潮、人生真谛等进行了深入的哲学思考和独特判断,留下了弥足珍贵的思想遗产。至于胡适,则是五四新文化的先锋,"文学革命"的倡导者。青年时代的胡适就是一位颇有使命感的人物,他在1916年4月12日,就填了《沁园春·誓诗》一词,其中写道:"文章革命何疑!且准备搴旗作健儿。要前空千古,下开百世,收他臭腐,还我神奇。为大中华,造新文学,此业吾曹欲让谁?"②1917年年初,他在《新青年》2卷5号发表了《文学改良刍议》,成为了中国新文化运动最初"发难的信号"。胡适的自由主义政治、文化立

---

① 《康有为年谱》,《戊戌变法》(四),上海人民出版社1957年版,第114页。
② 胡适:《胡适留学日记》下册,安徽教育出版社2006年版,第211页。

场,使他成为现代中国重"问题"不重"主义"的自由主义改良派的代表,在他身边也围绕着不少的追随者,以傅斯年、顾颉刚等最为著名。在学术上,胡适提出"大胆的假设,小心的求证"的治学方针,对现代学术的发展起到了导引、示范作用。至于周氏兄弟,则分别是新文学的开山祖师和巨石重镇,鲁迅是一位始终走在时代前列的思想家、文学家、革命家,深得进步青年的爱戴,去世时获得了中国"民族魂"的盛誉,围绕他的鲁门弟子胡风、冯雪峰、萧军等人也都在现代文学画卷上涂下了浓重的色彩,做出了独特的贡献。周作人在五四时期也是新文化、新文学运动的重要人物,其《人的文学》成为新文学的纲领性文献,但五四之后的周作人做出了和鲁迅不同的选择,1922年,在"非基督教运动"高潮中,周作人和钱玄同、沈士远、沈兼士及马裕藻发表《信仰自由宣言》,重申信仰自由的精神,这标志着周作人在文化立场上开始向主张宽容的自由主义靠拢,他其后的散文创作也开始褪掉五四时期的"浮躁凌厉之气",走向平和冲淡,苦涩闲适。在他身边,围绕了俞平伯、废名等著名作家,形成了现代文学史上一个独特的带有闲适、冲淡、唯美色彩的文学流派,具有其不可忽视的审美价值和意义。周作人又是中国民俗学、古希腊文学、明清文学的拓荒者和研究者,继承并发展其民俗学研究的弟子有江绍原,继承其明清文学研究的则有沈启无等。另一位国学大师钱穆也是现代文化史上极具代表性的人物,他生活的20世纪是中国文化上急剧的"西进东退"时代,但他逆时代潮流而行,秉持文化民族主义的立场,"一生为故国招魂",为中国文化的传承、延续做出了重要贡献。他在抗战时期撰写的《国史大纲》,开篇即言"国人必对国史具有一种温情和敬意",对其时代盛行的民族文化虚无主义进行了正面的交锋和批驳。他一生思考的中心问题是中国文化是否在现代还能占据一席之地的重大时代问题,他以其一生杰出的学术成就被尊为学界的"一代宗师",也有学者称其为中国最后一位士大夫、国学宗师。他的弟子余英时、严耕望等也都成为在学术文化领域声名显赫的学者。

古人讲:"物以类聚,人以群分。"人们在选择老师、朋友时,会本能地倾向于选择那些和自己志趣相投、性情相近的人,师生关系也是如此。特别是私学传统中在师生双向选择下形成的师生关系,更是一种情同父子的关系,选择什么人为师,也就意味着对为师者的志向、人格、学问的整体性的尊崇和认同,所谓"一日为师,终生为父"。学生对老师有一种孺慕之情,而为师者对学生担负的是与父母一样甚至大于父母的责任,所以这种私学传统中的师生之间、同学之间的关系,非常密切,成为一种犹如家族血缘关系一样的文化群落。每个师徒群体自有其特质,成员的目标也基本相同,价值观比较相近,在思想行为上也表现出较强的一致性,成员对群体有强烈的认同感和归属感。这种师徒群体的存在除了有利于他们戮力同心、共同担负起时代赋予他们的重大使命之外,还具有满足其群体成员的多种需要的功能:如使群体成员满足亲和与认同的需要;满足成就感和自尊心的需要并在此基础上产生自信心和力量感。学生为自己所属的师徒群体感到骄傲和自豪,为师者对于学生也是关怀备至、提携扶持,不遗余力。像胡适的弟子罗尔纲专门写了一本书《师门辱教记》,十分动情地回忆了在胡适门下五年得到的言传身教。胡适对弟子的这本小书也十分看重,曾说此书带给他的光荣比他得到的35个名誉博士学位还要大。直到1958年,胡适在台湾任"中研院"院长时还自费印行了这个小册子,分赠亲朋。再如萧军直到晚年还骄傲地向世人宣称:"我是鲁迅的学生!"当别人问他20世纪30年代文坛宗派有哪些时,他的回答是:"别人有没有宗派我不知道,知道我也不说,但是我萧军有宗派——'鲁宗鲁派'!"① 由此可见师生关系对于一个人的整个人生可能产生的深刻影响。这种知识群体中的师生关系一般情况下是亲密、融洽的,但师生之间也会出现龃龉,像梁启超与康有为在

---

① 秋石编著:《聚讼纷纭说萧军》,学林出版社1997年版,第64页。

"张勋复辟"立场上截然对立、公开辩难,梁启超情急之下直言其师乃"大言不惭之书生,于政局甘苦,毫无所知"。这使得一向刚愎自用的康有为大为光火,骂梁启超为"梁贼启超",并将他比喻为专食父母的枭獍,并作诗曰:"鸱枭食母獍食父,刑天舞戚虎守关。逢蒙弯弓专射羿,坐看日落泪潸潸。"当然,两人多年的师生关系、患难之情并不会就此割舍,事过境迁后,仍会重修旧好,做学生的还是要向老师表示歉意和依顺。再如周作人1926年也因为不满于老师章太炎赞成"讨赤",写了《谢本师》一文,表示不再认章太炎先生为师。这虽然从师生感情上来看不无遗憾之处,但也可从中看到现代个人独立意识对于传统单向服从性的师生关系的突破。与此相应的是为师者将学生革出师门的事也时有发生,像鲁迅之于高长虹、周作人之于沈启无等,其中的原因比较复杂,但这种现象本身也提示我们现代文坛上的作家多是以群体而非个体的方式参与文学活动的,发表作品的报纸、杂志多带有同人的性质,社会文化资源也多控制在名家之手,所以被革出师门的沈启无等于被驱逐出了文教界,一时间只能靠变卖东西为生;高长虹则因为受了鲁迅的迎头痛击,长期被视为文坛异类,声名狼藉。总之,以这种自然形成的知识群体为单位,从文化社会学等角度,深入分析近现代文学、文化的生产机制和文化生态,对我们深入了解近现代文学、文化也是大有裨益的。

本雅明曾经说过,"所有文明的文献都同时就是野蛮的文献"[①],也就是强调文明与野蛮的判断不能简单地以"时代"为标准,时间并不能将"野蛮"阻断于过去而在未来造出一个至善无恶的"美丽新世界"。章太炎早在清末就发表了他的《俱分进化论》,认为:"进化之所以为进化者,非由一方直进,而必由双方并进。……若以道德言,则善亦进化,恶亦进化;若以生计言,则乐亦进化,苦亦进化。双方并进,如影之随形……进化之实不可非,而进

---

① 转引自马丁·杰:《阿多诺》,中国社会科学出版社1992年版,第45页。

化之用无所取。"①故而至善无恶之境无从达致。历史乐观主义的虚妄在于其以对历史进步主义的信仰放过了对内在于人性深处的"恶"的警觉;以"新旧之别"、"传统与现代的冲突"取代了"文明与野蛮"、"善与恶"的价值判断。历史乐观主义所持有的线性不可逆的时间观及源于进化论的人性可臻无限进步论的信念构成了现代性的核心,也成为了中国现代文学、文化的主导叙事。对这种现代主导叙事的重新审视和反省也是我们今天更为深入地思考现代性问题的必要环节。我们力图走出那种特定的、单一的、目的性过强、缺乏距离感的"第一人称叙事",以一种更为客观、多元、审慎的态度来重审、讲述中国的"现代百年",以加深对历史的认识以及对现实和未来的理解。

"旧学商量加邃密,新知培养转深沉",学术的进步依赖于一个可以商榷、辩难、交流对话的公共空间,因此"科学"意义上的真理不在于将某种特定时期的、特定结论固化为绝对真理,而表现为不断地证伪与验错的过程,在假设与求证、质疑与抗辩中逐渐切近真实、将认识引向深入。从"20世纪文化大师与学术流派"入手研究近现代知识群体的形成及其对文化发展的影响,是一件很有意义的事情,本丛书的写作只是一个抛砖引玉的尝试,更为坚实的佳作尚有望于未来。

耿传明

2010年7月5日于天津

---

① 章太炎:《俱分进化论》,《民报》第七号,1906年9月。

目 录

引　言　狂来如何说剑，怨去只得吹箫/001

第一章　"大国手"之师与"大国手"之弟子
　　　　——太炎先生与其师俞樾/017
　　　一、章太炎的求学时代/019
　　　二、"花落春仍在"——章太炎之师俞樾/028

第二章　太炎之学探源/045
　　　一、从章太炎择墓说起/046
　　　二、"谢师"风波的背后/054
　　　三、"古今之争"中的章太炎/063

第三章　徘徊于学术与革命之间/073
　　　一、有学问的革命家/074
　　　二、为革命的学问家/090

第四章　章门弟子大观/117
　　　一、"四大天王"和"八大金刚"/118

二、本是同根生，偏偏相煎急/131

第五章　章门高足的恩恩怨怨
　　　　——钱玄同与黄季刚/139
　　　一、激进、再激进的钱玄同/140
　　　二、保守、再保守的黄季刚/155

第六章　一个门派成就一所大学
　　　　——章门弟子与北大/181
　　　一、章门弟子与早期北大及与桐城派的恩怨/182
　　　二、浙籍文人与新文学运动/192

第七章　铿锵四人行
　　　　——章太炎、钱玄同与周氏兄弟/201
　　　一、章太炎与周氏兄弟/202
　　　二、钱玄同与周氏兄弟/222

第八章　周氏兄弟与许寿裳、曹聚仁/249
　　　一、生死至友——鲁迅与许寿裳/250
　　　二、忘年之交——周氏兄弟与曹聚仁/257

第九章　学在民间与最后的知识分子之消失
　　　　——从20世纪中国文化视角看师承关系/271
　　　一、从高校师生关系现状说起/272
　　　二、从章太炎及其弟子看20世纪中国知识分子命运/278
　　　三、私人讲学——文人最后的舞台与家园/287

后　记　/294

引言

狂来如何说剑,怨去只得吹箫

一

　　20世纪中国学术思想史和文学史上,有一个引人注目的文人学者群体,它的出现和发展壮大,对整个20世纪中国文化的发展变化一直产生着举足轻重的影响。而且,这种影响至今依然存在,并将继续存在下去。这个群体,就是本书要评述的著名国学大师章太炎及其门生——人称"章门弟子"。在某种程度上,甚至可以说,章太炎及其弟子对20世纪中国文化所做出的巨大深远的贡献,庶几可以和数千年前的孔子及其弟子的功绩媲美。

　　那么,一个老师和他的一些弟子,他们是如何聚在一起,他们有哪些理论和学说?又是怎样对20世纪中国文化的发展产生影响的呢?

　　在谈论章太炎及其弟子前,我们不妨先把目光转向19世纪初,看看章氏的同乡龚自珍的一些经历,因为一切皆有渊源。

　　1819年,时在京城的龚自珍,某一天站在北海南面眺望紫禁城,写下这样的诗句:

> 荷叶粘天玉蝀桥,
> 万重金碧影如潮。
> 功成倘赐移家住,
> 何必湖山理故箫。

诗中明显流露出一种渴望建功立业并因此获得帝王赏赐的心情。看来,在所谓的"三不朽"中,立功胜于立言,"说剑"重于"吹箫",龚自珍就是这样来理解二者之关系的。可惜,他生不逢时,他所处的社会已经不是英雄有用武之地的时代。纵然表面看社会还是一派歌舞升平之象,但敏感如他已经感受到那日益临近的衰世脚步之声。而生逢衰世,对于龚自珍这样具有超前意识的人注定是一种悲哀,因为他不会再有施展才华大展宏图的机会。既不能凭一己之力为民众谋求福祉,也无法为自己之青史留名创造契机,这恐怕是龚自珍最大的遗憾与怅惘所在吧。也是在1819年,时年28岁的龚自珍在游览京城之名胜陶然亭后,又写下这样的诗句:

> 楼阁参差未上灯,
> 菰芦深处有人行。
> 凭君且莫登高望,
> 忽忽中原暮霭生。

这最后一句,不正表现出对当时社会的清醒认识?暮霭沉沉,大厦将倾,而试图力挽狂澜者如龚自珍,又能指望谁给他这样的机会?也许只有最高统治者有这个权力,但历史告诉我们没有这种可能,因为那是一个走向衰世的时代,君主要么眼睛已被奸邪蒙住,要么已成为不折不扣的昏君暴君。

何谓衰世?这个概念是龚自珍从今文经学引申来的,又赋予其新的内涵。他的解释是:

衰世者,文类治世,名类治世,声音笑貌类治世。黑白杂而五色可废也,似治世之太素;宫羽淆而五声可铄也,似治世之希声;道路荒而畔岸隳,似治世之荡荡便便;人心混混而无口过也,似治世之不议。左无才相,右无才史,阃无才将,庠序无才士,陇无才民,廛无才工,衢无才商,抑巷无才偷,市无才驵,薮泽无才盗;则非但慭君子,抑小人甚慭①。

这真是无比的悲哀:衰世之时,不仅庙堂之上无有才之相、有才之史,甚至连江湖之中也缺少有才之偷、有才之盗!从上至下,居然都是如此的平庸、浅薄、愚昧、无知而又自高自大、自轻自贱,那这样的社会还有什么希望?除了走向腐朽和灭亡,还能有什么更好的结局?龚自珍以为,可以容忍社会其他阶层的平庸和堕落,却不能容忍文人阶层如此,因为他们理应比他人清醒,因为也只有他们,才是拯救一个时代的最后希望。诚然,不是整个社会真的缺少有志之士和有才之士,而是统治阶级为了维护自己的统治,有意对人才进行种种禁锢和迫害,进行愚弄和麻痹,才出现如龚自珍所说之"万马齐喑究可哀"的局面:

当彼其世也,而才士与才民出,则百不才督之、缚之,以至于戮之。戮之非刀、非锯、非水火,文亦戮之,名亦戮之,声音笑貌亦戮之。戮之权不告于君,不告于大夫,不宣于司市,君大夫亦不任受。其法亦不及于要领,徒戮其心,戮其能忧心、能愤心、能思虑心、能作为心、能有廉耻心、能无渣滓心。又非一日而戮之,乃以渐,或三岁而戮之,十年而戮之,百年而戮之②。

---

① 《龚自珍全集》,上海人民出版社 1975 年版,第 6 页。
② 《龚自珍全集》,上海人民出版社 1975 年版,第 6—7 页。

龚自珍不无悲哀地发现,历代统治者对文人的控制,无非主要采取两种手段,即"约束之,羁縻之"。所谓"约束",就是采取严酷的高压政策,迫使文人就范,有清一代空前惨烈的文字狱,就是最好的例证。而所谓"羁縻",就是以怀柔方式收买笼络文人,以小恩小惠拉拢那些没有骨气、贪图个人名利的文人,使其在对统治者的感恩戴德中逐渐丧失对社会黑暗和统治阶级罪恶的批判能力。而两种形式的控制结果相同,就是导致作为群体的文人阶层最后走向"避席畏闻文字狱,著书都为稻粱谋"的境地。

那么那些还有骨气的文人,又该怎样才能避免不丧失自己的独立意志呢?龚自珍给出了在他那个时代所能给出的最好答案,那就是"宾宾"说和人才说。"宾宾"一词,见于龚氏的《古史钩沉论》,意思是说君臣关系就如同主人对待客人,主人要以尊重宾客的态度看待有才华的臣子,而臣子也要始终认为自己不过是君王的客人而不是仆人。因此君臣二者其地位应当是平等的,绝非什么奴才与主子关系。显然这一极富叛逆思想的说法,矛头是直接指向"君为臣纲"之所谓经典伦理纲常观念的。龚自珍如此强调君臣之间的宾客关系,无非是为了在专制制度下,给那些谋求精神独立之文人,提供一个有限的回旋余地——如君王拿我当人看,我自然可以和你合作,不然我可以另谋出路,而不必走"君要臣死,臣不能不死"的绝路。屈原的出走(被放逐)楚国,显然是看到了这一点,但他却没有勇气公开反抗昏庸的楚王,而只有用投水自尽来表达对放逐的内心委屈。这,其实是远远不够的。

两千年之后的龚自珍,显然这方面的思考已经深刻许多。自然,龚自珍其实也没有彻底否定和批判君主专制制度。不过由他的"宾宾"说,倒可以引申出一点,那就是只有保持个人的人格尊严和思想独立,才有可能博得他人的真正尊重,或者在这种尊重丧失之后,有一个拒绝侮辱和另行选择的权利,即便这种选择是以悲剧结束。

而"宾宾"说富于革命性的另一点,则在于提出"宾"不仅可以为本朝服务，也可以为推翻本朝的新统治者服务。这在历史上本来多有实例，但从理论上给予如此大胆和明确之解释者则比较少见，无疑是对"君为臣纲"这一传统观念的最大挑战，同时也为那些身仕两朝、在过去常常被视为"贰臣"的文人士子，提供了理论上的支援。想想在满清入关之初，不少汉族文人为了表示不与其合作的决心、以致遭受迫害的例子，就会理解龚自珍此说的深刻和大胆。自然，后来很多汉族士大夫，为了维系家族的生存繁衍，在实际操作中也采取了一些变通手法，例如允许家族中的某个后代出仕和为清廷效力，而其他子弟则潜心学术或下海经商，以便继续保持不和统治者合作的态度等。也许，龚自珍正是从历史上这些个案中，生发出如此大胆的见解。

自然，龚自珍也不是一开始就有如此深刻之思想的，也有过试图通过科举道路赢得飞黄腾达的梦想。可惜，自小就聪明过人的他，因为所谓的书法不佳（所写答卷之楷书不合要求）问题，直到38岁那年才中同进士，算是了其生平所愿。不过这迟到的成功并没有给他带来大显身手的机会，依然还是留任内阁中书。而在那时，不能进入翰林院，实际上就等于丧失了直接向皇帝进言并进一步飞黄腾达的可能。此后，龚自珍终因与上司不和被迫于1839年辞官离京（姑且不考虑所谓的情场失意因素），从此再也没有返回京城。放弃"狂来说剑"的龚自珍，终于还是走到"怨去吹箫"的道路，尽管他曾多次戒诗，还是不得不选择以诗的方式宣泄内心的苦闷与绝望，因此成就了那伟大的《己亥杂诗》。其中编号为252的那首很有意思：

风云才略已消磨，甘隶妆台伺眼波。
为恐刘郎英气尽，卷帘梳洗望黄河。

当龚自珍纵情声色，以沉溺于"甘隶妆台伺眼波"换取对国事之忘却时，那青楼女子却颇有胸襟，唯恐身边那男儿英气耗尽，以

"卷帘梳洗望黄河"的奇特行为,提醒龚自珍不要忘记自己的责任。自然,龚自珍不过是借题发挥,从中读出的,还是其内心的无奈和悲凉。

当然,作为传统文人,龚自珍也自有其风流甚至轻浮的一面,甚至故意以纵情声色来安慰其内心的悲伤,如他晚年所写一首轻盈绰约的绝句就是这方面的代表:

偶赋凌云偶倦飞,偶然闲慕遂初衣。
偶逢锦瑟佳人问,便说寻春为汝归。

数十年后他的同乡王国维读后却认为:"其人之凉薄无行,跃然纸墨间。"不能说王国维不理解晚年龚自珍的失意心态,但王国维以为,既然身为士人,则无论如何最根本的为人之道不能违反。不过,今天的文人,恐怕更会认同龚自珍的方式而嘲笑王国维之死板保守,却是无可怀疑的。

也许,想纵情"说剑"而不能的龚自珍,最为怀念的就是陶渊明了,而且他所怀念的不是"悠然见南山"的陶渊明,而是讴歌荆轲刺秦的那个陶渊明,是那个写出"精卫衔微木,将以填沧海。刑天舞干戚,猛志固常在"的陶渊明。一句"惜哉剑术疏,奇功遂不成",让我们看到了陶渊明内心那慷慨激昂的一面:他其实是一个斗士,一个与荆轲一样的侠客!一个世纪后,龚自珍的同乡鲁迅,也写下这样评价陶渊明的文字:"就是诗,除论客所佩服的'悠然见南山'之外,也还有'精卫衔微木,将以填沧海。刑天舞干戚,猛志固常在'之类的'金刚怒目'式,在证明着他并非整天整夜的飘飘然。"的确,鲁迅虽然没有直接给予龚自珍什么赞赏性的评价,但从上述文字看,他也会对龚自珍的命运给予"理解之同情"吧。

不过,龚自珍毕竟是生活在 19 世纪,除了不时地以"怨去吹箫"、沉溺声色来忘却仕途之失意外,时代的局限性也使得他找不到其他真正拯救自己灵魂的道路。当然,不能说他没有尝试,而他

所发现的另一出路也是很多文人所尝试过的,那就是倾心佛教。他的《己亥杂诗》以这样一首诗作为收尾不是偶然的:

> 吟罢江山气不灵,万千种话一灯青。
> 忽然搁笔无言说,重礼天台七卷经。

诗人在尝试了多种排遣内心苦闷的方式后,终于发现一切都无济于事,甚至连诗文创作都已没有意义,最后还是要回到"重礼天台七卷经"上去,不能不说是龚自珍的悲哀,也是那个时代中国文人的悲哀。可惜,这种状况直到20世纪初叶,也还是没有根本的改变。

说到龚自珍,人们往往会想到他那"狂来说剑,怨去吹箫"的名句。龚自珍所以对《说剑》篇极为看重,当在于此篇更能寄托龚氏之远大抱负。说来有趣,历代文人大凡喜欢庄子者,似乎都对《说剑》篇格外喜爱,如李白《侠客行》中就有"十步杀一人,千里不留行"之句直接引自《说剑》;又如清钱谦益有"埋殁英雄芳草地,耗磨岁序夕阳天。洞房清夜秋灯里,共检庄周说剑篇"的名句。而到20世纪,钱氏此篇又得到著名历史学家陈寅恪先生的激赏。类似例证很多,难道中国的历代文人都有一种"说剑情结"?不妨先看《说剑》原文中的关键部分:

> 昔赵文王喜剑,剑士夹门而客三千余人。日夜相击于前,死伤者岁百余人。好之不厌。如是三年,国衰,诸侯谋之。太子悝患之,募左右曰:"孰能说王之意止剑士者,赐之千金。"左右曰:"庄子当能。"
> ……庄子入殿门不趋,见王不拜。王曰:"子欲何以教寡人,使太子先?"曰:"臣闻大王喜剑,故以剑见王。"王曰:"子之剑何能禁制?"曰:"臣之剑十步一人,千里不留行。"王大悦之,曰:"天下无敌矣。"……曰:"臣之所

奉皆可。然臣有三剑，唯王所用。请先言而后试。"王曰："愿闻三剑。"曰："有天子剑，有诸侯剑，有庶人剑。"王曰："天子之剑何如？"曰："天子之剑，以燕谿石城为锋，齐岱为锷，晋魏为脊，周宋为镡，韩魏为夹，包以四夷，裹以四时，绕渤海，带以常山，制以五行，论以刑德。开以阴阳，持以春夏，行以秋冬。此剑直之无前，举之无上，案之无下，运之无旁。上决浮云，下绝地纪。此剑一用，匡诸侯，天下服矣。此天子之剑也。"文王茫然自失，曰："诸侯之剑何如？"曰："诸侯之剑，以知勇士为锋，以清廉士为锷，以贤良士为脊，以忠圣士为镡，以豪杰士为夹。此剑直之亦无前，举之亦无上，案之亦无下，运之亦无旁。上法圆天，以顺三光；下法方地，以顺四时；中和民意，以安四乡。此剑一用，如雷霆之震也，四封之内，无不宾服而听从君命者矣。此诸侯之剑也。"王曰："庶人之剑何如？"曰："庶人之剑，蓬头突鬓、垂冠，曼胡之缨，短后之衣，瞋目而语难，相击于前，上斩颈领，下决肝肺。此庶人之剑，无异于斗鸡，一旦命已绝矣，无所用于国事。今大王有天子之位而好庶人之剑，臣窃为大王薄之。"王乃牵而上殿，宰人上食，王三环之。庄子曰："大王安坐定气，剑事已毕奏矣！"于是文王不出宫三月，剑士皆服毙其处也。

面对嗜杀成性、以观剑士互相残杀为乐的暴君，庄子凭借自己的大智大勇，以一段精彩绝伦的演说和巧妙的比喻，成功地让赵文王放弃此嗜好，虽没有促其"放下屠刀，立地成佛"，其对赵国和赵国民众的功德也已经不可谓不大，这也许就是"说剑"故事让历代文人激动不已并作为毕生最高理想的原因吧。相对于婉转柔媚的"弄玉吹箫"故事，有抱负的文人大都选择"说剑"为毕生最高追求——也就是所谓的建功立业，应当是不错的。而等到携弄玉这样的女子隐居山林，往往已经是无奈的选择，虽然也很浪漫。何况，如果不是以"说剑"成就个人一世英名，又如何换得美人一笑？那么，这样两种极为复杂且似乎完全对立的选择和情感纠结，如果长久地潜藏于文人心中，其内心的矛盾和痛苦也就可想而知。对于龚自珍，这样的一"狂"一"怨"情感之无数次反复乃至同时泛滥，终于造就其伟大和悲凉之心灵，凭其而感触到那个时代和社会之最深处的脉搏跳动以及黄昏降临之前的悲凉氛围。这既是龚自珍的幸运——因此成就了一个伟大的思想家，同时也是他的不幸——因此他无法实现自己的"说剑"抱负！龚自珍如是，历代中国文人，如果是存有良知者，其命运也大都如是。

　　说来有趣，历代中国文人的最高理想，大概就是成为所谓的"国师"吧。从西周的姜太公到春秋时的伍子胥、范蠡，战国时的苏秦、张仪，再到汉代的张良，三国时的诸葛亮，唐朝的魏徵，宋代的王安石，明朝的刘基，清代的翁同龢直到近代大儒龚自珍、康有为和章太炎等等，其实都是怀着为君师的抱负走上历史舞台的，只不过有的成功有的失败而已。本书的主人公章太炎年轻时崇拜明末民族志士顾炎武，遂将自己的名字也改为"太炎"，以示追随之意。但中年后他又有了一个偶像，就是明朝开国功臣、明太祖朱元璋的军师刘基（刘伯温）。据说他被袁世凯软禁时最大的愿望是不愿死后葬于杭州，而是要"与刘公冢墓相连"。为此他托人寻访到刘基的墓地，并与其后人协商要将自己埋在刘基墓旁，"以申生死慕义之志"。这个愿望看似奇怪，其实不然，因为章太炎一直认为自己的"事业志行"，与刘基颇为相似，而刘基就一直被视为明代的开国"国师"。由此可以说章太炎其实也是有过"国师"梦的，甚至在一定意义上，也可以说他扮演过一位准"国师"的角色。

　　从历史上看，历代中国文人都深受所谓的"修身齐家治国平天下"格言的"毒害"，刘基就是这其中的佼佼者，因为他毕竟成功了——朱氏王朝就是把他当做国师来对待的。然而，这位成功的国师下场却不怎么美妙。他虽然为朱元璋打天下立下赫赫功勋，所获赏赐却很少,而且多次遭受奸人陷害,幸得刘基聪明机智,及早隐退,才躲过灾难,但似乎最终还是没有逃脱——死得莫名其妙！对此民间有多种说法流传,但无论哪一种,背后都有最高统治者迫害的阴影,"狡兔死,走狗烹"的结局再次出现在刘基这位国师身上,是否让人大为感慨呢！

二

至于 20 世纪以来中国知识分子的命运,则要看其这一个多世纪来所扮演的角色。大致可以这样分类:第一是启蒙者;第二是殉道者,因为启蒙不成反成为牺牲;第三是流浪者,同样是由于启蒙不成被迫流浪,无论这流浪是真正的被放逐还是仅仅在于精神;最后就是不受欢迎者,不受统治者欢迎还好,但很多时候也不受民众(知识分子眼里的启蒙对象)欢迎(这一点中国的历代文人都没有解决好,现代知识分子亦然)。因此从整体看,中国知识分子的命运在 20 世纪可以说是多灾多难,也多少有些"罪有应得"——自身没有处理好和统治者以及和民众的关系。另一方面,知识分子如何更准确地看待自身的问题,也没有解决好。所谓"安身立命","身"在何处安,又要立何为"命",笔者以为都是问题。还有就是该如何对待政治(权力)和商品经济(金钱)以及二者的联手？我的感觉是,单独一个大概还可以应付,二者联手或接替进攻就很少有人能够抗拒。由此决定了知识分子的命运大体总是归于悲剧——受到统治者青睐的,容易成为其获取和维持权力的工具;受到迫害的,则自然也是悲剧。

说龚自珍和章太炎这两个人代表了近代以来中国文人很大一部分人的理想,应该没有错。传统的中国文人,其理想不是为君师,就是为贤臣,而到了现代,则把这两者转化为服务于某个利益集团或某个政党。从他们的不同命运中,笔者悟到一点:也许中国知识分子对自己的定位过高了,这自然和传统有关,也就是所谓的道统对政统的监督问题以及文人一直试图进入最高统治阶层(成为国师)的梦想过于脱离实际问题。这让人想到了陈寅恪。当年在王国维去世后,面对当时纷乱的社会局面,他和吴宓曾相约绝不加入任何政党。如果连在大学教书治学也不能,就只好经商以养家糊口——须知这经商应该是中国文人所一向不齿的呢——文人到如此地步,其境遇如何也就可想而知。但陈寅恪宁愿经商也不愿和政治发生瓜葛,是否也在暗示知识分子的另一种选择?

至于在西方,同样也有所谓的国师梦,这里举一个柏拉图的例子。叙拉古的诱惑对于他是那么充满吸引力,以至他竟然三次来到那里,只为实现自己的政治理想,却都以失败而告终。第一次是公元前387年,柏拉图到达西西里岛,在叙拉古宫廷会见僭主狄奥尼修一世,但宾主交谈并不投机。僭主信奉军事实力,柏拉图谈论唯心论哲学,结果不欢而散。第二次是公元前367年,柏拉图应戴昂邀请去叙拉古担任新即位的狄奥尼修二世的教师,但老师想教的,学生却并不热心学。第三次是公元前361年狄奥尼修二世再邀柏拉图前往叙拉古,结果仍然是败兴而归。从此柏拉图才断了参政之念,安心治学。想想就连柏拉图这样的智者也不能避免成为国师的诱惑,其他的文人有国师梦也就可以理解了。

那么,中外文人也好,知识分子也好,何以都有这种"国师情结"呢?大概是因为他们大都自视清高脱俗,感觉良好且使命感过于强烈吧。当代美国学者艾尔文·古德纳曾经对知识分子的这种良好感觉有过分析,认为原因在于知识分子拥有与一般民众不同的知识结构,即那种能够自我运动和自我定向的结构,而不是外界驱使所为的结构,他认为知识分子的文化与意识形态的最深层结构在于他们对自身自主性的自豪感,因此他们凭借这一点可以反抗任何外在的权威或者要求他们不加反思就服从的传统①。

---

① 艾尔文·古德纳:《知识分子的未来和新阶级的兴起》,江苏人民出版社2006年版,第46页。

可惜,很多做国师梦的中外文人都忘记了一点:是否成为国师不在于你是否感觉良好,而在于当权者是否认可你,是否给予你应有的信任和尊重,晚清的翁同龢就是好例。他先是得到光绪尊重,又受到慈禧的贬斥并终于被革职、永不叙用、"交地方官严加管束"的下场,说明无论文人如何有才,一旦投靠错了主子命运也就无可把握。又如袁世凯当年软禁章太炎之时,袁氏内心恨不得将他置于死地,却迫于章氏声望,不得不让手下厚待章太炎,但自由却是没有的。这说明"国师"这个称号,在统治者看来,其实是一个烫手的山芋,不好给人也不愿给人的。

再说那些一心想做国师而不得的文人,一旦命运发生转折,希望破灭,内心遭受的打击可想而知,而如果不想自杀或者发疯,则唯一的出路大概就是转到治学和教育上。晚年的章太炎终于把自己的关注点放在讲学上,这与当年的孔夫子和柏拉图完全一样,对此自然可以有多种解释。而笔者思考的结果是,文人一旦破灭了自己的国师梦后,就自然把这梦潜藏在内心深处——自己做不了国师,那就著书立说以培养更多的学生,他们将来可是还有机会成为国师的呢!那么,作为老师的他们,不就有机会成为国师的老师了么?中国历代文人在处理从政与讲学之关系时,是否内心深处有着这样的想法呢?

其实,国师也好,贤臣也罢,归根结底还是在于如何处理知识分子和统治阶级的关系。从历史上看这二者的关系,确实很微妙,并不能一概把对执政者持批判立场者奉为斗士,因为很多时候,知识分子即使是对某一社会制度发出最严厉的反对声音,实际上也为这种制度提供了隐秘的帮助:因为通过他们的反对,暗示了这种制度是民主的——它还可以容忍反对的声音。民国初年的一些军阀,固然有对知识分子大开杀戒者,但也有不少人允许甚至纵容知识分子对他们进行口诛笔伐,应该就是深知这种"小骂大帮忙"的道理。

不过即便如此,笔者还是认为,知识分子必须始终具有批判精神,应该将这一点视为知识分子的本质,并将其作为判断知识分子与非知识分子的依据。

为此,知识分子首先应该寻求一种精神的流浪状态,以对现实状况保持双重视角,不轻信,不盲从。还应该在社会生活中追求一种边缘状态,试图站在边缘眺望所谓的中心,然后更关注那些同样处于边缘状态的人们——他们的生活和痛苦以及他们对中心的态度。其次,就是如何处理研究领域的专业问题和社会问题,前者不必多说是其本业,但不应带有功利性。对此我们不妨借助萨义德的观点:可以用"业余性"来对抗知识分子的所谓"专业性"。所谓业余性就是对任何问题仅仅出于爱好兴趣,而不是为了什么具体的功利目的去接触它和研究它。但是这种业余身份并不妨碍他们对最具有技术性最专业化的核心问题提出异议,因这些问题涉及他们的国家他们的人民以及整个社会制度。此外,萨义德认为,这种身份业余的知识分子精神可以进入并转换成为大多数专业知识分子所应具有的精神资源,使其更加活泼、更富有生命力。至于后者,知识分子当然应该关注社会问题并及时发出自己的声音。不过萨义德认为,说知识分子应该承担应有的社会批判者的角色,并不是说要他们总要成为政府政策的批评者,而是把知识分子的职责想成是时时维持着警觉状态,永远不让似是而非的失误或约定俗成的观念带着走。这包含了稳健的现实主义,几乎是健全、理性的活力,以及复杂的奋斗,在一己的问题上和公共领域中发表、发言的要求二者之间保持平衡——就是这个使得它成为一种恒久的努力,天生就不完整、必然是不完美。然而,它给予人的鼓舞和激发以及所蕴含的错综复杂,至少对他自己而言,虽然并不使人特别受欢迎,却是因此更加丰富①。

其实,对于中国文人而言,最简单的还是从自身做起,从关注身边做起,同时不忘关注天下。既有扫陋室之行,也有扫天下之

---

① 萨义德:《知识分子论》,台湾麦田出版股份有限公司1998年版,第101、121页。

心,更有为扫天下而遭受莫大痛苦甚至牺牲的心理准备。首先要做到的是坚守必要的思想道德底线,也就是所谓的"洁身自好",然后谋求想一点和做一点有关民族文化和有益于子孙后代的事情,诸如著书立说和私人讲学之类。本书的主人公章太炎先生及其弟子,在这方面就是一个极好的例证。

在中华民族遭受危难的关键时刻,章太炎及其弟子挺身而出,为20世纪中国社会的变革做出了卓越贡献。而当时代发展或某一统治集团的要求与他们的理想不合时,他们又能抽身而退,或闭门潜心治学,或以私人讲学方式传授真理,寄希望于未来。在20世纪中国文化史上,章太炎和"章门弟子"这个群体已经成为中国文人"三不朽"的楷模。所谓"三不朽",出自《左传》,其中说到春秋时鲁国的叔孙豹与晋国的范宣子曾就何为"死而不朽"展开讨论。范宣子认为,他的祖先从虞、夏、商、周以来世代为贵族,家世显赫,这就是"不朽"。叔孙豹则认为这只能叫做"世禄"而非"不朽"。在他看来,真正的不朽乃是:"太上有立德,其次有立功,其次有立言,虽久不废,此之谓三不朽。"之后,唐人孔颖达在《春秋左传正义》中又对德、功、言三者分别做了界定:"立德谓创制垂法,博施济众";"立功谓拯厄除难,功济于时";"立言谓言得其要,理足可传"。今天一般的理解是,"立德"指道德操守而言,"立功"乃指具体的建功立业,而"立言"则是著书立说,以求传于后世。显然,无论"立德"、"立功"还是"立言",其实都旨在追求某种"身后之名",是历代文人墨客试图超越肉体生命而追求精神不朽的特殊方式,这在那些大学者大文人身上表现得更加突出。孔子曾说:"君子疾没世而名不称焉。"屈原在《离骚》中写道:"老冉冉其将至兮,恐修名之不立。"司马迁也在《报任安书》中云:"立名者,行之极也。"其实,立功与立德如何,在很大程度上还是要看立言如何,要依赖"言"来传于后人的。

因此,广收私淑弟子,讲究师承家法,在与弟子切磋学术的同时,也就能够把自己的不朽声名寄希望于历代弟子的口笔相传,这确实不失为文人一个极好的选择。既然如此,那就让我们看看章太炎和他的弟子们在这方面是如何做的吧。

第一章 『大国手』之师与『大国手』之弟子

—— 太炎先生与其师俞樾

"东原云:大国手门下,不能出大国手,二国手三国手门下,反能出大国手。盖前者倚师以为墙壁,后者勤于自求故也。然东原之门,即有王、段、孔三子,所得乃似过其师者,盖东原但开门径,未遽以美富示人。三子得门而入,始尽见宗庙百官耳。前世如张苍门下有贾太傅,而贾长卿辈经术不过犹人;梁肃门下有韩退之,而籍湜辈文学去退之已远,则真所谓二国手三国手门下能出大国手,大国手门下不能更出大国手也。"①不过,章太炎此处所说的这种大师门下不一定出大师的话,在他和他的弟子那里似乎没有应验。因为在20世纪中国文化、文学和学术史上,不仅章太炎本人是一代宗师,而且他的很多门人弟子也是大师级人物,如周氏兄弟、黄侃、钱玄同等。向上看,则章太炎的老师俞樾也为一代大师。这样师徒三代均为大师的现象,在中国历史上不仅不多见,甚至可以说是空前绝后——至少,在当代我们已经很少看到大师级的人物,更不用说师徒均为大师级人物了。如此,看看章太炎及其弟子之间,

---

① 章太炎:《汉闲话》,原载《制言半月刊》第13期,1936年3月16日。

是如何互相影响、传承学术从而成为一个极有影响之群体的过程,该是很有意义的。

一、章太炎的求学时代

1. 1936年6月14日,一代大师章太炎在苏州病逝,享年68岁。令人唏嘘不止的是,临终之前,多病在身的他依然每天坚持讲学不止,其夫人劝其多休息,他却说,饭可不食,书仍要讲。其最后一次讲学时,已不能进食,此后10天不到即逝世,真可谓生命不息,讲学不止。教书育人如此,真是罕有其匹也。噩耗传出,华夏震惊。一代儒宗驾鹤西行,自然引起学术文化界巨大反响。鲁迅当时重病在身(仅仅三个多月后他就病逝,尾随其师而去),依然抱病写了《关于太炎先生二三事》,对太炎先生的一生给予高度评价。他说:"先生遂身衣学术的华衮,粹然成为儒宗,执贽愿为弟子者綦重。"当时的国民政府决定给予国葬规格,专门拨款两万给治丧委员会。蒋介石、林森、陈果夫、于右任、孔祥熙、冯玉祥等民国政府领导人或发唁电或撰挽联以示哀悼,新闻媒体也纷纷对太炎先生逝世给予重点报道。至于章氏众多门人,则不仅直接参与治丧之事,且大都撰文和撰写挽联,对老师的逝世深表哀痛。其中,马裕藻、钱玄同、许寿裳、周作人、沈兼士、吴承仕合署挽联较有代表性,可谓对太炎先生一生功业的最佳概括:

章太炎

素王之功不在禹下,明德之后必有达人。

此外，钱玄同的挽联也很有特色，在当时颇获好评：

缵苍水、宁人、太冲、姜斋之遗绪而革命，蛮夷戎狄，矢志攘除，遭名捕七回，拘幽三载，卒能驱除客帝，光复中华，国士云亡，是诚宜勒石记勋，铸铜立像；

萃庄生、荀卿、子长、叔重之道术于一生，文史儒玄，殚心研究，凡著书廿种，讲学卅年，期欲拥护民彝，发扬族性，昊天不吊，痛从此微言遽绝，大义无闻。

同为浙江老乡的蔡元培，则撰写了这样的挽联：

后太冲炎武已二百余年驱鞑复华窃比遗老，
与曲园仲容兼师友风义甄微广学自成一家。

其他名人撰写挽联甚多，不一一列举。

为使章太炎先生九泉之下可以安眠，其夫人汤国黎女士为其在家乡杭州选择墓地，最后决定在西湖南岸的明末抗清英雄张苍水墓旁，作为太炎先生长眠之地。不料墓地未建，抗战爆发，直到解放后才由人民政府拨款修建。1986 年，杭州市政府又在这里兴建了章太炎纪念馆，如今这里不仅是一个中外游人参观游览的景点，更是研究太炎先生生平和思想学术的一个基地[①]。

章太炎先生逝世后，当时未见有遗嘱传世。但他实际上是留有遗嘱的，只因种种原因当时未公诸于世。直到 1994 年，也就是太炎先生诞辰 125 周年，同时也是他立写遗嘱的 59 周年，时逢著名学者王元化先生主编的《学术集林》创刊，《章太炎遗嘱》才首次发表公布。以下是部分内容：

[①] 姚奠中：《章太炎学术年谱》，山西古籍出版社 1996 年版，第 498—500 页。

余自六十七岁以来,精力顿减,自分不过三年,便当长别,故书此遗命,以付儿辈。凡人总以立身为贵,学问尚是其次,不得因富贵而骄矜,因贫困而屈节。其或出洋游学,俱有资本者皆可为之,何足矜异,若因此养成傲诞,非吾子也。入官尤须清慎。若异族入主,务须洁身。

……

余所有勋位证书二件及勋位金章二件,于祭祀时列于祭(祀)器之上,不可遗弃。

本来,在太炎先生逝世后民间曾有传说:太炎先生"之未病也,曾草遗嘱,其言曰,'设有异族入主中夏,世世子孙毋食其官禄',遗嘱止此二语,而语不及私"①。说太炎先生有遗嘱自然不错,但因没有正式公布,或许仅风闻遗嘱有保持民族气节、叮嘱子女不能与入侵者同流合污之内容,于是原文的"异族入主,务须洁身"之嘱,就演变为"设有异族入主中夏,世世子孙毋食其官禄"之说了。至于"遗嘱止此二语,而语不及私",当系臆测。其实太炎先生遗嘱的后面七个部分,都是对身后私事包括对个人藏书和财产的交代。只是中国人习惯对个人隐私保密,特别是财产问题,更很少公开,这才导致遗嘱在半个多世纪后才得以问世。

值得一提的是,太炎先生为推翻清朝建立中华民国,做出了杰出贡献,但袁世凯政府却仅授予他"勋二位",对此他自然不满,认为自己应与孙中山、黄兴、孙武、段祺瑞、汪精卫、黎元洪等同样授予"勋一位"才对,为此太炎先生曾写信给负责此事者说,"二等勋位,弟必不受"②,不过 1913 年 5 月他还是去北京接受了"二等勋"。以后太炎先生参加"二次革命"和反袁活动,被囚幽于京城三年。袁世凯死后,他又参加"护法革命",为此黎元洪总统于

---

① 缪篆:《吊余杭先生文》,1936 年。
② 章导 1983 年 10 月 18 日《致上海市政协落实政策调查组报告》(复印本),引自《学术集林》第一卷,上海远东出版社 1994 年版,第 1—12 页。

1922年8月特意补授他"勋一位"。对此太炎先生不仅郑重接受,还请了军乐队来迎接授勋官。从遗嘱看,太炎先生对自己的勋位勋章是很看重的,因为这毕竟是对他一生革命生涯的肯定,而且他始终认为自己是"中华民国遗民"或"中华民国老人",不承认自己是"青天白日南京政府"的顺民。的确,太炎先生为中华民国的成立立下不朽功绩,他没有理由不珍惜这些勋章及勋位证书①。

世人通常比较熟悉作为革命家和民国之开国元勋的章太炎先生,却不怎么熟悉作为国学大师的章太炎,他在继承发扬和光大中国文化方面所做出的贡献,不太容易为世人理解——因为章太炎所从事的学术研究过于专业,普通人很难窥其堂奥。不过,如果提到"章氏门人"或"章门弟子",如果提到五四前后北京大学中的很多教授,如果提到鲁迅、周作人、黄侃、钱玄同、曹聚仁等,知道的人就会很多,而他们都曾经是太炎先生的弟子,都是章氏门人中的佼佼者。显然,一个门下出现如此众多杰出人才的老师,一定是一个杰出的大师。那就让我们看看,章太炎是如何成为一代大师并进而成为很多大师之老师的吧。

2. 1869年1月12日,国学大师章太炎出生于浙江余杭仓前镇一个书香世家。太炎先生名炳麟,字枚叔,又作梅叔,因倾慕清末大儒顾炎武,改名为绛,号太炎。因系余杭人,常被称为余杭先生。余杭位于杭州西约20公里,风景秀丽,物产丰饶,且水陆交通均很便利,很久以来便是江南名镇。太炎先生之先祖数百年前即迁至余杭的仓前镇,其住宅是一座四进房屋的大院落,坐北朝南,街对面就是一条直通杭州的运河。

章家历来注重后代的教育,其曾祖当年曾出巨资兴办书院和义庄,教族人读书。其祖父曾被选国子监生,藏书甚多。其父也曾担任县学训导,还担任过杭州诂经精舍监院,结交过很多文人。章

---

① 引自王元化主编:《学术集林》第一卷,上海远东出版社1994年版,第1—12页。

家还以医学传家,这对章太炎的影响很大,以至他自认自己所精通诸门国学中,当以中医学最佳。

章太炎先生的父亲名章濬,字楞香,治学治家,均极严谨,其《家训》有云:"妄自卑贱,足恭谄笑,为人类中佣下者。吾自受业亲教外,未尝拜谒他人门墙,汝曹当知之。"太炎先生一生疾恶如仇之性格,不能不说和其父家教严谨有关。其《家训》中又有"精研经训,博通史书,学有成就,乃称名士。徒工词章,尚不足数,况书画之末乎? 然果专心一艺,亦足自立,若脱易为之,以眩俗子,斯即为斗方名士,慎勿堕入"①的说法,由此可见,太炎先生一生之所以对从事纯文学创作不甚关注,尤不喜一些雕虫小技,而侧重小学和经学等,显然也和家庭教育有关。

也就是在这一年,俞樾已是48岁,开始赴杭州诂经精舍主讲,他大概不会知道以后会有一个名为章太炎的人不仅会成为他的得意门生,更会和他一样成为一代国学大师吧。

这一年,在近代中国史上似乎没有发生很多重大事件,当时严复15岁,康有为才11岁,而国父孙中山先生仅仅3岁,都还远没有到登上历史舞台的时刻。而在海外,这一年著名的英国首相张伯伦出生,印度著名政治家圣雄甘地出生,而后者也许和章太炎有些许关联,因为太炎先生对印度佛学有极大兴趣,曾计划赴印度实地研究,可惜没有成行。

这一年虽然没有多少大事发生,但鸦片战争发生已近30年,太平天国失败仅仅4年,大清王朝已经开始加速走向衰落,中国传统文化这棵古老的大树,正面临空前的文化危机。它会落得一个叶落根枯的下场,还是终归可以"野火烧不尽,春风吹又生",那时并没有人可以说清楚。面临如张之洞所说之"三千年未有之变局",很多有识之士都深感不安,也开始走上主动探求救国救民真理的道路,龚自珍和魏源,就是其中的佼佼者,而龚自珍也是杭州

---

① 汤志钧编:《章太炎年谱长编》,中华书局1979年版,第3—4页。

人。也许冥冥之中,从这一年开始,太炎先生就已经被赋予拯救中国文化的重任。

在家人的督促下,章太炎自小便认真读书,很早就显示出不同一般孩子的聪明机智。1875年的一天,时值下雨,太炎先生的父亲章濬在家邀请了十余位亲友,边饮酒边吟诗词。内有一位章氏同宗的老先生酒兴上来,情趣盎然,便令小太炎即时诵诗一首。结果章太炎略作思考即诵曰:

天上雷阵阵,地下雨倾盆;
笼中鸡闭户,室外犬管门。

此诗顿时震惊四座,章老先生大喜,即令人拿来宣纸笔墨,挥毫录下了这首十分珍贵的"六龄童诗"。该诗现珍藏于杭州的章太炎纪念馆。

1876年,太炎先生的外祖父朱有虔成为他的第一个老师。据太炎先生自定年谱,"外王父海盐朱左卿先生讳有虔来恪读经。时虽童稚,而授音必审,粗为讲解。课读四年,稍知经训。暇亦时以明清遗事及王而农、顾宁人著述大旨相晓,虽未读其书,闻之启发"①,其所受的启发正是王船山、顾炎武"明道救世"的反清排满思想。外祖父告诉他,船山先生曾说,历代亡国均无足轻重,只有南宋之亡不同,因南宋之亡是衣冠文物也随之俱亡,实为汉族文化之亡。幼年的章太炎果然聪明,随之问道,那是否明朝亡于清还不如亡于李自成呢?其外祖父说,如今倒不必这样认为。如果李自成得到天下,他虽然不好,但他的子孙未必不好,只是如今不必这样说就是。太炎先生认为,自己的反清排满思想实际就是从此开始形成的。故自义和团兴起后,太炎先生就积极投入反清革命。直到20世纪20年代,他在《重刊船山遗书序》中称"明末三大儒,

---

① 姚奠中:《章太炎学术年谱》,第12页。

曰顾宁人、黄太冲、王而农,皆以遗献自树其学",似乎依然可见当年受其外祖的影响,家教之影响巨大深远由此可见一斑。

值得一提的还有太炎先生的舅父朱子春先生。这是一位十分风趣的人物,对太炎先生的性格影响很大。朱子春善画仕女,颇得顾恺之的神韵,却苦于无人赏识,家中一贫如洗。无奈只有借教书为生,却性喜饮酒,以能一醉方休为乐事。可惜,这愿望却很少能够实现。有一次,太炎先生到这位舅父家时,忽然外面有小贩在叫卖螃蟹,朱子春即高兴地大跳起来说,我要吃螃蟹下酒!可是家里却一文钱也没有了。但朱子春却说即便当掉裤子也要买些螃蟹吃,并马上就要解下裤子。正在这时,恰巧有人拿着五百文钱来求一幅画。在平日这幅画要值黄金四两,但此时却为买螃蟹而只换得五百文。太炎先生以后和弟子在一起时,总是风趣诙谐,使他们如沐春风,无拘无束,而且太炎先生终其一生对金钱始终没有概念,甚至不知五元钱究竟价值几何。据说他让佣人买烟,总是给他们五元,买房竟然也是五元!如此性格和为人处世,当与其小时候受这位舅父的影响有关吧。

在个人生活方面,1892年,23岁的章太炎开始成家,与王氏结合,他的自定年谱记载为"纳妾王氏"。由于章太炎长年在外,无暇顾家,两人的感情平平可想而知,然王氏却为他生了三个女儿。在章氏老门生汪旭初(汪东)所撰《余杭章太炎先生墓志铭》中曾提到太炎先生的最初婚事,有"先置室,生女子三人"之句。查"室"一字,在古代原有两义,其一即为妾之义。如《左传》"僖子"一条下,有注云:"室,副也。"原注"俗称妾曰室"。汪东对章师早期史事知道最多,他写的墓志铭当然不会错的。看来太炎先生果然是纳妾在先娶妻在后,这与民国成立前后一些著名人物之婚姻相同。如孙中山先生曾因父母之命,19岁时与卢氏结婚。但革命时期,即觉得父母之命、媒妁之言的婚事,不是出于己愿,所以还是可以再与宋庆龄正式结婚。太炎先生可能也是这样,即奉母之命先纳一妾,以待将来再自由结婚。且说这太炎先生的三个女儿,其名字都特别奇怪,因为其父为国学大师,所以专门找一些冷僻字。长女单名为叒,是四个"叉",读作"li";次女名叕,为四个"又"字,读作"chuo";小女名则为四个"工"字,读作"zhan"。话说三个千金长大成人,却无人上门说媒求亲。原来问题出在三个怪字上,人们都怕念错,自然谁也不敢高攀。据说太炎先生后来也悟出了此中原因,于是叫夫人在家里摆了几桌宴席,邀请亲朋故旧做客。席上太炎先生向客人讲解那三个怪字。他说:一个读"丽",是"窗格子"的意思;一个读"辍",是"连缀"的意思;一个读"掌",是"展"的古写,因此也可以读作"展",并不古怪。后来,章家三位小姐,经人说合,都嫁得了如意郎君。由此可见太炎先生的渊博知识和古怪性格。

后王氏于1903年去世,太炎先生因献身反清革命大业,顾不上个人私事。直到辛亥革命后,才在友人劝说下,准备婚姻大事。为此,他在当时影响很大的《顺天时报》上登出一则《征婚启事》,其内容有五条:

(一)鄂女为限;

(二)大家闺秀;

(三)文理通顺,能写短文;

(四)要有知识,双方平等自由,互相尊敬;

(五)反对缠足女子,丈夫死后可以再嫁,夫妇不和,可以离婚。

启事一出,社会舆论顿时哗然。因为在当时,章太炎可能是最早敢于登报公开征婚的社会名流;其次章太炎点明只娶鄂地女子为妻,也委实让人迷惑不解。还有第四、第五两条,在当时也可谓石破天惊之论,引起众人哗然也就很自然了。

章太炎

据传这则《征婚启事》的后两条其实是章太炎事后修正的，最初只是说"夫妻平等，夫死可改嫁，不合可离婚"。这在当时一度成为人们议论的笑柄。其实，章太炎在武昌期间，据说曾相中艳丽风流的汉阳新女性吴淑卿，还私下托黎元洪做大媒，殊不知他托错了人：黎元洪那时正和吴氏打得火热，怎会忍痛割爱，自然三言两语就把章太炎打发了。不过，此事民间还有另一版本，说吴淑卿爱上了章太炎，无奈只是单相思，章太炎本人未曾介意。而黎元洪见状有意玉成好事，但章太炎以革命大业为重，谢绝了黎元洪的美意。于是吴淑卿失意之下，一时冲动竟撰写《吴淑卿投军文》，愿意献身于革命事业，而章太炎依然不为所动。

结果，章太炎最终所娶的夫人汤国黎却不是鄂地女子，而是浙江乌镇人。不过她小时候随父投靠在汉口做生意的叔叔，在鄂生活过两年，也算是符合章太炎的要求了。章太炎与汤国黎的婚礼，于 1913 年 6 月在上海举行，一时名人荟萃，由蔡元培做证婚人，孙中山、黄兴、陈其美等均前往道贺。是年章太炎 45 岁，汤国黎 30 岁。

那么，章太炎的《征婚启事》为何明言要以湖北女子为限呢？一说是章太炎认为"鄂地首义之区，女子亦殊不凡"；二说便是"湘女多情，鄂女多音"。

"湘女多情"应该跟湘妃竹相关，自然是指舜帝在南巡中驾崩后葬于零陵，他的妃子娥皇与女英千里寻夫，泪洒湘竹，故后世即有"湘女多情"之说。至于"鄂女多音"则让人颇为诧异。相传 1914 年章太炎赴京被袁世凯软禁时，袁世凯曾好奇地问章太炎："何以非鄂女不娶？"章太炎回答道："湘女多情，鄂女多音。湖北人语音之中，保存着许多古音，而本人正是研究古音的，若有鄂女应征，自当结秦晋之好。"结果可能是标准过严，直到 10 年后才经友人介绍结识汤国黎女士，最终与之成婚。而汤女士虽然不是湖北人，毕竟在那里生活过，其他条件也合"征婚标准"，从后来看他们的婚姻也是美满的。

传闻终是传闻,但鄂地语言中遗存着古楚方言词汇却是实情,作为语言学大师的章太炎,当年曾一度主张以武汉音为汉语的标准音。对此民间至今还有传言:"当年武汉话差一票便成国语了!"指的是当年投票决定哪个为国语时,黎元洪忽然去上厕所,因而差了一票。传说毕竟是传说,但章太炎酷爱鄂地语音应该不假。

1890年,太炎先生的父亲去世。在处理完丧事后,太炎先生到杭州诂经精舍,拜俞樾先生为师。据太炎先生的《谢本师》云:"余十六七岁始治经术,稍长,事德清俞先生,言稽古之学,未尝问文辞诗赋。先生为人岂弟,不好声色,而余喜独行赴渊之士。出入八年,相得也。"古人云:名师出高徒,俞樾其人为一代大师,而其弟子章太炎也为一代大师,太炎先生门下又有周氏兄弟、黄侃、钱玄同、朱希祖、沈兼士等一代文化大师,斯人斯业接续不断,"章门弟子"已成为20世纪中国文学和文化发展史上一个重要现象,以至越过他们便无法研究20世纪中国的文学和文化。为此,有必要先介绍俞樾其人,看看这位"章门弟子"的开山祖师爷,有些什么值得后人纪念的业绩和景仰的高风亮节,又是如何培养出章太炎这样的大师级学生的。

二、"花落春仍在"——章太炎之师俞樾

3. 俞樾(1821—1907),字荫甫,号曲园,著有《春在堂全书》500卷,是继"高邮二王"之后又一位朴学大师。俞樾自幼才华出众,颇得其亲友师长关爱。他17岁应乡试,小试牛刀,即中式副榜第12名,24岁正式得中举人,30岁考中进士,为第64名,可谓科场得意。不过,决定其命运的转折点发生于其殿试之时。当时的主考官是曾国藩,所出的诗题为"淡烟疏于落花天",俞樾的诗首句为"花落春仍在",大得曾国藩的赏识,认为咏落花而没有衰飒之意,和宋祁的"将飞更作回风舞,已落犹成半面妆"意境类似,他日所至,未可量也。宋祁为宋真宗时著名诗人。天禧五年(1021

年),宋祁 24 岁,与兄宋庠以布衣游学安州(今湖北安陆),得知州夏竦厚待,席间命作《落花》诗,宋祁所作如下:

> 坠素翻红各自伤,青楼烟雨忍相忘。
> 将飞更作回风舞,已落犹成半面妆。
> 沧海客归珠有泪,章台人去骨遗香。
> 可能无意传双蝶,尽付芳心与蜜房。

国学大师俞樾

其中"回风舞"、"半面妆"均系用典,概指红颜薄命事。而宋庠诗中也有一联云,"汉皋佩冷临江失,金谷危楼到地香",与此诗颔联一样用典贴切,拟人生动,广为传诵,"二宋"因以成名。且说宋祁这诗,写的是暮春时节,花落纷纷。诗人想到不但人会惜花,花也会自惜。花既各自伤心,人也就更不忍相望了。由此开头便形成一种令人伤感的基调。接下来,一般人都以花喻美女,而宋祁却反过来,以美女的快舞形容花之飞空,以美女之残妆形容花之委地,这正是作者匠心所在。而最难得的则是这两句还象征着一个人在艰难困苦中不屈不挠坚持到底的乐观精神,因此为后世所推崇。

俞樾此句在意蕴上也是如此,而且更显乐观自信。那时的中国文化正处于叶枯花落之境地,而有识之士如曾国藩者都为挽救其衰落命运而不遗余力,也许正是因为这一点,才让曾国藩大为赞赏吧。曾国藩即与其他主考官商量,要把俞樾列为第一。最后定为复试第一名,称"复元",虽然不能和状元相比,也已经是非常荣耀,且因此可以得入翰林院。俞樾由此终生感激曾国藩,并把自己的著作取名为《春在堂全书》，后来还求曾国藩为他书写了一块"春在堂"的匾额悬挂家中，此匾至今仍保存于俞氏后人手中。

入翰林院只是迈入统治阶级集团的第一步，因为此处不过是人才的储备地，如果官员没有空缺，等上几年甚至更久也是可能的。不过在担任翰林院编修这个闲职期间，俞樾确有机会接触很多高层官员并继续读书治学。1856年，也就是其入翰林院5年后，俞樾终于获得一个担任河南学政的差事，又由于是皇帝亲自任命，还要算是钦差。所谓学政的职责就是到各地考试童生，因此任职两年期间俞樾几乎走遍了河南。

不料之后一次出题的失误，使得俞樾遭受飞来横祸。原来，当时科举考试出题，范围必须限制于四书之内。由于出题次数过多，几乎四书内的句子都已经被用过。为了避免有人背诵此前的试题来取巧获利，有时就不得不出一些截搭题。所谓"截搭题"就是把书中一句话的后半句和下一句的前半句凑成一道题目，从而增

曲园春在堂

加了回答的难度，也有效避免了抄袭前人的问题。当时俞樾就是出了这样一道截搭题，可能是考虑不周，被人诬告。那么这道题目是什么呢，至今好像有不同的说法。有人说俞樾出的是《孟子》中《齐人伐燕》中的"王速出令，反其旄倪"两句，凑成了"王速出令反"的题目。但此题很容易被误解为"王出令便造反"，自然属于大逆不道了。还有人说是出的《孟子》中的"二三子何患乎无君，我将去之"，把上句和下句的"我"合成为题目"二三子何患乎无君我"，也很容易被曲解为"无君而有我"。此外还有一种说法，说题目是"君夫人，阳货欲"，出自《论语》，"君夫人"是《论语·季氏》

一章的最后三字,而"阳货欲"是《阳货》一章的开头三字。本来这样的题目完全是临时搭配,如何来写文章就看考生的发挥了。不过凡事不能琢磨,像这样的题目如果想歪了,就会联想到男女之事等,自然就容易遭人诬陷了。特别当时正是慈禧太后得宠,刚刚生下同治而被咸丰帝怜爱的时候,有人告发这样的题目自然就成了格外敏感之事。于是俞樾即被罢官,并且是"永不录用",由此算是断了俞樾一生的仕宦之路。

这样的打击自然很重。不过俞樾倒是很看得开,这从他那时写的诗中可以略知一二:

> 云烟过眼了无痕,归卧乡山好杜门。
> 万事是非凭吏议,一官去就总君恩。
> 须知浮世原如梦,莫怪流言太不根。
> 轩冕山林皆是寄,雪泥陈迹更休论。

罢官之后的俞樾,从此全身心投入治学、讲学,终成一代国学大师,应该是因祸得福吧。

曾国藩自认有两个最好的学生,一个是李鸿章,一个是俞樾,所以他曾戏言:李少荃拼命做官,俞荫甫拼命著书。两个弟子,一文一武,都是中国近代史上赫赫有名的人物,也都和其师一样,为挽救危难中的中华民族和文化,做出了各自的贡献。这真是,青史留名终须有,莫论平生何所为。

其实,如果不说其政治上的功绩,单单就传道授业解惑而言,曾国藩也是一个极好的老师,其家书至今还被奉为言传身教的经典之作。这且不必说,我们只说一个曾国藩给其弟子李鸿章讲中国文化之精髓的故事,此事见于吴永的《庚子西狩丛谈》。

据书中记载,李鸿章曾对吴永说:我老师曾国藩先生的秘传心法,有十八条"挺经",这真是精通造化、守身用世的宝诀。我试讲一条与你听:一家子,有老翁请了贵客,要留他在家午餐。早间就吩咐儿子,前往市上备办肴蔬果品,日已过巳,尚未还家。老翁心慌意急,亲至村口看望,见离家不远,儿子挑着菜担,在水塍上与一个京货担子对着,彼此皆不肯让。老翁赶上前委婉地说:"老哥,我家中有客,待此具餐。请你往水田里稍避一步,待他过来,你老哥也可过去,岂不是两便么?"那人回答说:"你叫我下水,怎么他下不得呢?"老翁说:"他身子矮小,水田里恐怕担子浸着湿,坏了食物;你老哥身子高长些,可以不至于沾水。因为这个理由,所以请你避让的。"其人则说:"这担内,不过是菜蔬果品,就是浸湿,也还可将就用的;我担中都是京广贵货,万一着水,便是一文不值。这担子身分不同,安能叫我让避?"老翁见说不过,乃挺身就近说:"那么好吧,待我老头儿下了水田,你老哥将货担交付于我,我顶在头上,请你空身从我儿旁边岔过,再将担子奉还。何如?"当即俯身解袜脱履。其人见老翁如此,作意不过,说:"既然老丈如此费事,我就下了水田,让你儿子的担过去。"当即下田避让。他只挺了一挺,一场争竞就此消解。这便是"挺经"中开宗明义的第一条。云云。予尚倾耳恭听,谓当顺序直说下去,不料竟不复语。予俟之良久,不得已始请示第二条。我老师含笑挥手曰:"这此一条,够了够了,我不说了。"予当时听之,意用何在,亦殊不甚明白;仔细推敲,大抵谓天下事在局外呐喊议论,总是无益,必须躬自入局,认真负责,乃有成事之可冀。此亦臆度之词,究不知以下十七条,究竟是怎样的内容。借一个通俗的故事,将中国文化的博大精深演绎得如此精彩,这就是曾国藩,能不说他是一个好老师么!

至于说到俞樾先生的治学成就,当属朴学,故后人多称其为朴学大师。不过他在经学、史学、文学等方面均有极高成就,限于其内容过于冷僻和篇幅太长,此处不赘。且引一些比较易懂的内容,以看俞樾如何从一些常见之文字中发见谬误的。例如《论语·微子》篇中有一句人们熟悉的话"四体不勤,五谷不分",一般认为这是那位丈人讽刺孔子和子路的,后来普遍用来讽刺知识分子,甚至成为迫害知识分子的一个借口。但俞樾指出,其实这里的"不"

俞樾书札

字只是一个语助词,没有否定的意思,并且列举了很多古代典籍中的例子证明这一点。因此,这里的四体不勤,五谷不分,其实是那位丈人说自己"四体勤,五谷分,但却不知道谁是夫子",以此来回答子路的"子见夫子乎"才合乎情理。不然,哪有对素不相识者进行讽刺挖苦的道理呢?何况之后丈人杀鸡做饭请子路吃,还让他见了自己的两个儿子,如果是讥笑子路,是不会如此的。

又如《左传》中的"郑伯克段于鄢",一般认为这六个字是说郑伯讨伐其弟段氏之行为的错误。但俞樾认为,郑庄公名寤生,而称其"伯",是用其爵号,段是其弟弟的名字,此处不称弟而称名,是因为"段不弟,故不称弟"——因为段的行为不像是弟弟的样子所以不称其"弟"。因此,俞樾认为孔子仅仅用了六个字,就已经喻褒贬于其中,是大有深意的。俞樾认为,正因为段氏有失为弟之道,所以郑伯可以讨伐之。凡有王者作,必先讨其门内之乱,而后可以治天下。《大学》所谓"家齐而后国治,国治而后天下平也"[1]。因此,《郑伯克段于鄢》是正面记载而非指责郑庄公。类似的例子很多,足见俞樾之卓越识见。

---

[1] 俞润民等:《德清俞氏》,中国人民大学出版社1999年版,第36—40页。

曲园

被罢官后的俞樾移居苏州,巡抚赵静山即请他主讲云间书院,从此俞樾开始了长达数十年的讲学著述生涯。之后应浙江巡抚马谷山之邀请,到杭州主讲诂经精舍,时间竟然一直持续了 31 年。就在苏州、杭州两地讲学期间,俞樾曾数次与其恩师曾国藩、同门李鸿章等会面,相谈甚欢并互有诗文来往。1874 年,也就是同治十三年,俞樾已是 54 岁,开始在苏州建造曲园,待落成后全家即迁入居住,此后在苏州再也没有搬家,俞樾后被称为"俞曲园"即来自于此园之名,如今这里已建成"俞樾先生故居"并对外开放。此外,俞樾长期在杭州诂经精舍讲学,却并没有自己的住处,家人也不能一同来杭。后来他的很多弟子即准备为他在孤山建造住处,称"俞楼"。俞樾虽然不同意此事,但众弟子极为热心,终于在 1878 年,也即光绪四年年底正式建成。为此俞樾特意撰写诗文,对俞楼各个景点进行解说,如今这里已改为俞曲园先生纪念馆并对外免费开放。

1898 年,已是 78 岁高龄的俞樾辞去诂经精舍讲席,依然居住于苏州,一代大师的晚年就此开始。对于自己晚年的生活和心态,俞樾多有诗文记录。兹录两首,以见其乐观开朗之风:

零落残牙满口空,屠门大嚼苦无从。
厨娘颇解衰翁意,制罢鱼松又肉松。

先生头脑本冬烘,一到天寒意转慵。
红日满窗犹拥被,听他二十四声钟。

俞樾先生的晚年,有三件事情值得一提。一是在他80岁那年其曾孙出生,这就是日后成为著名红学家的俞平伯。一是其孙子俞陛云在中进士后,殿试又获探花及第,俞樾自是喜不自胜。不过,第三件更值得一提,对俞樾本人也更为重要——就是在他中举60年之后,获准重赴鹿鸣宴,这是极为难得的荣耀。所谓"鹿鸣宴",是科举制度下的一种宴会,起于唐代。一般于乡试放榜次日,由官府宴请新科举人等,因席间歌《诗经》中《鹿鸣》篇,故称"鹿鸣宴"。而重赴此宴会之所以难得,是因为常人中举时大都已20多岁,再过60年才是"重宴鹿鸣",则至少已80多岁,而且还要得到皇帝批准才行。而俞樾不仅获准参加"重宴鹿鸣",而且又蒙恩准其官复原职,可谓双喜临门。

80余高龄的俞樾自知将不久于人世,曾自撰挽联,对其一生给予总结:

俞樾(中)与其孙及曾孙俞平伯(左)

生无补乎时,死无关乎数,辛辛苦苦,著二百五十余

卷书,流播四方,是亦足矣;

仰不愧于天,俯不怍于人,浩浩落落,数半生三十多年事,放怀一笑,吾其归欤。

1907年12月23日,时年86岁的俞樾逝世。他临终前神智还十分清醒,即使在弥留之际,还口授"临终自恨"一首。此时他的声音已经很低,是其孙俞陛云俯下身子至其口边,才记录下来的,但仍然文思清晰、情感真挚,可谓奇迹。原诗如下:

茫茫此恨竟何如,但恨秕糠未扫除。
七尺桐棺三尺土,此中了却万言书。

俞樾书法

在民间还流传有俞樾所写的9首预言诗,据说也是其临终前所写,对200年间中国变化似乎预测得极为准确。姑且引在下面:

历观成败与兴衰,福有根由祸有基;
不过循环一甲子,酿成大地遍疮痍。

无端横议起平民,从此人间事事新;

三五纲常收拾起,大家齐作自由人。

才喜平权得自由,谁知从此又戈矛;
弱者之肉强者食,膏血成河遍地流。

英雄竟逞各图强,各自分封各自防;
道路不通商贾绝,纷纷海客整归装。

大邦齐晋小邦滕,百里提封处处增;
郡县穷时封建起,秦皇已废又重兴。

几家玉帛几家戎,又见春秋战国风;
太息斯时无管仲,茫茫劫运几时终?

蜗触蛮争年复年,天心仁爱亦垂怜;
六龙一出乾坤定,八百诸侯拜殿前。

人间锦绣似华胥,偃武修文乐有余;
璧水桥门修礼教,山岩野壑访遗书。

张弛由来道似弓,聊将数语示儿童;
悠悠二百余年事,都入衰翁一梦中。

　　著名历史学家陈寅恪和俞樾之曾孙俞平伯是好友,后者曾请陈寅恪为这 9 首诗写跋语。当时有人认为这些诗不可能是俞樾所作预测,但陈寅恪却不这样认为。因为晚清以来的中国社会变化之大,是"三千年未有之变局",似俞樾这样的大师自然会有极为深刻的认识,并据此可以做出对未来的推测。因此陈寅恪在跋语中写道:

当时中智之士莫不惴惴然睹大祸之将届,况先生为一代儒林宗硕,湛思而通识之人,值其气机触会,探演微隐以示来者,宜所多言中,复何奇之有焉!①

而且,陈寅恪认为,凡事都有其发生和发展的规律,其最初的萌芽状态如果抓住,就可以预测其以后的变化,客观外物是这样,人事也是如此:

人事有初中后三际(借用摩尼教语),犹物状有线面体诸形。其演嬗先后之间,即不为确定之因果,亦必生相互之关系。故以观空者以观时,天下人事之变,遂无一不为当然而非当然。既为当然,则因有可以前知之理也。

按照陈寅恪的说法,他们那一代的处境大致相当于该组诗中的第二首和第六首之间,至于第七首所言他们是看不到了:

尝与平伯言:"吾徒今日处身于不夷不惠之间,托命于非驴非马之国,其所遭遇,在此诗第二第六首之间,至第七首所言,则藐不可期,未能留命以相待,亦姑诵之玩之,比诸遥望海上神山,虽不可即,但知来日尚有此一境者,未始不可以少抒忧生之念。然而其用心苦矣。"

不过,时代的发展变化可能连陈寅恪也没有想到会这样巨大,如果他还活着,对于今天这样的社会状况,不知又有怎样的感慨?

且说如今,俞樾当年在杭州讲学的俞楼已经成为俞樾纪念馆,

---

① 陈寅恪:《俞曲园先生病中呓语跋》,《寒柳堂集》,上海古籍出版社1979年版,第146页。下引文同此。

依然坐落在西湖北岸的孤山一侧,而太炎先生之墓在西湖南面的南屏山下,师徒遥遥相望,而中间还隔着宋代大文豪苏东坡的纪念馆,以及位于花港观鱼内的马一浮先生纪念馆。他们彼此既相望复相连,似乎跨越时空,仍在相互关注国事、切磋学术呢。

4. 章太炎先生是 1890 年开始在诂经精舍师从俞樾先生的,直到 1897 年离开,算是学习了 8 个年头。太炎先生在诂经精舍期间并没有学习八股文,而是潜心研究经学和小学,因此对诸子之作以及传统经典并前人之研究都是精心研读考证。在俞樾的指导下,学业大进。本来他自然会走向纯粹学术研究之路,日后承受俞樾先生的衣钵,成为又一位朴学大师。

可是,1895 年甲午海战后的中国,已不能让章太炎再埋头于书斋。春暖冬寒,章太炎求学诂经精舍走到了他的第七个年头。这一年,康有为在北京设立了强学会,为征求会友,将强学会章程分发到各个书院。不知是在哪天的午后,章太炎看到了这份志在富国强兵的章程,于是缴纳了 16 元会费,报名入会,并在随后强学会募集赞助时,慷慨解囊。而恰是因为这段因缘,使得康有为弟子梁启超知晓章太炎其人,并邀请他来时务报馆任职,此事发生于 1897 年初①。强学会是中国资产阶级早年的政治团体,其名字取"为中国自强而立"之意,主张变法图强。起初加入者均为改良派和光绪之"帝党"一派的支持者,但后来一些投机者的加入,使得成员变得复杂起来。

不过,初经世事的章太炎,为强国寻找真理之路走得并不顺利。尽管章太炎认为维新是当时最急切之事,但是出于在诂经精舍求学时所悟"六经皆史"的见解,他对康有为辈创立孔教,言孔子托古改制,却不甚认同。章太炎认为:"惟尊孔设教有煽动教祸

---

① 汤志钧编:《章太炎年谱长编》,第 26—28 页。

之虞,不能轻于附和。"①果然,由于容不下章太炎的不同意见,康有为门徒对章太炎"攘臂大哄",导致章太炎愤而离开了时务报馆。

后来,康有为因维新变法失败获罪,遭到清朝政府通缉,章太炎受到牵连,不得不避罪到台湾。回国后,章太炎又因结识曾发动"勤王"的唐才常,再次被追捕,有一个阶段甚至要躲藏在寺庙里面。

对于章太炎放弃学术而参与政治的一系列活动,俞樾是很不赞成的。据太炎先生自述:

> 初,南海康祖诒长素著《新学伪经考》,言今世所谓汉学,皆亡新王莽之遗;古文经传,悉是伪造。其说本刘逢禄、宋翔凤诸家,然尤恣肆。……时人以其言奇诡,多称道之。祖诒曾过杭州,以书示俞先生。先生笑谓余曰:尔自言私淑刘子骏,是子专与刘氏为敌,正如冰炭矣。祖诒后更名有为,以公车上书得名。又与同志集强学会,募人赞助,余亦赠币焉。至是,有为弟子新会梁启超卓如与穗卿集资就上海作《时务报》,招余撰述,余应其请,始去诂经精舍,俞先生颇不怿。然古今文经说,余始终不能与彼合也。②

看来,太炎先生要离开老师,倒不是问题,问题在于他要加入的是康有为的事业,是投身于政治斗争,这是俞樾所不能赞同的,也是日后两人见解日渐分歧的开始。不过,太炎先生只是赞同康有为、梁启超的政治观点,对于康有为的学术观点,他是永远不能赞同的。这不仅仅在于是否有违师命,而且在于他从根本上就不

---

① 汤志钧编:《章太炎年谱长编》,第36页。
② 同上。

认为康有为的治学方法是正确的,说到底,还是一个"古今之争",即古文经派和今文经派的学术之争。按照太炎先生弟子钱玄同先生的说法,近世今文经学和古文经学的两个极端莫过于康有为和章太炎:

> 过去学者凡研究经学的最大的缺点就是所谓家法师说。犯此病的,尤以汉人为甚。汉以后学者比较好一点,但依然不免也会有这种意味。虽以清儒之"实事求是",亦有所不免。在清末有两位学者,可以说集2000年来经学派别之大成,一是康有为,一是章太炎。他们两位都是经学大师,但他们的见解是极端相反的。康偏于微言大义,而太炎先生则特别偏重于训诂名物。……
> 关于章、康两人对于经学的态度,我们可以由他们的两句话看出来,康氏在他的《孔子改制考》中有句话,即"六经皆孔子改制所作考",这差不多是康氏的口号。至于太炎先生,在他的《原经》中有句话,即"六经皆史",这也就是章先生的口号。章先生最看重历史,他认为印度之所以如此,就因为他们太不看重历史了。中国有3000年的历史,假如历史不亡,则中国还有复兴希望。①

因此,出于民族救亡、变法维新的需要,太炎先生可以接受康梁的邀请从事政治活动,甚至由此导致俞樾对自己的不满和师生关系破裂也在所不惜(这在其"谢本师"一事上最为突出,详见下章有关内容),但在学术上则仍然坚持自己的立场,相信自己的观点才是真理所在。这就是太炎先生的极端自信和自负之处,虽有偏颇之嫌,却依然令人佩服其独立意志和自由治学的精神。

果然,此后不久,太炎先生即和康梁等人分道扬镳,并与孙中

---

① 转引自吴锐:《钱玄同评传》,百花洲文艺出版社1996年版,第110—111页。

山等革命党人结交,走上了反清排满的革命道路。

5. 除却俞樾先生,太炎先生还曾经有过两位老师,一为高学治,字宰平,杭州人,精于朴学兼及金石之学,且书法造诣也很深。当年太炎先生拜见高宰平时,后者以70余岁高龄,仍然每日读书写字,白天即使累了也不卧床休息。每当太炎先生问起治经之事,则随问随答,可见经学已烂熟于心。高宰平论学力主严谨,这对太炎先生之后的治学风格影响很大。他曾告知太炎先生说,近世以来专治朴学者多矣,"然行义无卓绝可称者";"视两汉诸经师,坚苦忍形,遁世而不闷者,终莫能逮。夫处陵夷之世,刻志典籍,而操行不衰,常为法式,斯所谓易直驷中,君子也。"①总之,从高宰平先生那里,太炎先生学到的还是以经学为主,但太炎先生对高宰平先生,一直是尊敬有加的,并特意为其撰写《高先生传》一文,以志纪念。

另一位对太炎先生有影响的学者是谭献,字仲修,也是杭州人。此人曾被张之洞聘请主讲经心书院,也是一位了不得的人物。谭献治经喜欢谈论其微言大义,而不屑于专门寻章摘句的考据功夫,与今文学派相类。此外,谭献喜爱词学,并作得一手好词,堪称常州词派的殿军。其词优柔委婉,恻然动人,颇得宋词风采②。兹引一首如下:

南　浦

杯行渐尽,便天涯芳草送往轮。此去看花得意,休念酒边人。不是马前风雨,是临歧,一别泪洒纷纷。只依然云树,无多烟水,一样动离魂。

我是近来销瘦,最恹恹、伤别复伤春。怨杀浣纱害

---

① 姚奠中:《章太炎学术年谱》,第29页。
② 姚奠中:《章太炎学术年谱》,第30页。

水,不照旧罗裙。日暮归鸦飞尽,剩河桥、独立病中身。问翠袿何处,绿芜无语已黄昏。

最后必须介绍的还有一位与太炎先生属于亦师亦友关系的孙诒让先生。孙诒让又名德涵,字仲容,号籀庼(1848—1908),浙江瑞安人。幼承家学,聪颖好学。13 岁即撰成《广韵姓氏刊误》一书,18 岁时又写成《白虎通校补》。曾随父宦游京师江淮等地,博采珍本秘籍,广结学者名流。清同治六年(1867 年)中举人。后数次赴考不第,遂绝意仕进,专攻学术,著书 30 多种,涉及经学、史学、诸子学、文字学、考据学、校勘学等诸多方面,且都具优异成就。其中尤以《周礼正义》、《墨子间诂》二书为世所重,被公认为"周官学"与"墨学"之权威著作。他的《契文举例》是甲骨文字学的开山之作,对殷墟甲骨文学术价值的认识,早于罗振玉、王国维等。他的《名原》、《古籀馀论》、《古籀拾遗》、《籀庼述林》、《尚书骈枝》、《经迻》、《札迻》等,对研究金文和校释古书,做出了贡献。25 岁时写定的《温州经籍志》,被誉为"近世汇志一郡艺文之祖"。以其杰出的学术成就与著名学者俞曲园、黄以周合称为"清末浙江三先生"。梁启超赞他"有醇无疵,得此后殿,清学有光"。俞樾对于这位小自己很多的老弟也极为看重,在其 86 岁时曾在苏州寓所为其写了一副楹联。联曰:

到老不离文字事,所居合在水云乡。

俞樾特意加注道:"仲容世仁兄早举孝廉,不乐仕进,文章经术,推重一时。所居飞云渡,余曾至其地,虽山乡,实水乡也。"

确实,比起俞樾来,孙诒让不仅在传统学术研究方面同样为一代大师,而更难能可贵的是,早在光绪十二年(1886 年),他就开始接触西方先进的科学文明与政治思想,多方搜集有关时务政书,探索救国图强之道。他支持变法,办实业,兴学校,力图开通民智,革新政治,以挽救国家民族于危亡。及戊戌变法失败,复经庚子之役,他知道清廷已无可救药,转为同情反清革命。据说太炎先生因从事反清活动引起俞樾不满被逐出门墙后,孙诒让却给予章太炎极大的支持,表示愿意接受他为弟子。

　　据传当时太炎声望尚低,既然被老师抛弃,只好到了瑞安,拜谒孙仲容先生。结果两人一谈即合,竟然在其家居住半年之久。据说孙诒让对章太炎大为赞赏,说:"他日为两浙经师之望,发中国音韵、训诂之微,让子出一头地,有敢因汝本师而摧子者,我必尽全力卫子。"因此可以说是太炎先生又找到了一个老师。看太炎文集中凡署名"荀漾"者,即指孙诒让。这是因为"荀子"亦名"孙子",而诒让二字,可以反切为"漾",所以仲容与太炎来往书札,皆用此姓名。因此,在某种意义上可以说,孙诒让先生是太炎先生从事反清排满革命事业的知音和同道。

　　自然,对于太炎先生这样的文化大师,面对俞樾等师辈,他不仅是虚心受教,也肯定会兼收并蓄他人之长以补自己之短,只有站在历代大师的肩上他才能看得更高更远。虽然民间有一些关于太炎先生极度自负自高自大的传说,其实据其弟子回忆,太炎先生是非常谦和平易的,对于弟子的一些学术方面的不同见解,他也是给予宽容态度甚至为此勇于纠正自己的观点,例如在音韵训诂方面,他就接受了黄侃的不少意见。其实,太炎先生也好,其弟子中最狂者如黄侃也好,其所谓的"狂"和"目中无人",只不过是一种态度,代表的是对自己学术的自信,但并不以此拒绝和看轻他人的成就,黄侃勇于拜仅仅长自己两岁的刘师培为师,就是明证。对此我们下面还要细说,此处不赘。

第二章 太炎之学探源

一、从章太炎择墓说起

1. "上有天堂,下有苏杭。"苏州,是章太炎晚年长期讲学和居住的地方,但落叶归根,他知道自己的最终归宿还是家乡杭州。而西湖,就是杭州的灵魂,章太炎怎能不把它作为自己的长眠之地?沿着西湖的苏堤,南行至南山路,于南屏山荔枝峰下,有片陵园。行走道中,四处松柏森然,至道路尽头则豁然现一圆庐状墓穴,"章太炎之墓"五字赫然刻于此墓碑之上。"以大勋章作扇坠,临总统府之门,大诟袁世凯的包藏祸心","七被追捕,三入牢狱,而革命之志,终不屈挠"的"有学问的革命家"[①];及"以朴学立根基,以玄学致广大,批判文化,独具慧眼,凡古今政俗之消息,社会文野之情状,中印圣哲之义谛,东西学人之所说,莫不察其利病,识其流变,观其会通,穷其指归"[②]的"有思想的学问家"——章太炎,即长眠于此。

---

① 鲁迅:《关于太炎先生二三事》,《鲁迅全集》,人民文学出版社1981年版。
② 许寿裳:《章炳麟传》,百花文艺出版社2004年版,第2页。

生养于杭州余杭的章太炎,以学问和革命著称于世,且又尤重乡贤之情,那么长眠于西子湖畔,想来也符合章太炎的夙愿。而自古繁华的钱塘之地,确实也影响了章太炎的一生品行。从章太炎身上,我们可以窥见作为"吴越间民",以解辫发"行古之道",示抗清凌绝意志浙域人的硬气性格;同样也能感受章太炎承继浙学之说,成"清代三百年学术史中没有第二个人"①的烁古之功!

可是,灵秀之西湖,却总给人以烟雨蒙蒙之感,多的是柔情,少的则是刚性。将章太炎和它联系一起,终究感觉少了点什么。可能是西湖太有名了,以至于很多名人死后都被厚葬于此。忠心可鉴、危难时挺身而出俗称"西湖三杰"的宋岳鄂王、于谦及张苍水,书"茂陵他日求遗稿,犹喜曾无封禅书"而终老孤山的林和靖,"千载芳名留古迹"的苏小小,近代以来,更有吟"秋风秋雨愁煞人"慷慨就义的秋瑾,大诗人陈三立,"江南第一武生"盖叫天,蒋介石手下的才子陈布雷,当然也少不了苏曼殊、史量才和章太炎等,他们都散葬于此。于是,如果读懂西湖和熟知环西湖之墓葬,或许半部浙江和江南文化"野史"也就熟知得差不多了。

不过话说回来,有一个阶段,柔美的西湖在章太炎眼里,其实并不是他百年之后长眠的首选之处,那章太炎又想把自己葬身何处呢?

1915年章太炎给浙江青田人杜志远写了一封信:

> 闻君著籍青田,故诚意伯刘公,则乡之令望,而中国之元勋也,平生慕之久矣。虽才非先哲,而事业志行,仿佛二三,见贤思齐,亦我素志。人寿几何,墓木将拱,欲速营葬也,与刘公冢墓相连,以申九原之慕,亦犹张苍水从鄂王葬也。君既生长其乡,愿为我求一地。不论风水,但愿地稍高敞,近于刘氏之兆而已。今先别书纸一幅,求刻

---

① 许寿裳:《章炳麟传》,第2页。

之刘公墓前,以志景仰。微闻清人入关以来,刘氏子孙虽微贱,其族尚盛,并愿以此告之。①

写此信时,章太炎因不满袁世凯帝制正被其囚禁,并数次以绝食抗争。从信中可知,章太炎在为自己安排后事,"欲速营葬",希望能与"平生慕之久矣"的浙江青田刘伯温冢墓相连。

那章太炎为何要选择营葬于刘伯温墓旁呢?

刘伯温,名刘基,字伯温,浙江青田人。自幼聪颖,天赋甚高,从小深思好学,读书能一目十行,师从当时处州名士郑复初学习宋明理学。曾传郑复初在一次拜访刘伯温父亲时曾下断语:"你的祖先积德深厚,庇荫了后代子孙;这个孩子如此出众,将来一定能光大你家的门楣。"

而刘伯温被世人所熟知的则在于他辅佐明太祖,献时务十八策,成就明朝伟业。他一生疾恶如仇,无法融处于权贵之间;且自知"伴君如伴虎"之理。因此,功成名就后便退隐青田,但终遭猜疑,忧愤而亡。正如章太炎为刘伯温撰写碑文所示:"于铄先生,功除羯戎。严以疾恶,刚以制中。如何明哲,而不考终。"

外人视章太炎为反清斗士、革命元勋,此言自然不虚。但如果细深思之,我们或许可以看见在反清斗士和革命元勋的背后依稀站着一位浸染着中国传统文化而欲为"国师"的章太炎。如此想来,章太炎想葬于刘伯温墓旁也就不难理解了。

后来,刘伯温后裔刘祝群复信给杜志远同意了章太炎的请求,详述了相关事宜:

诵手书,并示章子太炎撰先文成墓志碑文,珍重珍重。如碑字已书成,愿邮以畀。凡购石刻画之需,耀东任之。先文成墓在乡之夏山,明代碑刻今无存者,闻于靖难

---

① 马勇编:《与杜志远》,《章太炎书信集》,河北人民出版社2003年版,第600页。

时毁灭,可慨也。周墓之旁半里许,族中有樵苏禁,无有拊者,去此则山水秀美,卜兆皆吉。买山之钱约数十千,耀东亦当商之族人,可不取直①。

于是,章太炎自书墓碑,寄给杜志远。墓碑仅5字,即"章太炎之墓",留用至今。

当然,即使章太炎生前做了安排,但并不代表死后就能如其所愿。世事浮沉,万事难料,经后人的周旋,章太炎最终葬在西湖南屏山荔枝峰下张苍水的墓旁。

张苍水,名煌言,号苍水,浙江鄞县人,抗清民族英雄。明末民族危亡之际,他曾在东南沿海英勇抗击清兵,终因势孤兵败,落入敌手。被俘后,不为官禄引诱,誓不投降,并写下慷慨激昂的爱国诗《入武林》和浩气长存的《放歌》以明志,"坐而受刃",被清廷杀害。

据说,章太炎某日游西湖至楼外楼吃饭。楼外楼主人见用膳的是章太炎,连忙殷勤招待,欲求章太炎饭后馈赐墨宝。要知道,当时世人皆以拥有这位民国著名"章疯子"的笔墨为荣。而且,章太炎写字常以心情性情而定,如果他不愿意即使投掷万金也休想让他动一笔,但要是他情致所至则下笔万言而不取分文。或许,那时楼外楼主人正碰上章太炎临湖发思古之幽情,于是大笔一挥,写下一首张苍水绝命诗。楼外楼主人初见之,以为不祥,后经识家点拨,备觉珍惜,可惜的是章太炎所写只是张苍水绝命诗的起首一段,如果能写完就更珍贵了。于是,楼外楼主人第二天再次邀请章太炎前往进膳,前后约十天。十天期间,章太炎也把张苍水的绝命诗给写完了,并在卷尾加了一节长长的跋语②。

张苍水死后,鄞县纪五昌、万斯大等同乡资助于南屏山北麓觅

---

① 陈平原、杜玲玲编:《追忆章太炎》,中国广播电视出版社2000年版,第156页。
② 陈存仁:《师事国学大师章太炎》,《银元时代生活史》,广西师范大学出版社2007年版,第65页。

地将其安葬,浙东学者黄宗羲撰写了《张公墓志铭》。尽管浙籍学人钦佩张苍水为人,积极为其安排后事。不过可叹的是,为避清廷耳目,墓前仅立一石碑,刻"王先生墓"。后,黄宗羲曾凭吊忠魂,久觅才得,写下"夜台不敢留真姓,萍梗还来醉晚鸦"之句。至清乾隆初年,杭州吴乾阳道士重修张苍水墓,竖立神道碑,碑上刻另一浙东学者全祖望撰写的《明故权兵部尚书兼翰林院侍讲学士鄞张公神道碑铭》,述张苍水一生经历,誉之为"啼鹃带血归南屏",始揭开"王先生墓"的真相。

章太炎葬于西湖,与张苍水相伴,也算遵从了章太炎曾流露过的与张苍水"生不同辰,死当邻穴"的意愿。章太炎夫人汤国黎女士为此曾赋诗言:"南屏山下旧祠堂,郁郁佳城草木香。异代萧条同此志,相逢应共说兴亡。"①或许,章太炎最终伴在张苍水旁,反而能更显章太炎与浙学之渊源,也更符章太炎平生革命和问学之遗续。

刘伯温、张苍水是兼具抗争意识又携经纶之才的浙籍人士。而观章太炎一生,乡贤情结甚重,并多以浙籍先贤为楷模,瞻仰思齐,才有至死都想常伴刘伯温、张苍水墓旁之纠葛。总之,章太炎择墓,突出彰显的便是民族意识和文化情怀,以及他潜在的欲为"国师"的学人道路选择。由此,不得不问,章太炎与浙域以及形成于浙域的"浙学"之间到底有何种内在传承,"浙学"又给了章太炎什么精神资源呢?

1883年,据章太炎《自定年谱》记载:"先君命赴县应童子试,以患眩厥不竟,先君亦命辍制义,颇涉猎史传,浏览《老》、《庄》矣。"②也就是说,章太炎在16岁时,因为"患眩厥"而没有去参加科举。那时,离大清废除科举制度还差整整12年。而科举应试,某种程度上讲是传统私塾教育灌输给学子的最优之途和终极目

---

① 陈平原、杜玲玲编:《追忆章太炎》,第158页。
② 汤志钧编:《章太炎年谱长编》,第7页。

标,正所谓"学而优则仕",否则章太炎也不会说受"先君命"。纵观近现代思想、文化界人物,诸如鲁迅、胡适等人,他们都是从小便接受私塾教育,以便迎接"约定俗成"的科举应试。他们之所以最后没有走上"学而优则仕"的道路,尽管有自身思想裂变的缘由所在,而同样不能忽视的是在他们能够"应试"的时候,科举制度已经被大清帝国给废除了,时代没能给予他们一次参加科举的机会。

这样,章太炎在科举制度没有废除之际,仅因"眩厥"便不去应试,多少留下了给人遐想的余地。章太炎生前曾讲过:"予少时多病,时文亦弄过,旋即废弃,未应试也。然亦适然耳,非有意为之。"①后来,甚至在上书李鸿章时直接称自己:"幼诵六籍,训诂通而已。然于举业,则固绝意不为。"②张元济也曾回忆:"太炎先生自幼勉学,不屑仕进,方科举盛行时,从未涉足试院,此余闻之亡友夏穗卿者。"③看来,章太炎是主动选择离弃科举的,那么,章太炎为何会有勇气做出如此大异于常人的选择呢?

2. 在《自述学术次第》中,章太炎称:"余生亡清之末,少憇异族,未尝应举,故得泛览典文,左右采获。"④原来,章太炎是因为"少憇异族",所以才"未尝应举"的。那又是什么因素导致年少之章太炎便如此忌恨于清朝,以至不惜放弃传统意义上安身立命的科举之仕? 在《自定年谱》中章太炎有这么一段记载:"外王父归海盐,先君躬自督教。架阁有蒋之[良]骐《东华录》,尝窃窥之,见戴名世、吕留良、曾静事,甚不平,因念《春秋》贱夷狄之旨,先君不知也。"⑤

《东华录》,蒋良骐编,是一部编年体清代史料长编,为治清初

---

① 汤志钧编:《章太炎年谱长编》,第7页。
② 马勇编:《与李鸿章》,《章太炎书信集》,第19页。
③ 汤志钧编:《章太炎年谱长编》,第7页。
④ 刘梦溪主编:《章太炎自述学术次第》,《中国现代学术经典·章太炎卷》,河北教育出版社1996年版。
⑤ 汤志钧编:《章太炎年谱长编》,第7页。

史之重要参考资料。据蒋良骐序,此书"惟以《实录》红本及各种官书为主,遇分列传事迹及朝章国典兵礼大政有关系者,故以片纸录之",保存了《清实录》中经官方多次修改而不载之重要内容,其中包括恰好被章太炎看到的清朝文字狱,如吕留良、曾静案。

章太炎门人许寿裳在他撰写的《章炳麟》书中,曾辟专章讲述清朝文字狱,列举了9种文字狱相关档案。值得注意的是,其中浙江人占据一半以上,吕留良、曾静案便位列其中。"留良浙江人,评选时文,内有论夷夏之防。国亡著书,多种族之感。雍正时,以曾静狱牵涉;至于戮尸,株连甚众。"①而在曾静《知新录》中,则有"中原陆沉,夷狄乘虚,窃据神器,乾坤翻覆","华夷之分,大于君臣之伦,华之与夷,乃人与物之分界"等语句,甚至他直接叫嚣"春秋时皇帝,该孔子做;战国时皇帝,该孟子做;秦以后皇帝,该程子做;明季皇帝,该吕留良做,如今却被豪强所寿"。想必此种浙人文字狱,此类激烈言辞,在章太炎年少心灵中刻下了不可磨灭的印象。如沈祖绵回忆:"太炎言浙省文字狱,如南浔庄氏、塘栖劳氏、汪查之狱、齐召华之狱,如数家珍。"同时,章太炎询问得知沈祖绵家狱案乃受与汪、查文字狱之株连,而此案"罪及全浙士子,雍正五年上谕浙人停止会试",断言"此浙人一时之不幸,日后当以此为荣也"②。因此,章太炎在充满革命意味的《光复军志序》就曾写道:"弱冠,睹全祖望文,所述南田、台湾诸事甚详,益奋然欲为浙父老雪耻;次又得王夫之《黄书》,志行益定。"③这样,章太炎因"少慧异族"舍弃科举,也是顺理成章的事情了。

自然,不能说章太炎的民族意识和文化意识完全发源于这些和浙人有关的文字狱,但是章太炎的思想记述和行为受浙江学人思想和行为的影响却是显而易见的,我们能从章太炎身上找寻到浙学的渊源。

---

① 许寿裳:《章太炎传》,第9页。
② 陈平原、杜玲玲编:《追忆章太炎》,第182页。
③ 汤志钧编:《光复军志序》,《章太炎年谱长编》,第9页。

浙学,一般意义而言是对发生发展于浙江的一种学术文化传统的理论概括,它代表着一种富有浙江地方特色的人文传统与理性精神,主要指的是源于东汉、酝酿形成于两宋、转型于明代、发扬光大于清代的浙东经史之学,包括东汉会稽王充的"实事疾妄"之学,两宋金华之学、永嘉之学、永康之学、四明之学以及明代王阳明心学、刘蕺山慎独之学和清代以黄宗羲、万斯同、全祖望等为代表的浙东经史之学。也就是说,浙学的主流是南宋以来的浙东经史之学①。

　　南宋历来被视为苟且之朝廷,偏安江南,民族危机严重,对外委曲求全,忠臣岳飞欲报国而不能;学术上则以理学家朱熹为瞻首,空谈性理。正是在这种民族危机氛围下,叶适、陈亮、吕祖谦等浙东学者提出学术经世致用,注重研究历史,形成浙东事功之学。而叶适、陈亮、吕祖谦践行其所论事功之学,积极参与政事,或上书朝廷主张抗金,或身临前线组织抗金,具有强烈的民族精神。于是,最早提出"浙学"概念的南宋大儒朱熹批评道:"浙学却专言功利。……若功利,则学者习之便可见效,此意甚可忧。"②

　　明末清初之际,中国再次面临民族危机的挑战,处于低谷的浙东史学悄然兴起。余姚黄宗羲师从王阳明弟子刘宗周,得王学之传,主张"经世术所以经世",继承南宋浙东学术的事功传统,并在他所撰《移史馆论不宜立理学传书》一文中首次使用了"浙东学派"一词。黄宗羲高足万斯大、万斯同兄弟,则以布衣领明史馆,独尊史法。而私淑黄宗羲、万斯大、万斯同兄弟的全祖望更是承继黄宗羲"学必原本于经术而后不为蹈虚,必证明于史籍而后足以应"的思想。这些都为黄宗羲撰张苍水墓志铭后,有全祖望写《明故权兵部尚书兼翰林院侍讲学士鄞张公神道碑铭》等,做了注脚。至章

---

① 吴光:《简论"浙学"的内涵及基本精神》。
② 《朱子语类》卷一百二十三,《陈君举》,中华书局1994年3月版王星贤点校本第八册,第2967页。

学诚"六经皆史"出,浙东史学形成了它的第二个高峰①。梁启超在《中国近三百年学术史》中就说:"浙东学风,从梨洲、季野、谢山起以至于章实斋,厘然自成一系统,而其贡献最大者实在史学。"②而章太炎也坦言:"幼专治《左氏春秋》,谓章实斋六经皆史之语为有见。"③

浏览历史,我们发现浙江学人崇事功、主经世,都值于民族危亡之际,彰显出强烈的民族意识。并且在秉持事功经世的学理基础上,更是将经世用于致用,扛起民族大义之旗,身先士卒。不管是南宋的叶适、陈亮、吕祖谦,还是明末清初的顾炎武、黄宗羲、全祖望、吕留良、张苍水等人。当然,也包括生长于民族危机尤为深重时期的浙人章太炎了。

梁启超在《清代学术概论》中说:"炳麟少受学俞樾,治小学极谨严,然固浙东也,受全祖望、章学诚影响颇深。"④而原名为炳麟的章太炎因仰慕顾炎武,故别号太炎。

二、"谢师"风波的背后

3. 杭州西湖的孤山之侧,如果游人沿白堤从断桥残雪方向前行,过断桥,至孤山路,即会在六一泉旁看到一幢两层阁楼掩映在绿荫丛中,如稍不留神,便被人一视而过,恰如历史之瞬间。它便是称之为"西湖第一楼"的俞楼,章太炎之师俞樾居住过的地方。

不过,现今可能很少有人知道俞楼的前身便是杭州四大书院之一的诂经精舍,俞樾讲学著书之地,他在此掌院长达30余年之久。诂经精舍,乃清代嘉庆六年(1801年)由时任浙江巡抚的阮元创建,之所以取名为诂经精舍,阮元在《诂经精舍记》中认为,圣贤

---

① 参见蔡克娇:《"浙东史学"再认识》。
② 梁启超:《中国近三百年学术史》。
③ 刘梦溪主编:《章太炎自述学术次第》,《中国现代学术经典·章太炎卷》。
④ 梁启超:《清代学术概论》。

之道存于经,经非诂不明。俞樾在《重建诂经精舍记》中也讲道,诂经精舍是为了使"肄业于是者,讲求古言古制,由训诂而名物,而义理,以通圣人之遗经"①。而那时,一般书院教学诸如杭州紫阳书院、敷文书院,都是为学子科举铺路,而诂经精舍"则专意于造就青年汉学家。精舍中立有许郑祠,专祀许慎、郑玄,显示了精舍宗旨之所在"②。如果念及章太炎"少慧异族,未尝应举,故得泛览典文,左右采获","知明训诂,不能治《史》《汉》,乃取《说文解字》段氏注读之,适《尔雅》郝氏义疏初刊之,求得之"③。18岁便将《说文解字》《尔雅》读遍,那么他能入读诂经精舍是合乎情理的,也似乎冥冥中自有定数。

试想,如果章太炎走常人之路,以试举为立命之本,那么他所学也很可能囿于科举之典,以此为经,视之为道。这样,就不能"泛览典文,左右采获"。再引申之,或许章太炎也不会认同"六经皆史"而能"诸子评议"了,那么章太炎可能就不是现今这个在中国近现代思想史和文化史独具一格的章太炎了。

1869年,对于历史而言,应该是极其普通的一年。在这一年,俞樾正式入主诂经精舍。也恰是这一年,章太炎出生在钱塘之滨。不过,首先与诂经精舍产生联系的并不是章太炎,而是他的父亲——章濬,曾经的诂经精舍监院。

章濬,字楞香,从小诵习家中藏书,在科举应试中屡得优等,并于道光己酉年间拔萃科。后来,因为遭人怨忌,被进谗言,终而自绝于科场。余杭一帮乡贤知道章濬是位有学识的人,曾多达7次举荐他,都让他给谢绝了,足见其淡泊之心。章濬所立家训便称:"妄自卑贱,足恭陷笑,为人类中最佣下者。"同时,他也希望子辈包括章太炎要铭记:"精研经训,博通史书,学有成就,乃称名士。徒工词章,尚不足数,况书画之末乎?然果专心一艺,亦足自立,若

---

① 俞樾:《春在堂杂文集》卷一。
② 姜义华:《章太炎评传》,百花洲文艺出版社1995年版,第4页。
③ 章太炎:《自述治学》。

脱易为之,以眩俗子,斯所谓斗方名士,慎勿堕入。"①

在俞樾讲授于诂经精舍时,章濬恰好任诂经精舍监院,与俞樾共事数年。晚年,当章濬讲到自己"中年颇好禅学",回忆其诂经精舍往事时说:"曲园设教诂经精舍,吾时充监院,相处数岁,今闻其茹蔬念佛,贤士晚节,往往至此。"②可见,在章太炎父亲章濬的心中,俞樾是一名"贤士"。回想俞樾也曾有类似章濬被谗言弹劾的经历,后两人又共同致力于书院教育,产生惺惺相惜之感自在情理之中。于是,章濬立下"遗训",希望在他死后,章太炎能在诂经精舍受教。

1890年,章太炎父亲章濬过世。章太炎安排好其父后事后,便遵其父"遗训"踏上了前往杭州诂经精舍的求学之路。

当时,诂经精舍的学生,一般都从浙域"经学修明,通于一艺"的学子中遴选出来。因此,不是任何人都能成为诂经精舍的学生,也不是任何想受教于俞樾门下的人都能得到他的首肯,即使是曾任经诂经精舍监院章濬的儿子。尽管章太炎在俞樾面前曾多次表达了想入诂经精舍求学的诉求,俞樾却都没有允许。因为,俞樾需要对章太炎进行考核。

据说俞樾曾这样问章太炎:

《礼记·明堂位》有虞氏官五十、夏后氏官百、殷二百、周三百、郑注周三百六十官,此云三百者,记时《冬官》亡也。《冬官》亡于汉初,周末尚存,何郑注谓《冬官》亡乎?

章太炎答道:

---

① 汤志钧编:《章太炎年谱长编》,第4页。
② 汤志钧编:《章太炎年谱长编》,第4页。

《王制》三卿五大夫,据孔疏,诸侯不立冢宰、宗伯、司寇之官,有小司徒、小司寇、小司空、小司马、小卿而无小宗伯,故大夫之数为五而非六,依《周礼》当减三百之数,与《冬官》存否无涉也。

俞樾又问:

《孝经》有先王有至德要道,先王谁耶?郑注谓先王为禹,何以孝道始禹耶?

章太炎则从容应对:

《经》云先王有至德要道以顺天下者,明政治上之孝道异寻常人也。夏后世袭,方有政治上之孝道,故孝道始禹。且《孝经》之制,本于夏后;五刑之属三千,语符《吕刑》。三千之刑,周承夏旧,知先王确为禹也。①

显然,章太炎的回答很合俞樾的心意,否则俞樾就不会"称善"而"亦以为然"了。至此,章太炎完成了他的入学考试,成为诂经精舍的一名学徒,"事德清俞先生,言稽古之学,未尝问文辞诗赋","出入八年,相得也"②。

作为朴学大师,俞樾的主要学术成就在于对群经和诸子的研治,"既遵循乾嘉学者重在研究声音文字的旧则,又吸取道光、咸丰学者寻求微言大义的长处"。比如,在《诸子平议》中,"他所从事的诸子研究,重点在于通过字句的疏解,让人们能够阅读这类古代典籍,进而印证儒家经义"③。章太炎便深受这种治学方式和方向

---

① 章太炎:《自述治学》。
② 章太炎:《谢本师》,《民报》第九号。
③ 姜义华:《章太炎评传》,第5页。

的影响,他刚刚治经的时候,也是"独求通训故、知典礼而已"①,而"在诂经精舍中,章太炎自选的评校与著述课程,主要就是围绕周、秦、两汉诸子著作。今存章太炎的第一部学术专著《膏兰室札记》,便集中了他这一时期在这一方面的研究成果"②。

虽然,俞樾遵循清代乾嘉治学方法研治诸子的目的其实是为了"印证儒家经义",但却在不经意中为章太炎开辟了另一学术走向的可能性,即通过对诸子的研究,转而冲破儒家传统典籍的束缚,视"经即古文,孔子即史家宗主"③。这一迹象隐现于章太炎在诂经精舍时的另一研究成果《春秋左传读》之中。

章太炎称,他幼时"专治《左氏春秋》,谓章实斋'六经皆史'之语为有见。谓《春秋》即后世史家之本纪、列传;谓《礼经》、《乐书》,仿佛史家之志;谓《尚书》、《春秋》,本为同类;谓《诗》多纪事,合称《诗史》;谓《易》乃哲学,史之精华,今所称'社会学'也"。这里,我们是否又能窥见少许浙学传统的影子呢?

章太炎承继了俞樾的治学方法,然而正是因为俞樾的治学趣向,为章太炎冲破儒家传统典籍的束缚创造了契机,也埋下了章太炎辞谢本师俞樾的因子。历史往往便是如此充满着吊诡性!

可以说,在离开诂经精舍到上海后参与反清排满斗争的一个时期,章太炎一直处于颠沛流离的状态,他需要找个安静的场所做适当的休整。恰好苏州东吴大学寻聘教员,经人介绍章太炎得以赴东吴大学任教。而那时章太炎的从业恩师俞樾也正居于苏州的曲园之内。于是,师徒两人自诂经精舍别后再次相逢。孰料,相逢却是谢别……

4. 1901年的某天,在东吴大学课堂上高论民族大义后的章太炎,准备去拜见他的恩师俞樾。现在已经无法揣测那时章太炎

---

① 章太炎:《自定年谱》。
② 姜义华:《章太炎评传》,第5页。
③ 章太炎:《自述学术次第》。

前往谒见俞樾时的心情,可能盘旋在章太炎脑海中的是恩师谆谆教导的温馨画面,亦或是数年没见恩师所萦绕的淡淡的思愁,再或者是忍受流离之苦后希望能从授业恩师身上得到少许的慰藉。不过,可以肯定的是章太炎绝对想不到他这次与俞樾的相见竟然会以谢别收场。否则,他可能宁愿选择不见。

然而,在俞樾一方,显然他应该曾一度产生过不见章太炎的想法。但是最后俞樾还是选择了与章太炎会面,而且是蓄意地会面。因为,他想义正词严地教训一下爱徒章太炎。

这时,章太炎来了。

俞樾一看到章太炎,就劈头指责:

> 闻而〔尔〕游台湾,尔好隐,不事科举,好隐则为梁鸿、韩康可也。今入异域,背父母陵墓,不孝;讼言索虏之祸毒敷诸夏,与人书指斥乘舆,不忠。不孝不忠,非人类也,小子鸣鼓而攻之可也。①

恩师一见面就用如此严厉的训词质问,是章太炎所没有想到的。面对老迈的俞樾,章太炎多少也开始"少年气盛"起来:

> 先生既治经,又素博览,戎狄豺狼之说,岂其未喻,而以唇舌卫扞之?将以尝仕索虏,食其禀禄耶?昔戴君与全绍衣并污伪命,先生亦授职为伪编修。非有士子民之吏,不为谋主,与全、戴同。何恩于虏,而恳恳蔽遮其恶?如先生之棣通故训,不改全、戴所操以诲承学,虽扬雄、孔颖达,何以加焉?②

---

① 章太炎:《谢本师》,《民报》第九号,1906年。
② 章太炎:《谢本师》,《民报》第九号,1906年。

俞樾说章太炎入异地，讼言索虏之祸，那是不忠不孝。章太炎则诘问俞樾，清朝到底给了你什么恩惠，你可以帮他们遮丑，是不是曾经被清廷授过翰林编修的缘故？同时，搬出俞樾擅长的经学回敬："弟子以治经侍先生，而今之经学，渊源在顾炎武，顾公为此，不正是要使人们推寻国性，明白汉、虏分别的吗？"①

俞樾听了章太炎的回答，肯定是相当的感伤，也是相当的生气。章太炎的行为不就恰好印证了俞樾所讲的"不忠不孝"吗？要知道，在中国传统书院教育体系中，为师即为父，所以拜师要行三跪九叩之礼，哪有儿子对父亲如此讽刺说话的呢？而且此人还是俞樾最为欣赏的弟子，所谓爱之切责之深，便在于此。因此，俞樾放言："曲园无是弟子，逐之门墙之外，永绝师生关系。"②

这便是近代史上一件很著名的掌故："谢本师"。后章太炎即写出《谢本师》一文，但没有立刻发表。

俞樾为什么要对章太炎发那么大的火呢？一般认为，那是章太炎走上反叛传统经学的道路，章太炎治经专尚古文，而俞樾却"颇右公羊"。可是俞樾宽容弟子在学术上拥有不同见解的这点雅量毕竟还是有的。据载康有为途径杭州，曾将《新学伪经考》呈给俞樾看，俞樾便笑着对章太炎说："尔自言私淑刘子骏，是子专与刘氏为敌，正如冰炭矣。"③可见，俞樾并没有限制章太炎的治经趋向。

还有，在诂经精舍时，章太炎"治《春秋左氏传》，为《叙录》，驳常州刘氏。书成，呈曲园先生"。俞樾也只是摇头讲道："虽新奇，未免穿凿，后必悔之。"④所评价也只是纯学术上的探讨，而且章太炎也虚心接受了俞樾意见，"由是锋芒乃敛"。后来回忆时也认为自己："少年气盛，立说好异前人，由今观之，多穿凿失本意，大抵十

---

① 章太炎：《自定年谱》。
② 刘禹生：《世载堂杂记》，《章太炎书信集》，中国广播电视出版社2000年版。
③ 章太炎：《自定年谱》。
④ 章太炎：《自述治学》。

得其五耳。假我数年,或可以无大过矣。"①

这样看来所谓反叛传统经学的道路,应该不至于惹俞樾生那么大的气。还有种说法就是,章太炎讲革命,倡反满言论,与俞樾政治立场不同,超越了俞樾可以忍受的界限,所以俞樾骂章太炎"不忠不孝"。这样讲也有一定的道理。可果真如此,俞樾为何在诂经精舍时不阻止章太炎加入强学会呢?

其实忠孝忠孝,有孝才有忠,在那时儒家的孝道是千百年对社会秩序的一种维护。还记得章太炎拜师俞樾时,俞樾的考题吗?他出的就是《孝经》中"先王有至德要道以顺天下者"。俞樾守的是儒家的道,一生治学印证的是儒家的经义。只是,20世纪初的中国文化,因清朝的羸弱,受到各方面的挑战。正如俞樾撰写的《诂经精舍课艺》序言所示,甲午至丙申三年:

> 时局一变,风会大开,人人争言西学矣,而余与精舍诸君子犹轻轻焉抱遗经而究终始,此叔通所谓鄙儒不通时变者也。虽然,当今之世,虽孟子复生,无他说焉。为当世计,不过曰盍亦反其本矣。为吾党计,不过曰守先王之道以待后之学者。战国时,有孟子,又有荀子。孟子法先王,而荀子法后王。无荀子,不能开三代以后之风气;无孟子,而先王之道几乎息矣。今将荀氏之徒欤,西学具在,请就而学焉;将为孟氏之徒欤?则此区区者,虽不足以言道要自三代上之礼乐文章,七十子后汉唐学者之绪言,而我朝二百四十年来诸老先生所孜孜焉讲求者也。精舍向奉许、郑先师栗主,家法所在,其敢违诸?风雨鸡鸣,愿与诸君子共勉之。②

---

① 章太炎:《再与人论国学书》,《中国现代学术经典·章太炎卷》。
② 汤志钧编:《章太炎年谱长编》,第34页。

俞樾写下这段话的时候,章太炎刚刚离开诂经精舍。

因此,或许俞樾的怒气不仅仅是针对章太炎,而是针对当时整个社会的风气。整个社会处于风雨飘摇之中,传统道学的正当性已经受到了强烈的质疑,"六经皆史"的观点,被越来越多的人所接受。人们已经不再把儒家的道统视为唯一的知识资源,而只是将孔孟所讲的语言当成了一种历史的材料。时代毕竟在进步,只是俞樾不似章太炎,显然已经无法也不能跟上时代的步伐了。

《谢本师》一文,太炎先生直到1906年才发表于《民报》,此后也没有被收入他的文集,可见太炎内心的矛盾心情——毕竟背叛师门是一件有关个人声名的大事。第二年,俞樾即去世,终年86岁。在给另一浙籍师友孙诒让的信中,章太炎如此表述了他对俞樾逝去的心境:

> 今夏见报,知俞先生不禄,向以戆愚,几削门籍,行藏道隔,无由筑场,悬斯心丧,幸在天之灵知我耳。①

章太炎痛心于俞樾的逝去,他对这位授业恩师心存感激,即使俞樾已然不认他为自己的弟子。或许,在章太炎的内心隐秘之处,对于自己"少年气盛"的《谢本师》多少有点愧疚之感,只能希望俞樾"在天之灵知"他了。

章太炎曾经谢过师,但是他从来没有立意与俞樾绝别过。被世人视为狂妄的"章疯子"自始至终都奉俞樾为自己的恩师。甚至,在功成名就之后,途经杭州时,依然不忘俞樾恩情。

据章太炎弟子陈存仁回忆,民国时期,章太炎受邀做客杭州昭庆寺。到杭州后的第二天,便特意穿起马褂,并嘱咐他的弟子着相同的衣服,带着香烛和水果,来到上文曾经提及过的素有西湖第一楼之称的"俞楼",凭吊他的恩师俞樾。

---

① 马勇编:《与孙诒让》,《章太炎书信集》,第187页。

孰不知,岁月几度变迁,楼在人已逝,"俞楼"已经换了主人。当章太炎叩门请求拜见时,开门的老妇不知来者何人,因语言隔阂发生冲突,竟拿扫帚逐客。对此,章太炎也不气恼,只是毕恭毕敬地退出,对其弟子忆起求学时西湖边旧事,并坦言为了拜祭老师,应该立雪,多等几个时辰是没有关系的,无论如何要拜祭一下。诚心可见!

大约过了两个时辰,"俞楼"的门再度打开,一中年人走了出来,章太炎再次说明来意,最终得以入园,旧时之物诸如庭园中的枇杷树,章太炎都能记忆犹新,可想当他看到俞樾遗墨"春在堂"匾额的无限感慨心情了。于是,章太炎命他的弟子点起香炉,对其恩师俞樾再行三跪九叩大礼!①

真可谓,花落春仍在,人逝情尚留⋯⋯

三、"古今之争"中的章太炎

5. "大学之道,在明明德,在亲民,在止于至善"、"中立而不倚,强哉矫"、"致天下之民,聚天下之货,交易而退,各得其所",此三句话为1904年中国最后一次科举会试的经义试题,分别语出《大学》《中庸》《易经》,也就是世人常说的"四书五经",应试仕子的必学之道。

当年,章太炎如果没有弃绝科举,他也必将面临类似的经义之题。如此,在清末古今之争中,章太炎或许会以另外一番面貌遗留在历史上了。

古今之争,实为经学研究中古文经学和今文经学之间不同学术观点的辩驳,而古文经学和今文经学是西汉末年形成的两个学术派别。那么何为古文经,何为今文经呢?这还要回溯到秦始皇当政时期。

---

① 陈存仁:《师事国学大师章太炎》,《银元时代生活史》,第67页。

"焚书坑儒",被视为秦始皇的暴政之一,是中国历史上一件大事,对中国学术文化的发展影响深远。当时,除却《易经》之外,用先秦文字书写的儒家典籍基本丧于火海,损失殆尽。后来,随着秦王朝统一文字举措的推行,先秦的文字便越来越"古"。可是,凡事盛极必衰,民间意识不是靠压制就能完全杜绝的,极端的暴政往往孕育着强烈的反抗,孔子的后代孔鲋便因秦始皇残杀儒生,参加了陈胜、吴广领导的农民起义。

　　吸取了秦亡的教训,汉高祖实行休养生息政策,至汉惠帝还废除了秦时的书禁。在秦朝高压统治下侥幸活下来的老儒生,凭借自己的记忆将儒家典籍口授与弟子,由弟子用汉朝通行的隶书记录下来,称之为今文经,如《春秋公羊传》。

　　而另一面,秦朝焚书时,一些有识儒生冒死将用先秦文字书写的儒家典籍藏于墙壁夹层中。待汉武帝年间,鲁恭王为扩建王室而拆除孔府旧宅,不料在墙壁夹层中发现大量藏书。因藏书字体不是常用隶书,故当时没人能识。后传孔子后代孔安国最终读懂,识得该藏书为先秦古文所写的《尚书》《礼记》《孝经》等儒家经典,遂在当时引起震动。随后,河间献王以重金征集古文经书,欲献与朝廷,此类儒家典籍也逐渐有所发现,流传于民间,史称古文经,如《春秋左氏传》。

　　不过,在发现古文经时,今文经已经盛行于西汉,成为官学。在汉朝,设有五经博士,类似于现今大学教授职位,数目一般在14人左右,皆为研习今文经学,称之为"今文十四博士"。彼时,少习《春秋公羊》的今文经学大师董仲舒又奏请汉武帝"诸不在六艺之科、孔子之术者,皆绝其道,勿使并进",使得百家皆罢,儒家独尊,今文经学地位更是得以巩固。

　　可是,今文经是老儒生凭借记忆口授得之,因年老、耳背、口误等因素,错误在所难免。或许在时人心中早有此经书是否为儒家本意的诘问,于是,当古文经出,与今文经一相对照,发现两者文字果然有不同之处,甚至语义相差甚远,纷争由此而起,孰是孰非?

首先为古文经呐喊的是汉朝太常博士刘歆。有一次,他在协助父亲刘向校勘汉廷藏书时,偶然间发现几本尘封已久的书籍,当他拍去尘土,察觉此书竟然与官学经书有些类似,便将两者仔细比对,认真校勘,得出此乃秦朝前文字所录的另一经书版本。《尚书》《春秋左氏传》等古文经的价值在历史上从此逐渐彰显。刘歆认为,这些古文经比起今文经来,应该更具有研究价值,他觉得自己找到了对经学另一种解释的途径。于是,他想和世人一起推动对古文经的学术研究。可能当时在刘歆心里,认为此举很是正常,孰不知自己的学术初衷却引发了在中国历史上延续几千年的经学古今之争。因为,他是在向作为官学的今文经发起了挑战。

今文经之所以能成为官学,不仅在于其文字相对通俗易懂,从某种层面上讲,那时的今文经也为统治秩序的正当性提供了合理的解释。范文澜先生就曾论述过,《春秋公羊传》第一句为:"元年春王正月","何言乎王正月?大一统也"。"王正月"原本意思是讲,按照周历,以十一月为岁之始,来统一历法。但是,汉武帝却利用这句话,作为其政治统治的根据之一。又如《春秋公羊传》说"君亲无将,将而必诛",说的是君父不能有弑逆的念头,如果有的话,就可以把他杀死,汉武帝当朝时杀了许多他认为不忠的人,就常以这句话为借口。

因此,如果认为今文经的某些言论是错误的,那么就等于对整个汉朝的统治合法性产生了质疑,这自然不能允许。

于是,当刘歆向朝廷建议研究古文经,应该将其列于官学,给予合法地位时,便遭到了今文经博士乃至整个朝野的反对,冠之以"颠倒五经"、"变乱师法"的罪名,贬出京外。

可是,古今纷争毕竟已经起来了!

当今文经博士窃喜刘歆被贬,庆祝今文经取得胜利时,他们却忽视了今文经为何取胜的原因!简而言之,那是因为今文经的语录,恰好维系了统治的秩序。但是,如果统治者的更替可以在古文经中找到某些类似语录,彼合其意愿,那么倒霉的就是今文经了。

诸如西汉末年，土地集中在贵族手中，农民无地，只能流亡或卖身为奴隶，造成很大的社会隐患。王莽趁机托古《周礼》，提出"王田"主张，把土地收归国有，并学周公，以《周礼》为政治改革依据，最终篡权成功，而《周礼》恰为古文经。这时，开心的恐怕应该是古文经的推崇者了。

也就是说，古今之争中，不管是今文经学还是古文经学，很大程度上都为统治阶层意愿做注脚，替"天子"说话，逃不出作为天之道的藩篱。

当然，它们之间也有作为不同治学方法和对待古代思想文化典籍不同态度的争论。

今文经是通过老儒生以记忆的方式流传下来的。从传播方式看，它以记忆为基础。那么，记忆当然不可能百分之百准确，并且回忆的过程本身就是一个选择性的过程。老儒生会自觉不自觉地修正他所传播的经义，以期更符合传播者自身的意愿，而不一定真是经义的本意。换句话说，在今文经解释当中或许隐含有儒生的杜撰，甚至臆想的成分。因为，当时他们的解释是唯一的阐释，今文经是因为他们而存在和流传的。这种传播特性，就为后来的统治阶层用义理阐释今文经以维护自身的统治提供了莫大的便利。上述汉武帝以《春秋公羊传》中的语句作为统治的根据，便是一例。因此，一般而言，今文经学注重阐述经文中的"微言大义"，常对儒家经典"任意发挥"，甚至为迎合统治者的嗜好，发一些"怪异可骇"的言论。

而作为"反动"出现的古文经，使对儒家典籍的解释不再是唯一，今文经有了相互比对的参照物。况且，古文经是用秦朝以前文字所写，在时代上更具有可信度，也更接近儒家的本义。面对今文经的"虚妄"，古文经学者顺之然地倾向于文字训诂，注重证据，通过对文字的考订寻找经义的真意，学风也相对朴实。

如果说，经学作为统治阶层主导意识形态的地位没有完全被终结的话,那么古今经学之争也将会在"五常之道"①中持续。但是历史却提供了一个契机,经学时代迎来它的终结者——章太炎,经学在清末最后一次古今之争中走向了终结……

作为中国最后一个帝国王朝,清朝虽然能以彪悍的异族功治取得天下,却终究逃脱不了被汉文化同化的命运。或许是历史已然受到了命运的感召,知道在此时代,中国将迎来大变,因此各种传统,经学也好,文学也罢,都争相绽放属于它们的最后一次绚烂,乾嘉学派便是其一。乾嘉学派,"以宗奉汉代古文经学为治学宗旨,在治学范围上以经学为核心,并旁及文字、音韵、训诂、校勘、辑佚、辨伪、史地、典制、天算等;在研究方法上,强调'无征不信',且'不以孤证自足,必取之甚博'"②。

以前对于乾嘉学派的论述往往着眼于它的学术成就,胡适先生有言,发现一个古字的意义等同于发现一颗卫星,与此也是颇有渊源。诚然,乾嘉学派的汉学成就无疑达到很高的境界,但在巅峰之中也孕育下了走向终结的因子。

清朝中期之所以会出现乾嘉学派,也是自有其内在脉络。清初,明朝覆灭,异族掌权,对于心怀天下、常系汉统的"匹夫"之士来说,可谓莫大的耻辱。由此,他们发出了这样的诘问:为何汉统会被异族统治呢?思来想去,回归到了传统文化的原点。顾炎武、黄宗羲等人将其中的原因很大一部分归结于王阳明的心性之学,认为"古之理学经学也,今之理学禅学也"③,使"天下生员,不能通经知古今,不明六经之旨,不通当代之务"。因此,顾炎武辈倡导要明辨经学源流,"读九经自考文始,考文自知音始"④,从而真正"通经致用",考据之风逐渐兴起,对于经学的解释不再依附于心性⑤。

---

① 班固:《五经》,《白虎通德论》卷八,"经,常也。有五常之道,故曰五经"。
② 王俊义:《从复兴走向终结的清代经学》,《清代学术探研录》,中国社会科学出版社2003年版。
③ 顾炎武:《与施愚山书》,《顾亭林诗文集》卷三。
④ 顾炎武:《答李子德书》,《顾亭林诗文集》卷四。
⑤ 参见:王俊义:《从复兴走向终结的清代经学》。

吊诡的是,这一幕在300年后又重演了一次,只是前次的主角是顾炎武辈。解经,依然预设天道前提。而后面的主角则是因仰慕顾炎武而别号太炎的章太炎。崇经,却瓦解了"五常之道"。当然,这是后话。

至清中叶,康乾盛世,物资富足,可是文化并没有因物资的富足而更加昌盛。或许,乾隆在盛世太平的时候,心中已生隐忧,如此盛世能维持几何？是进行思想控制的时候了,没有异端才能粉饰太平！于是,"开四库馆,下诏求书,命有触忌讳者毁之"①,继之文字狱兴起,到后来"连满、汉两字都不准提起了,把史书都要改过,凡是当中关于宋、元历史的关系和明、清历史的关系,通通删去"②。这种情状,学者更是秉承顾炎武由文字音韵以通经的治学方法,终使"许、郑之学大明,治宋学者已尟。说经皆主实证,不空谈义理,是谓专门汉学"③。或许,他们也只能这样了,谁都不敢借经任意发挥。至此,古文经学大兴！

但凡事过于昌盛,必定会有它的反面出现,今文经学于是再次蠢蠢欲动。只是,此次今文经学对古文经学的反动,也是清末的最后一次古今之争,依旧很少出自学术本身发展的原因,还是社会变革使然,而且是大变。

清中叶后国势慢慢式微,对于思想的控制自然也就放松。关键是,很多欲求经达天意的学者,不想只沉浸于发现一个字的古义上,他们希望用他们的言说为这个式微的清朝寻出解救之道。此时,最好的武器当然是今文经学。因此,庄存与、刘逢禄为代表的常州学派兴起,治学"不专为汉、宋笺注之学,而独得先圣微言大义于语言文字之外"④。刘逢禄更是抨击古文经《春秋左氏传》之所以能被列为儒家经典,是因为刘歆"增设条例,推衍事迹,强以为传

---

① 章太炎:《哀焚书》,《检论》卷四。
② 许寿裳:《章炳麟传》,第12页。
③ 皮锡瑞:《经学历史·经学复盛时代》,中华书局1963年版,第341页。
④ 庄存与:《天子辞》,《春秋正辞》卷二。

《春秋》,冀以夺《公羊》博士之师法"①。

《易经》有语,"穷则变,变则通,通则久"。随着清朝危机逐渐加深,西方各国欺凌的加剧,直至再次面临亡国、甚至亡种的境地,各种变革思潮开始激烈交锋,都在探寻着中国的出路。

道器之辩后,接着是中学为体、西学为用之争,而最终矛头指向了维护帝国统治正当性的儒家思想,中国意识危机开始显现,他们又一次审视起儒家文化来。有的则想从中汲取力量,托古改制,借孔子之言,倡导自己的变革思想,继续维道之履;有的则直接回到源头,审慎儒家典籍的真意和应有地位,希望掀开蒙在儒家典籍上不应该有的面纱。前者乃被称为今文经大师的康有为,后者则是被称为古文经大师的章太炎,两者共同有意无意地动摇了儒家道统的权威性②,经学作为意识伦理慢慢走向终结。

此时,回过头来,再看章太炎放弃科举的意义,可能会发现这不仅仅只是一种行为,它为经学作为意识伦理的终结提供了契机。章太炎自称,"生亡清之末,少慧异族,未尝应举,故得泛览典文,左右采获"。如果没有弃绝科举,想必章太炎会一直以经学为治学之道,那么"泛览典文",而能"左右采获"的机会将大大减少,重要的是他或许就无法从阅览其他典文中最终认识到"六经皆史",动摇"孔子即真理"③的信条了。而是否遵从"孔子即真理"便是章太炎与康有为的本质区别,也是章太炎之所以能超越古今之争的所在。

在历史上为康有为暴得大名的是他公车上书之举和戊戌变法两件大事。可是在背后支撑康有为变法正当性的却是他写的《新学伪经考》与《孔子改制考》。

---

① 刘逢禄:《左氏春秋考证、后证、箴膏肓评论合序》。
② "我们发现强烈的尊孔卫道竟可能导出'毁经'的结局,复古竟可能动摇孔子或中国其他圣贤的传统的地位。"参见王汎森:《从传统到反传统——两个思想脉络的分析》,《中国近代思想与学术的系谱》,河北教育出版社2001年版。
③ 傅斯年认为,章太炎代表的清代学问,"已经把'孔子即真理'一条信条摇动了","这个时期竟可说是中国近代文化转移的枢纽"。参见:《清代学问的门径书几种》,《新潮》第1卷第4号,1919年4月。

1891年,康有为刊行《新学伪经考》,倡今文经大旗,对古文经展开猛烈抨击。他直指《春秋左氏传》等古文经典为"伪经",不能作为中国经文的道统。它只是汉朝刘歆所伪造的,目的是为了帮助王莽篡夺西汉的政权,古文经仅仅是王莽的一朝之学。而今文经,诸如《春秋公羊传》才真正是孔子所说的道义,所以要大张今文经之微言大义。破除"伪经"之迷信后,康有为继之建立起自己的经学。他的《孔子改制考》,假托孔子的名义,为其呼吁变法寻找理论根据。至此,康有为的微言大义达到极致!

　　而章太炎,因受浙学渊源影响,又脱离科举束缚,泛览典文,至"二十四岁,始分古今文师说"。诂经精舍求学时,他心里总觉得《公羊》《齐诗》之说有点诡诞,似自说自话,不如古文经训诂之学来的实在,而"专慕刘子骏"①。

　　彼时,"《公羊》之说如日中天,学者煽其余焰,簧鼓一世",为一探究竟,章太炎对古文经《春秋左氏传》进行了认真的研究,终写成《春秋左传读》,以驳康有为的公羊学说。

　　这里,章太炎发挥了古文经师"求是"的学风,他认为"清世《公羊》之学,初不过一二人之好奇,康有为倡改制,虽不经,犹无大碍,其最谬者,在依据纬书,视《春秋经》如预言,则流弊非至掩史实、逞妄不止"。因此,他在"治《左氏春秋》,谓章实斋六经皆史之语为有见"②。

　　可是,今文经师康有为最忌的便为"求是"。他讲求的是"致用",而且是能立竿见影的,否则如何借孔子之口发自己的微言大义呢?如何进行他的维新变法呢?

　　应该说,章太炎和康有为在疑经、疑孔上是一致的。1898年,学者苏舆编写《冀教丛编》,攻击康有为,认为"邪说横溢,人心浮动,其祸肇于南海康有为","伪六籍,灭圣经也;托改制,乱成宪

---

① 汤志钧编:《章太炎年谱长编》,第27页。
② 汤志钧编:《章太炎年谱长编》,第30页。

也;倡平等,堕纲常也;伸民权,无君上也;孔子纪年,欲人不知有本朝也"。随即,章太炎便写《〈冀教丛编〉书后》与《今古文辨义》,认为"中国学者之疑经绝非肇始于康有为",王充、刘知幾等都开了康有为的先河。

章太炎秉承"求是"之风,并不希望古今之争陷为党派之争,以反今文经学而攻击新党①。如章太炎曾准备写《〈新学伪经考〉驳议》,请教学者兼师友的孙诒让。孙诒让复信认为,《新学伪经考》"是当哗世三数年。荀卿有言:'狂生者,不胥时而落。'安用辩难其以自熏劳也?"而康有为"其七、八上书,则深佩其洞中中土之症结。于卓如,则深佩其《变法通议》之剀切详明,不敢以其主张康学之执拗而薄之。此薄海之公论,非不佞之臆论也"②。于是,章太炎停止了《〈新学伪经考〉驳议》的撰写。

章太炎不想以学术陷入党派之争,想将古今之争停留在学术层面上,之所以疑经、疑孔,并不认为它们是天经地义的"真理",而是完全可以用学术的眼光加以评判。可康有为并不做如此想,他的疑经是为了建立自己的另一经学宫殿,可以供他自己解释的经学,以此来推行变法。康有为想成为"教皇",视自己为"圣人","不及十年,当有符命"。这恰好与章太炎相左,他们的对话不在同一个语境之中。

因此,章太炎在时务报馆任职时,明确告诉康有为的弟子梁启超,认为"变法维新为当世之急务,惟尊孔设教有煽动教祸之虞,不能轻于附和"③。

章太炎被称为古文经大师,浸染最深的是古文经学中"求是"之学风。但是,作为经学时代的终结者,他同时超越了古今之争,不唯孔,而尊孔,不唯经,而辩经。他认为,"世人以经为常,以传为转,以论为伦,此皆后儒训说,非必睹其本真"。所谓"经者,编丝

---

① 参见姜义华:《章太炎评传》,第49页。
② 参见姜义华:《章太炎评传》,第21页。
③ 汤志钧编:《章太炎年谱长编》,第36页。

缀属之称,异于百名以下用版者,亦犹浮屠书称修多罗。修多罗者,直译为线,译义为经,盖彼以贝叶成书,故用线联贯也。此以竹简成书,亦编丝缀属也"①。

也就是说,经不是常,不是天经地义,皆史也。中国千年纠葛的经义之变,古今之争,至此终于逃离了天道的藩篱,走向了意识伦理的终结,而回归其史料的本质。在当时的社会情境,这种看法的提出,足以石破天惊了。

---

① 刘梦溪主编:《文学总略》,《国故论衡》,《中国现代学术经典·章太炎卷》。

第三章 徘徊于学术与革命之间

一、有学问的革命家

1. "考其生平,以大勋章作扇坠,临总统府之门,大诟袁世凯的包藏祸心者,并世无第二人;七被追捕,三入牢狱,而革命之志,终不屈挠者,并世亦无第二人:这才是先哲的精神,后生的楷范。"这是鲁迅对其老师章太炎的评价,可谓赞颂之至。鲁迅一生所佩服的人不多,但对于他的老师章太炎,尽管也有些许微辞(主要是指责其晚年的思想倒退,其实仍可商榷),但整体言,是充满景仰之情的。的确,作为一代大师,章太炎的历史功勋不可磨灭。

19世纪下半叶以来,随着西方文化的进入和帝国主义列强的步步紧逼,中华民族陷入空前的民族危机,用那时最流行的一句话就是"三千年未有之大变局"。面对危难,以康有为、梁启超、孙中山、严复、章太炎等一代先知先觉的中国文人,开始以各自不同的方式救国救民,承担起了"天下兴亡、匹夫有责"的重任。从历史上看,凡是处于民族危亡的关头,中国文人历来注重的是投笔从戎,献身革命,这一点在章太炎那里也得到最突出的表现。而且他不是单纯地放弃治学投身革命,而是巧妙地将治学和革命结合起来。他的一生,既是献身革命的一生,同时也是潜心治学的一生,因此说到能够一身兼大革命家和大学问家两个称号者,恐怕近代以来没有谁可以和他相比。对于章太炎,鲁迅先后写过几篇文章给予评述,其中的《关于太炎先生的二三事》,因写于章太炎逝世之后,颇有些盖棺论定的意思。又由于鲁迅在中国现代史上的显赫地位,更使得他对章氏的评价长期以来几乎成为不易之论,例如下面的几段:

太炎先生虽先前也以革命家现身,后来却退居于宁静的学者,用自己所手造的和别人所帮造的墙,和时代隔绝了。纪念者自然有人,但也许将为大多数所忘却。

我以为先生的业绩,留在革命史上的,实在比在学术史上还要大。

民国元年革命后,先生的所志已达,该可以大有作为了,然而还是不得志。这也是和高尔基的生受崇敬,死备哀荣,截然两样的。我以为两人遭遇的所以不同,其原因乃在高尔基先前的理想,后来都成为事实,他的一身,就是大众的一体,喜怒哀乐,无不相通;而先生则排满之志虽伸,但视为最紧要的"第一是用宗教发起信心,增进国民的道德;第二是用国粹激动种性,增进爱国的热肠"(见《民报》第六本),却仅止于高妙的幻想;不久而袁世凯又攘夺国柄,以遂私图,就更使先生失却实地,仅垂空文,至于今,惟我们的"中华民国"之称,尚系发源于先生的《中华民国解》(最先亦见《民报》),为巨大的记念而已,然而知道这一重公案者,恐怕也已经不多了。既离民众,渐入颓唐,后来的参与投壶,接收馈赠,遂每为论者所不满,但这也不过白圭之玷,并非晚节不终。考其生平,以大勋章作扇坠,临总统府之门,大诟袁世凯的包藏祸心者,并世无第二人;七被追捕,三入牢狱,而革命之志,终不屈挠者,并世亦无第二人:这才是先哲的精神,后生的楷范。近有文侩,勾结小报,竟也作文奚落先生以自鸣得意,真可谓"小人不欲成人之美",而且"蚍蜉撼大树,可笑不自量"了!

但革命之后,先生亦渐为昭示后世计,自藏其锋镭。

晚年的鲁迅,在评价其老师时,更加看重的是其作为革命家的一面,结合当时鲁迅的思想和他所面对的复杂社会状况,自然是可以理解的。不光是鲁迅,中国近代史上很多重要人物,对于章太炎的评价,也几乎都是先称颂其革命功勋,再赞美其学术成就的。古人云:太上有立德,其次有立功,其次有立言。说明中国文人更加看重的还是建功立业,所以才把立言放在最后。因此,我们也就先说作为革命家的章太炎,看看他究竟有哪些可歌可泣的革命业绩。

作为一个伟大的革命家,章太炎的一生充满传奇色彩,如果从他1897年任《时务报》撰述,因参加维新运动被通缉而流亡日本算起,他和康有为、梁启超、孙中山等人,几乎就一直扮演着推动中国社会变革的角色。他1900年剪掉辫发,立志革命。1903年因发表《驳康有为论革命书》并为邹容《革命军》作序而触怒清廷,被捕入狱,从此确立了他"大革命家"的声誉。1904年与蔡元培等合作,发起光复会。1906年出狱后,被孙中山迎至日本,参加同盟会,主编同盟会机关报《民报》,与改良派展开论战,是其革命家生涯最辉煌的时期。1911年上海光复后回国,主编《大共和日报》,并任孙中山总统府枢密顾问。"中华民国"一词即来自他的笔下。1913年宋教仁被刺后他参加讨袁,为袁世凯禁锢于北京,直至袁世凯死后才被释放。1917年章太炎脱离孙中山改组的国民党,在苏州设章氏国学讲习会,开始把重点放在讲学上,但仍然没有完全脱离政治。晚年的章太炎亲眼目睹日本侵略中国,也曾积极赞助抗日救亡运动。在其漫长的革命生涯中,最有光彩的自然是"七被追捕、三入牢狱"的经历以及对康有为的批判和对袁世凯独裁的英勇抗争。也正是在这些斗争过程中,一个"章疯子"的形象逐渐为世人所知。

所谓"章疯子",是世人为章太炎起的绰号,而他本人也自认如此。他1906年出狱后赴日,在东京留学生举行的欢迎会所致演说词中说:"大凡非常可怪的议论,不是神经病人,断不能想,就能想也不敢说。说了以后,遇着艰难困苦的时候,不是神经病人,断不能百折不回,孤行己意。所以古来有大学问成大事业的,必得有神经病才能做到。……为这缘故,兄弟承认自己有神经病。"章太炎的"发疯"其实从小就有。据说童年时的他受父命参加"童子试",试题为:论灿烂之大清国。不料他却在试卷里疾呼:"吾国民众当务之急乃光复中华也。"这对于满清而言可是"反动之极"的言论,弄不好要杀头的。好在主试官以癫痫症发作为由,将他逐出考场了事。他后来旅居东京时,日本警察厅调查户口时发下表格要他填写,他填出身竟然是"私生子",职业是"圣人",年龄更是骇人的"万寿无疆",你说这人疯不疯!

鲁迅也曾说过一个章太炎发疯的例子:民国元年,章太炎先生在北京,好发议论,而且毫无顾忌地褒贬,常常被其大骂的一群人于是给他起了一个绰号"章疯子"。人既是疯子,议论当然是疯话、没有价值的。但每有言论,也仍在他们的报章上登出来,不过题目特别,道:"章疯子大发其疯。"有一回,章太炎反而骂到他们的反对党头上去了。那怎么办呢?第二天报上登出来的时候,题目是:"章疯子居然不疯。"对于"疯子"称号,章太炎本人格外看重,而理解他的人也以此作为称颂的话头。且说1915年,袁世凯加紧复辟帝制的活动,章太炎写信大骂袁世凯:"某忆元年四月八日之誓词,言犹在耳。公今忽萌野心,妄僭天位,非惟国民之叛逆,抑且清室之罪人。某困处京师,生不如死。但公冀公见我书,予以极刑,较当日死于满清恶官僚之手,犹有荣耀。"袁看后大为震怒,想杀掉他，但恐为舆论所不容，自我解嘲说:"章太炎是疯子，我何必跟他认真呢?""章疯子"的外号，从此驰名天下。据说袁世凯死后，章获释南下，云南名士赵藩（成都武侯祠名联作者，素有"病翁"之称）送给他七绝诗一首:"君是浙西章疯子，我乃滇南赵病翁。君岂真疯我岂病? 补天浴日此心同。"章太炎对此诗甚为欣赏，晚年常读与人听。

可以想见，这样一个世人眼里的"疯子"而实为革命斗士的文人，在那样一个时代，为了拯救中华民族，又有什么使命不能完成，又有什么个人利益不能抛弃呢?

2. 让我们先看看那个著名的"苏报案"吧。《苏报》1896年6月26日创刊于上海，主办人胡璋，以其日籍妻子生驹悦的名义注册，报刊内容多载市井琐事。1900年，由陈范接办，倾向改良。1902年南洋公学发生退学风潮，《苏报》首先报道，旋设"学界风潮"专栏，及时报道学潮消息，引起社会各界的关注，因此"声价大起"。

《苏报》介绍和刊发邹容的《革命军》及章太炎的《驳康有为论革命书》，是"苏报案"发生的直接原因。邹容自日本游学返国后，来上海参加爱国学社，与章太炎同寓。他的《革命军》说:"革命者，天演之公例也;革命者，世界之公理也;革命者，争存争亡过渡时代之要义也;革命者，顺乎天而应乎人者也;革命者，去腐败而存良善者也;革命者，由野蛮而进文明者也;革命者，除奴隶而为主人者也。"章太炎看后说:"吾持排满主义数岁，世少和者，以文不谐俗故，欲谐俗者，正当如君书，因为之序而刻行之。"《革命军》以悲愤的心情，通俗的语言，抨击清政府的卖国罪行，认为只有革命，才能"去腐败而存良善"，"由野蛮而进文明"，"除奴隶而为主人"，号召以革命推翻满清政府。《革命军》的出版和风行国内，和《苏报》的介绍以及章太炎《序》的刊布有极大关系，在当时产生了很大影响。

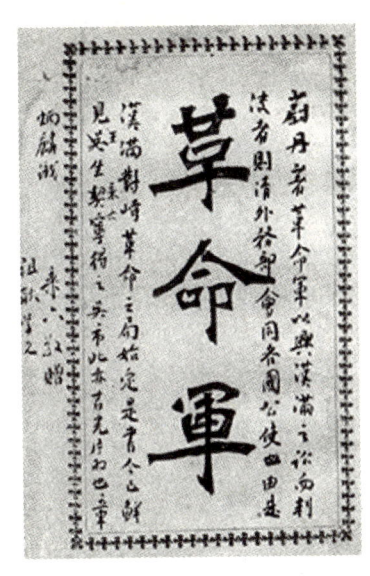

《革命军》初版，上有章太炎题字

然而，当时以康有为为代表的改良派影响仍然存在，眼看反清革命形势高涨，康有为遂于1902年写了《答南北美洲诸华侨论中国只可行立宪不可行革命书》一文，认为："谈革命者，开口必攻满洲，此为大怪不可解之事……吾四万万人之必有政权自由，必可不待革命而得之，可断言也。""且舍身救民之圣主，去千数百年之弊政者，亦满人也。""吾今论政体，亦曰'满汉不分，君臣同治'八字而已，故满汉于今日无可别言者也，实为一家者也……欲革命则革命耳，何必攻满自生内乱乎！"

章太炎看到康有为的文章后，立刻写了《驳康有为论革命书》给予批驳，发表于1903年6月29日的《苏报》上。该文从清朝的封建统治和种族迫害说到革命的必要，申斥康有为所谓"满汉不分，君民合治"，实际是"屈心忍志以处奴隶之地"。章太炎指出，欧、美的立宪，也不是"徒以口舌成之"，革命流血是不可避免和完全必要的。文中最激烈的句子或者说导致"苏报案"发生的直接导火索就是"载湉小丑，未辨菽麦"这八个字了。载湉是光绪皇帝的名讳，太炎先生直呼其名，而且指其为小丑，按照满清律法自然是大逆不道。章太炎指出，光绪当初的赞成变法，也不过是"交通外人得其欢心"、"保吾权位"，如果一旦复辟，必然将中国引向灭亡。改良派以革命会引起社会紊乱为借口，章太炎则赞美革命："公理之未明，即以革命明之；旧俗之俱在，即以革命去之。革命非天雄、大黄之猛剂，而实补泻兼备之良药矣。"章氏此文有力地打击了改良派，传播了革命思想。

　　章太炎和邹容的文章极大震动了清朝统治者，他们决心和帝国主义列强合作给予镇压。清政府以《苏报》"悍谬横肆，为患不小"，特嘱美人福开森"切商各领等，务将该馆立即封闭"。为使列强同意抓捕章太炎、邹容等，还允诺了很多优惠条件。在此关键时刻，《苏报》主持人陈范被迫出逃。蔡元培与章太炎商量，"谓舍出走无他法"，但太炎先生拒绝逃走，蔡元培只得自己离开上海。1903年6月30日，太炎先生被捕，《苏报》随即被查封。据说当巡捕抓太炎先生时，他正危坐不动，当问到谁是章太炎时，他指着自己鼻子说，我就是章炳麟，大有"求仁得仁"之气概！邹容本已逃脱，但在章太炎写信劝说下，又于次日主动投案自首。

　　1903年7月8日，也即清光绪二十九年闰五月十四日，进行第一次审讯。这是值得大书特书的事情，因为被告是太炎先生、邹容等六人，而原告居然是清朝政府，担任法官的却是英国领事——这样的怪事也只有发生于20世纪初的上海！这种不伦不类、身份悬殊的诉讼本身，就已经是革命党人的胜利。诚如太炎先生所说：清政府至遣律师代表与吾辈对质，震动全国，革命党声气大矣。确实，自此之后，革命党人和清朝政府居然有"敌国之势"，《苏报》一案客观上起到了宣传扩大革命影响的巨大作用。而太炎先生和邹容等人的革命气节和大无畏精神，无疑极大地激发了无数革命志士的斗志。此后，经过几次审讯，几经周折，直到次年5月才宣判，章太炎被判处监禁3年，邹容被判处监禁2年，并"罚作苦工，限满释放，驱逐出境"。

　　章太炎与邹容被捕后，经受了很多严刑拷打，他们即互相写诗鼓励。如今流传很广的有章太炎写给邹容的小诗：

邹容吾小弟,被发下瀛洲。
快剪刀除辫,干牛肉作糇。
英雄一入狱,天地亦悲秋。
临命须掺手,乾坤只两头。

邹容的则是:

苍崖坠石连云走,药又带荔修罗吼。
辛壬癸甲今何有,且向东门牵黄狗。

章太炎身陷囹圄仍然关心革命进展,在得知革命志士沈荩在京被捕被拷打致死后,他大为悲恸,写下了"不见沈生久,江湖知隐沦。萧萧悲壮士,今在易京门"的诗歌以示哀悼和表达对统治者的愤怒抗议。

在被关押期间,章太炎、邹容深知活着出去的机会很小,决心用绝食来表示誓死推翻清政府的决心,为此两人共作绝命词3首:

击石何须博浪椎,群儿甘自作湘垒。
要离祠墓今何在,愿借先生土一坏。

平生御寇御风志,近死之心不复阳。
愿力能生千猛士,补牢未必恨亡羊。

句东前辈张玄著,天盖遗民吕晦公。
兵解神仙儒发冢,我来地水火风空。

在狱中章太炎曾多次遭受酷刑,而邹容则不明不白地死于狱中,死时距离其刑满出狱时间仅有70天——是1905年2月29日,为此,章太炎怀疑邹容大概是因病被乘机于药中下毒而死。不过，邹容之死反而激起外界对太炎先生生存状况的关注，迫使监狱方面改善了太炎先生的生活待遇，太炎先生才没有死于狱中。1906年6月29日，饱受折磨的章太炎刑满出狱，孙中山派人到上海迎接，请章氏到日本担任《民报》的主笔。太炎先生到日本后，受到数千人集会的热烈欢迎，这是对太炎先生顽强革命精神的最好赞美。

这期间还有一件事值得一说：当"苏报案"发生后，章太炎家乡杭州仓前镇的族人大概是出于保全家族的考虑，向官府报告说章太炎已被逐出本族，同时其长兄、仲兄等人也已易名以示与章太炎划清界限，以后各不相干，不过章太炎事后对此并无怨言。因为他深知他所从事的事业是正义的，同时也是极为危险的，不能因为自己而连累族人。后来，就在他被袁世凯软禁在京城时，据说其夫人也曾派人回仓前求族人相救，结果还是遭到拒绝，说章太炎早已被开除出本族，因此对章太炎被捕事他们是无能为力的，此事汤国黎曾在回忆中谈及，言语间有些伤感情绪也是可以理解的。

而章太炎被袁世凯软禁于北京，则是其另一件值得大书特书的事件。据徐一士所著《一士类稿》中有关文章以及章太炎及其弟子的有关记载，此事进一步表现了章太炎大无畏的革命斗士风采和中国文人的骨气，是20世纪中国知识分子历史上的光辉一页。

却说辛亥革命后，袁世凯篡夺了革命成果，并逐渐露出恢复帝制之野心，宋教仁于1913年3月被刺杀就是其步骤之一。章太炎看破袁世凯，最初指望黎元洪可以成为讨伐袁世凯的力量，失望之余又不相信孙中山等革命党人，遂应共和党之邀请，于1913年8月到北京，试图支持他们，"为中夏留一线光明"。虽然他知道此行凶多吉少，但毅然表示"项城甚欲购拿革命党人，电已通布，吾辈亦不畏也"。果然，章太炎一到北京，即被软禁起来。一开始是在共和党本部，后移居龙泉寺，最后被软禁在钱粮胡同，时间长达3年，直到1916年6月袁世凯死后才获自由。其间有很多逸闻趣事展示了章太炎的革命气节和人格魅力。

据说章太炎看自己被软禁，愤怒异常又无可奈何。他常拿着手杖追打那些监视他的宪兵，他们一逃跑，太炎先生就大喊："袁氏的走狗被我赶走了！"不过宪兵们换上便衣还是继续监视他。太炎先生被软禁期间，心情郁闷，只有借酒浇愁。常常一边饮酒，一边吃花生米，每当剥去其壳，即大叫"杀了袁皇帝的头！"或者写下"袁贼"字样用火烧掉，大呼"袁贼被烧死了！"

这期间其弟子黄侃、钱玄同和鲁迅等曾多次前往探视，但一时也想不出好的计谋。当时钱玄同的哥哥钱恂任总统府顾问，钱玄同即和其兄商议不如专门为章太炎开设一个文化机构，由政府拨付一定经费，让他专门治学讲学，精神上也可以有所慰藉。因此钱恂即转托时任农商总长的张謇代为向袁世凯求情，并事先求得章太炎的同意。对此袁世凯表示，只要章太炎不出京，办一个文化机构不成问题。大概此事没有立刻敲定，章太炎以为不成，即决心逃离北京。1914年元旦期间，钱玄同前去探望，章太炎即说明天准备出京。钱玄同问去哪里，章太炎回答说："长沮、桀溺耦而耕，孔子过之，使子路问！"此言出于《论语》，这里其实是一个歇后语，"使子路问"的后面省略一个"津"字，意思自然是去天津。钱玄同知道老师出走不可能成功，但劝阻无效，只有听之任之。果然，次日章太炎刚到火车站，即被军警截留。章太炎无法，只有回到住处。

但章太炎绝不会任凭袁世凯如此对待自己。就在1914年1月7日，他忽然一早到袁氏的总统府，要求见袁世凯，于是有了本章开头鲁迅笔下所描绘的一幕：太炎先生一个人雇了一辆人力车，身穿蓝布长衫，手握一把羽毛扇，却以那柄著名的国民政府授予的勋章作为扇坠，摇摇摆摆地进了总统府，大呼要见"袁大总统"。袁世凯自然不会见他，只是盼咐下人将他晾在招待室。但章太炎一直坚持不见就不走，直到下午近5点钟，袁氏无法，才派人诈说总统要见他了，请他上车，然后把章太炎送到龙泉寺再次囚禁起来。这期间袁世凯为了安抚章太炎,曾让其子袁克定亲自送去锦缎被褥,试图缓和关系。不料被褥遭到章太炎的焚烧,吓得袁克定根本不敢露面了。

虽然袁世凯不肯放章太炎自由,但迫于太炎先生的威望,也不敢对他怎么样。相反,他令手下要好生对待章太炎,只要他不出京,什么要求都可以满足。为此他曾写下八条保护章太炎的手令:

一、饮食起居用款多少不计;

二、说经讲学文字,不禁传抄,关于时局文字,不得外传,设法销毁;

三、毁物骂人,听其自便,毁后再购,骂则听之;

四、出入人等,严禁挑拨之徒;

五、何人与彼最善,而不妨碍政府者,任其来往;

六、早晚必派人巡视,恐出意外;

七、求见者必持许可证;

八、保护全权完全交汝(指负责保护的陆建章)。

且说陆建章虽为袁世凯的手下,却对章太炎尊敬有加,他深知章太炎是国宝,曾对人说:太炎先生不可得罪,用处甚大,他日太炎一篇文章,可少用数师兵马也。又说:太炎先生是今日的郑康成,黄巾过郑公乡,尚且避之,我奉上峰命,无论先生性情如何乖僻,必敬护之;否则连黄巾也不如了。

章太炎出走不成,又无法见到袁世凯,自然悲愤异常,不久即开始绝食。袁世凯害怕章太炎如果真的死了,他要背上逼死国学大师的罪名,因此吩咐妥善处理。后经人说合,以龙泉寺不适合养病为由,将章太炎转移至钱粮胡同居住,太炎也因此暂时恢复饮食。但不久又曾两次绝食。且说这最后一次,太炎先生的态度异常坚决,钱玄同等人的劝阻也没有作用。本来此时的章太炎虽已绝食,但还饮茶,因此众人商议将一些营养品如藕粉之类放入茶中,以稍作补救。但随即被太炎先生发觉,斥为茶不干净。此后太炎先生继续绝食,又恰逢寒冬,眼看已是气息奄奄,不料事情突然有了转机。一日傍晚,马叙伦前来看望太炎先生,稍坐之后即告辞。太炎先生说,我已是垂死之人,以后我们不会再见,你可以多坐一会儿,我们再说说话。马叙伦说,我饿了,要回去吃饭呢。太炎先生说,这里也有厨房,可让他们为你准备,你就在这里吃好了。马叙伦说,面对你这个绝食之人,我怎么吃得下呢!你要我留下也可以,你最好陪我也吃一点儿。太炎先生沉思片刻,意思是默许了。马叙伦大喜,立刻让下人准备一些米汤,太炎先生即喝了一些,此后便逐渐恢复进食。原来,当时太炎先生的女儿已经到京,亲人来到身边,自然激起他内心的求生本能,遂借马叙伦探访而恢复进食。由此可见太炎先生虽为一文化大师,但在饮食男女方面也有其自然率真可爱的一面。

在太炎先生被囚禁期间,袁世凯加速了复辟帝制的步伐。

1915年8月14日,杨度、刘师培及严复等,联名发起成立"筹安会",为袁世凯复辟帝制散布舆论。章太炎闻知此事非常悲愤,遂以七尺宣纸篆书"速死"二字,悬于壁上,并写下一段自跋:"含识(指一切有情生物,引者注)之类,动止则息,苟念念趣死,死则自至。故书此二字,在自观省,不必为士燮之祷也。"所谓"士燮之祷"是一个古典,说的是春秋时晋国大夫范文子(即士燮)之事。当时他曾反对晋厉公与楚国争霸,认为只有圣人治国才能做到内外均无忧患,而晋厉公显然不是。所以他预言晋国一旦取胜,国内必定发生大乱。他不忍目睹此内乱场面,故祈求自己速死:据《左传》记载,"六月戊辰,士燮卒"。杜预为此注曰:"言厉公无道,故贤臣忧惧,因祷自裁。"显然,范文子也是一个国师梦破灭者,而章太炎由此看到了自己的结局。不言而喻,国破家亡之现实,一定给被囚禁之中的章太炎以极大的刺激。作为当时最负盛名的文人,章太炎发现自己对于黑暗之现实居然没有任何反抗的手段,甚至不能拯救自己心爱的女儿(也就在那时,其最钟爱的长女章㸑竟然因厌世自杀），其内心之悲愤可想而知。

值得关注的是，章太炎非常擅于把他的革命精神和其渊博的学识结合起来，堪称最有学问的革命家。例如关于袁世凯复辟时其"洪宪"年号之由来问题，章太炎的解释就不仅富有革命精神，而且展示了其渊博的学识。

1915年12月12日，袁世凯宣布接受帝位，推翻共和，复辟帝制，改中华民国为"中华帝国"，并下令废除民国纪元，改民国5年（1916年）为"洪宪元年"，史称"洪宪帝制"。一般认为，年号之所以用"洪"，是因为朱元璋推翻元朝后建立明朝，年号"洪武"。袁世凯试图利用民间的思明覆清之心理，巩固自己的反动统治，即所谓的"绾洪合武"。"绾"者，盘绕打结之意也，这里为关联的意思。而使用"宪"字，是为了有别于历史上历代王朝，因为表面上当时政体还是立宪君主制。故改元"洪宪"，确是煞费苦心。

其实此年号的来历还有可说之处。当初在议论使用什么年号时，其拥戴者很多主张用"武"字，也有人主张用"文"字。但最后占上风者则是主张使用"洪"字的迷信图谶之说者，因为他们说什么成立帝国是"得见天地之心，原本《洪范》，历察谶纬，洪字历历如贯珠，故帝业纪年，洪字先行决定，再拟他字"。从历史上看，使用"洪"字为年号者确实很多。所谓《洪范》，是《尚书》中《周书》的一篇，是古代以原始五行说解释自然和社会的重要文献。相传周兴十有三年，王访于箕子，于是箕子乃作《洪范》，以教武王，但近人怀疑它可能是战国时期的作品。"洪范"是大法的意思，该篇以建立统治秩序为中心，提出治理国家的九条根本大法，称作"洪范九畴"。其中以五行居首，用天象、人事、刑政、吉凶、祸福等自然现象和社会现象比附于"五行"，以论证软硬兼施、刚柔并用的为政之道，为维护最高统治权力服务。显然，这样的解释更能让袁世凯信服，以为他的恢复帝制真的是顺应天意。

不过，大师如章太炎者则不会满足于此，他还有另外的解释，据此可以看出其知识渊博和见解过人之处。他说"力不足者，必营于机祥小数,所任用者皆蒙蔽为奸,神怪之说始兴。以明太祖建号洪武,满清独太平军为劲敌,其主洪氏也。武昌倡义者黎元洪,欲用其名以压塞之,是以建元洪宪云"。章太炎以为,袁世凯自觉称帝之底气不足,但在众喽啰阿谀奉承之下,也不免忘乎所以,才敢于逆历史潮流而动,因此求救于一些歪门邪道的"小数"是必然的。在他之前,不仅朱元璋年号为"洪武",而且太平天国之首领洪秀全、武昌起义之领导人黎元洪皆有一个"洪"字,且后者曾在袁世凯的手下担任中华民国的副总统,使得袁世凯不得不长期对其戒备甚至软禁。因此,他必然会接受使用"洪"字为年号,以便用这个名字来"压塞之",令其永不能翻身也。

具有讽刺意味的是,袁世凯称帝仅仅八十一天就以失败告终,而接替他任大总统的,还是黎元洪。不知那袁世凯在九泉之下该做何想,是否有些后悔呢?

3. 章太炎的以学术为革命服务,还可见于他为"中华民国"这一名称所写的《中华民国解》一文。按照其弟子许寿裳的话说就是:"我们有国父和先生才有革命,有革命才有中华民国。要晓得我们的中华民国之称,尚系发源于先生的《中华民国解》。"请看其中一段文字:

> 中国之名,别于四裔而为言。……就汉土言汉土,则中国之名,以先汉郡为界。然印度、日本言中国者,举中土以对边郡;汉土之言中国者,举领域以对异邦,此其名实相殊之处。……就华山以定限,名其国土曰华,则缘起如是也。其后人迹所至,遍及九州。至于秦汉,则朝鲜、越南皆为华民耕稼之乡,华之名于是始广。华本国名。非种族之号。……正言种族,宜就夏称。《说文》云:夏,中国人也。……质以史书,夏之为名实因夏水而得。是水或谓之夏。或为之汉,或为之漾,或为之沔,凡皆小别

互名。……夏本族名，非邦国之号，是故得言诸夏。……是故华云，夏云，汉云，随举一名，互摄三义，建汉名以为族，而邦国之义斯在；建华名以为国，而种族之义亦在：此中华民国之所以谥。①

由此可见，华是国名，因为我们的祖先开国就以华山一带为根据地。夏是族名，非邦国之号，《说文》训为中国之人，所以向来称诸夏。因此把即将新生的共和国命名为"中华民国"，就是最好最恰当的称号。仅此一点，即可说章太炎为中华民国的成立立下了赫赫功勋。当然，最早从政治上提出要建立"中华民国"的是孙中山先生，而章太炎则从"正名"的角度给予有力的论证，这也算是学术为政治服务的最好的例证吧。

以上是章太炎革命生涯中最光彩照人的几个片段。其实，章太炎终其一生，始终如此，鲁迅说他晚年开倒车似乎不确，好像是带着有色眼镜看其老师，其中的奥秘我们且不细究，只需举几个例子即可。

1932年1月28日，日军分三路猛烈进攻上海，蒋光鼐、蔡廷锴领导的国民革命军第十九陆军奋起抗敌，史称"一·二八"事变的第一次淞沪抗战爆发，全国人民的抗日情绪空前高涨。但蒋介石却一直对抗战充满悲观消极情绪，从"九一八"事变开始他就企图通过妥协，保住半壁江山。而当全国人民的抗战呼声高涨时，他不得不下令投入兵力与日军战斗，由此造成了他的草率应战，当然，这里也包括他对国际政治的粗浅错误的认识。在淞沪战役前，蒋介石并没有认真研究日军的特点，也没有考虑己方的战斗力如何，更没有制定正确的战役部署，打的是一场无准备之仗。结果只能是弃城丢兵，落得大败，而他盼望通过这场战役拖美英等国对日宣战的想法也成为泡影。对此章太炎极为不满，先后发表"二老通电

---

① 许寿裳：《章炳麟传》，第5—8页。

（与马相伯联合）"、"三老宣言（与马相伯、沈恩孚联合）"等等,表现了一个老革命家对国家民族命运的担忧和对政府不抵抗政策的批评。这自然使得蒋介石大为光火,但又不好公开发作,就指派当时担任国民党中央监察委员兼党史编纂委员会主任的张继（字溥泉）传口信给章太炎,让他"安心讲学、勿议时事"。张继本是章太炎当年结为金兰之好的老朋友,自觉可以胜任此事,却遭到章太炎的痛斥。

本来晚年的章太炎自从"九一八"事变后,就对时局感到悲观,已经倾注自己的大半精力于讲授国学之中,幻想"保国学于一线"。然而,伪满政权的成立和热河的沦陷使得章太炎意识到如此时局,安心讲学已经不能。这对于一生从事革命的他来说,不啻为大悲哀之事。而恰在此时张继来传达蒋介石的口信,自然激起章太炎的满腔怒火。且看他的回答：

> 弟言谓"大哥当安心讲学,勿议时事"。吾老矣,岂复好摘发隐私以示天下不广？顾同盟会之遗老,岂得弁髦视之！曩时所务,惟在排斥满人政权。今满人又复燃其死灰,而更挟强国以为重。吾辈往日之业,至今且全堕矣,谁实为之？吾辈安得默尔而息也！
>
> 吾之于人,不念旧恶,但论今日之是,不言往日之非。五年以来,当局恶贯已盈,道路侧目。……栋折榱崩,吾辈亦将受压。而弟欲使人人不言,得无效厉王之监谤乎？①

写出如此文字的章太炎,还是那个不惜个人一切献身救国救民事业的章太炎,这样的章太炎,又怎能说是已经消极开倒车呢？诚然,章太炎的晚年是把个人活动的重点放在讲学上,但这和他早

---

① 朱维铮编注：《章太炎选集》,上海人民出版社1981年版,第631—633页。

年的讲学没有根本不同,依然还是为了民族的命运和国家的安危,只是其目光看得更加长远,同时也是对民国以来社会状况每况愈下的另一种反抗——虽然没有采取激烈的方式。中国古代的孔夫子、西方的柏拉图在他们的晚年不都是如此吗?他们的著述治学所留给后人的财富,无论如何也不比他们的政治实践活动要小吧!

纵观章太炎的一生,可以说是以提倡民族主义始,以提倡爱国主义终。就在他去世前不久,还写信答复《大公报》主笔张季鸾,就当时国家所面临的民族危机提出自己的见解。章太炎认为,当年他之所以在清朝末年大声呼喊振兴民族主义,就是因为那时的帝国主义列强正在蚕食中国,而软弱的清朝政府不敢抗争。因此要救国就要先反清。如今中国再次面临民族危机,而且比上次更加深重。更要命的是,蒋介石的国民政府比起晚清政府来,一样地软弱腐败,已是"求战而不可得"之状况。所以他在晚年还是坚持鼓吹"为救亡计,应政府与人民各自任之,而皆以提倡民族主义之精神为要"。与此信有关,还有一件趣事值得一说。之前不久,蒋介石为了不让章太炎骂自己消极不抵抗,派人给章太炎送去一万大洋作为"医药费"。章太炎识破其险恶用心,一边笑纳作为其国学讲学会的基金,一面还是要求蒋介石改革军政,不然就必然走上穷途末路。蒋介石偷鸡不成反蚀把米,自然恼羞成怒,就指使吴稚晖说章太炎的呼吁政府抗日不过是为了敲政府的"竹杠",试图毁坏章太炎的名誉。自然,对于章太炎的为人和其历史功勋,又怎么是他们一两句谣言所能影响的。章太炎——作为民国开国的革命元勋,其光辉形象是不会被玷污的。

二、为革命的学问家

4. 先说一件趣事。太炎先生最有名的一部著作也是他第一部公开发表的著作,名为《訄书》,相信很多读者都不认识这个"訄"字(读作 qiu,意思是逼迫,特指用语言相迫)。如果去看该书,则会惊叹太炎先生知识的渊博,同时感慨自己的无知。至于该书的主要内容,可以用今人叶之清的一段评述来概括:章太炎一上来就推究世界各国学术、学说(《原学》),评议孔子的学说(《订孔》),比较儒家与墨家学说(《儒墨》)、儒家与道家学说(《儒道》)、儒家与法家学说(《儒法》),考究游侠之义与儒家之义(《儒侠》)、儒家之道与兵家之道(《儒兵》),综论秦汉学术,评点诸子百家。接下来是论述汉晋之间五次学术变迁(《学变》);批评宋代欧阳修、苏轼的不通六艺、炫耀辞辩(《学蛊》);又指出王守仁学说仅"致良知"为自得,其他皆采自旧闻,如"人性无善无恶"本诸胡宏,"知行合一"本诸程颐(《王学》);然后论清初颜元为首的、主张研究实际问题和躬行实践、注重实学的学派(《颜学》),以及清代乾嘉之学,包括惠栋为首的吴派和戴震为首的皖派(《清儒》)……纵横四库之中,上下两千余年,探赜索隐,溯源理流。至于比勘世界历史上各民族的文明与落后(《原人》),考稽中华民族的古代文明发展史(《序种姓》),则出入经史,援引科学。而论人类进化、社会发展变化(《原变》),中华民族古代的生存竞争与进化(《族制》),中华民族人口的繁衍(《民数》),古代中国的封疆制度(《封禅》),地理地形绘制(《河图》),语言文字(《方言》、《订文》)等等,则古今中外之书,儒道释之典,靡不汇通……①

怎么样,这样的书太难懂了吧! 不过读者朋友不必泄气,因为连鲁迅先生当年都有关于《訄书》"我读不断,当然也看不懂"的话。鲁迅先生是否真的看不懂姑且不说,但由此可见太炎先生确实是一个中西兼通的大学问家。章太炎先生最得意的大弟子黄侃,也是一位国学大师,他在其《序国故论衡》中,对于其师的学术成就有这样精准深刻的高度评价:

于文字之学:则探幽索隐,妙达神旨。以声有对转,

---

① 叶之清:《读书方知读书少——读〈訄书详注〉》,《中国教育报》,2001年11月8日。

故重文孳多;音无定形,而转注斯起。此精微之独至,实前人所未逮。

于文辞之部:则顺解旧文,匡词例之失;甄别古今,辨师法之违。持论议礼,尊魏晋之笔;缘情体物,本纵横之家。可谓博文约礼,深根宁极者焉。

与诸子之业:则见古人之大体,而不专于邹鲁;识形名之取舍,而无间于儒墨。和以天倪,要之名守,通众家之纷扰,衡所见之多少。……可谓制割大理,疏观万物,以浅持博,以一持万者也。

如果说黄侃的评价过于难懂,则章太炎另一弟子许寿裳的评价就较为通俗:

章先生学术之大,也是前无古人。……他的入手功夫也是在小学,然而以朴学为根基,以玄学致广大。批判文化,独具慧眼,凡古今政俗的消息,社会文野的情状,中印圣哲的义谛,东西学人的所说,莫不察其利病,识其流变,观其会通,穷其指归。千载之秘,睹于一曙。这种绝诣,在清代三百年学术史中没有第二个人,所以称之曰国学大师。①

不了解章太炎的读者,大概以为黄侃、许寿裳的话说得有些过头,因为他们都要维护其师的学术地位。其实他们说得一点儿也不过头,就连章太炎本人也对自己的学问极为自负和自信。他认为自己在参与革命方面所做出的贡献,别人也可以做出。而他在研究和发扬民族文化方面所能做出的贡献,则几乎无人可以替代。他曾十分自豪地写道:

---

① 许寿裳:《章炳麟传》,第5页。

上天以国粹付余。自炳麟之初生,迄于今兹,三十有六,凤鸟不至,河不出图,惟余亦不任宅其位。綮素王素臣之迹是践,岂直抱残守阙而已?又将官其财物,恢明而光大之。怀未得遂,累于仇国。惟金火相革欤,则犹有继述者;至于支那闳硕壮美之学,而遂斩其统绪。国故民纪,绝于余手,是则余之罪也。①

　　当初他在被袁世凯软禁于北京时也曾致书夫人:"吾死以后,中夏文化亦亡矣!"于悲凉绝望之中,依然显示出不可一世的自负!

　　这就是章太炎,那个时代第一流的文化大师。在他那个时代,学识渊博、目光远大的文人墨客多矣,献身于革命大业以推翻清廷建立新中华为己任的志士多矣,但同时兼具这两者的文人不说没有,也是寥寥无几——苏曼殊大概可以算是一个,但论其学问,自然比不上章太炎。其他同时代人中,孙中山是政治家而治学非其所长,邹容是革命家也同样学识稍差,刘师培大概几乎可以与章太炎媲美,却晚节不保做了端方的走狗。至于潜心治学者成就和章太炎差不多者不是没有,但论起革命实践和革命功勋来,就没有人可以和章太炎平起平坐了,因此章太炎的自负不是没有道理。当代著名学者刘梦溪的评价可能最为确切,他说:回观整个20世纪,如果有国学大师的话,章太炎先生独当之无愧。历史学家侯外庐也说:章太炎对于中国学术文化遗产的论述十分丰富。他是古经文学派最后一位大师,同时又是儒家传统的拆散者。

　　诚然,说章太炎是大学问家还不确切,他应该是一心为革命而治学的大学者,是把传统国学巧妙地应用于救国救亡使命的文化大师。然而,对章太炎的学术成就该给予怎样的评价,自然不是本书的任务,这里我们只是把他辉煌的学术成就中一些较为容易为

---

① 《太炎文录初编》一。

普通读者理解的部分,介绍给大家,希望能给读者一个深刻的印象①。

让我们先从章太炎的《自述思想迁变之迹》②开始。这是章太炎在被袁世凯软禁时所写。那时的章太炎知道自己一时无法获得自由,甚至连生命也无法得到保证,遂开始对自己的革命生涯和学术道路进行反思和总结:

> 余自志学迄今,更事既多,观其会通,时有新意。思想迁变之迹,约略可言。
>
> 少时治经,谨守朴学,所疏通证明者,在文字、器数之间。虽尝博观诸子,略识微言,亦随顺旧义耳。遭世衰微,不忘经国。寻求政术,历览前史,独于荀卿、韩非之说,谓不可易。自余闳眇之旨,未暇深察。继阅佛藏,涉猎《华严》、《法华》、《涅槃》诸经,义解渐深,卒未窥其究竟。

章太炎的文字过于艰深,姑且只引这一段。它的意思是说,章太炎最初学习的是对经书进行考证,也就是朴学。朴学又称"考据学",是针对理学的空疏而言,因治经之学(经学)有理、朴之分。朴学主张解经要由文字入手,以音韵能训诂,以训诂能义理。后来为了寻找救国救民的真理,开始扩大学习范围。对于诸子之说,只以为荀子和韩非的最正确,然后又开始接触佛学,发现极为深奥。接下来,章太炎说他开始接触西方文化典籍,觉得确实是闻所未闻。然后又潜心文字学,在东西文化的交叉影响下,发现自己对于

---

① 如章开沅教授即认为章太炎在历史上的地位与作用主要并不在于政治方面,而是在学术方面,终其一生可称得上是真诚爱国的大学问家、大思想家(《章太炎思想研究·序言》,华中师范大学出版社 1986 年版)。北大陈平原教授也认为章太炎不只是政治家,更是近代中国最博学、思想最复杂高深的人物(陈平原、杜玲玲编:《追忆章太炎》,中国广播电视出版社 1997 年版,第 579 页)。

② 朱维铮编注:《章太炎选集》,第 586—588 页。

古文经学的理解可以更进一步了。最后又将东西文化结合起来研究庄子的"齐物"说,"千载之秘,睹于一曙",才懂得孔子的学说虽然伟大,但其玄远终究比不上老庄。本来,到这里为止,章太炎似乎要归于道家了,想到鲁迅曾经说过,要理解中国文化,不应看儒家,还是应该到道家那里寻找,他们师生是否归于一致了呢?

不过,严酷的社会现实使得章太炎并没有走向老庄,特别是被软禁在京城期间,章太炎重新研修《庄子》、《论语》,竟然发现原来这所谓的最终真理还是掌握在孔子手里,因为庄子那些思想其实在孔子那里早就有了。也就是说,只要人们懂得用齐物论的观点来解释《周易》和《论语》,从思想上去除一切由于贪念而生的矛盾是非,则世界即可太平。这么复杂的思想学术演变,用他的一句话来概括就是:"自揣平生学术,始则转俗成真,终乃回真向俗。"说白了,大概就是由追求抽象的真理转为谋求切实可行的具体方法,但这谋求本身其实就是含有对抽象真理的确认呢。另一方面,按照朱维铮的说法就是:先是由人间升到天上,最后从天上回到人间。老庄思想确实妙极,但说到救国救民,还是孔子之说最好,何况孔子思想中已经与老庄多有"暗合"之处呢。

这里我们不妨用一则关于太炎先生的掌故说明晚年的章太炎为何会"回真向俗"。据著名学者美籍华人唐德刚先生说,太炎先生晚年,性格已渐归平和,而神态更加庄重,据说一日他与大弟子黄侃同坐,他忽然问黄侃说:"季刚汝试答我,妇人身上诸物,以何物为最美乎?"季刚见老师居然问这样的"俗"问题,忍俊不禁,即徐徐答曰:"未知也,先生之见如何?"太炎先生欣然曰:"以我观之,妇人之美,实在双目。"黄侃听了不禁大笑曰:"人谓先生痴,据此以观,先生何尝痴也?"是的,早年的章太炎何尝会注意妇人的美与不美,而晚年的他已达化境,早已返璞归真,所以才能从妇人之目中悟到真理何在的问题。

5. 章太炎的国学成就按一般学术界的说法大致可以说主要

体现在以下几个领域：小学（语言文字学）、文学、历史学、经学、哲学及佛学等，不过有意思的是，太炎先生自己最为看重的却是中医学。鉴于太炎先生的学术研究特色、成就和治学家法讨论起来比较枯燥，一般读者可能难以理解，我们这里只是简单介绍，而把重点放在对其开办私人学院、弘扬国学的叙述上。

章太炎先生对于语言文字学上的贡献，按照许寿裳的说法是，可谓集一代之大成。章太炎在小学方面最重要的学术著作大致有《文始》、《小学答问》、《新方言》和《国故论衡》等，主要内容大致都集中在文字学、音韵学和训诂学方面。不过太炎先生研究小学，有着鲜明的革命目的，即为了激发人们的爱国情感和反清思想。在这方面，他是和清初的顾炎武一样，抱定"明道救世"排满抗清的宗旨来治经学和小学，把弘扬国学作为"识汉虏之别"的工具。顾炎武认为"学有本源"，"读九经自考文始，考文自知音始"①。太炎先生也说："小学者，国故之本，王教之端，上以推校先典，下以宜民便俗。"②为此，太炎先生才对《说文》情有独钟。他认为：

章太炎著作书影

---

① 顾炎武：《答李子德书》。
② 转引自许寿裳：《章炳麟传》，第61页。

《说文》之学,稽古者不可不讲。时至今日,尤须拓其境宇,举中国语言文字之全,无一不应究心。清末妄人,欲以罗马字易汉字,谓为易从;不知文字亡而种姓决,暴者乘之,举族胥为奴虏而不复也。夫国于天地,必有与立,所不与他国同者,历史也,语言文字也,二者国之特性,不可先坠者也。昔余之讲学,未斤斤及此,今则外患孔亟,非专力于此不可。余意凡史皆春秋,凡许书所载及后世新添之字足表语言者皆小学。尊信国史,保全中国语言文字,此余之志也。①

正因为《说文》一书是秦始皇统一中国后"书同文"的结晶,其中积淀着深厚的中华民族精神,所以太炎先生视之为语言文字之根和立国保种之本。

今人王宁以为,太炎先生的小学是以《说文》为基础的,大致有四个特点②:

第一,民族的。太炎先生虽然也吸收了西学的一些科学的方法,但他认为语言文字有独特的民族性,研究语言文字不可一味追随域外。他说:"中国之小学及历史,此二者,中国独有之学,非共同之学。"(《自述学术次第》)正因为语言文字及其发展历史带有鲜明的民族特点,它才能起到"激动种性"的作用,也就是说研究文字可以激发人们的民族自豪感,从而产生反清排满思想。也正因为语言文字具有民族性,语言文字学才必须在本国创建,用中国特有之方法。

第二,语言的。中国传统"小学"注重形体,本质上是"字本位"的,所以古代没有典型的语言学,只有从"小学"生发出的文字学。太炎先生受乾嘉学者音韵学的影响,又受西方古典语言学的

---

① 潘重规:《章太炎先生之气节》,台北《中国一周》,第555期。
② 王宁:《国学传播与社会改造:章太炎讲〈说文解字〉》,《中华读书报》,2008年12月10日。此处四点皆为王文内容。

启发，认识到音韵、训诂本为一体，也就是说，词语的意义首先是与声音结合，然后才与形体结合，音义系统是第一性的，形义系统是第二性的。因此，他从重视形体的表层研究深化到以声音为线索的深层研究。

第三，历史的。在利用声音探求语言的过程中，太炎先生已经认识到"语言有所起"，"义率有缘"而"统系秩然"，就必然要进一步追究这个有秩序的统系究竟是怎样的状态。他认识到收入在《说文》中的九千多字，并不是共时的产物，而是历时孳乳的结果。他说："转复审念，古字至少，而后代孳乳为九千，唐宋以来，字至二三万矣，自非域外之语，字虽转繁，其语必有所根本。盖义相引申者，由其近似之声，转成一语，转造一字，此语言文字自然之则也。"（《自述学术次第》）在这个理念的指引下，他以声音为线索，撰成了《文始》一书，其目的是想寻求积聚在表层平面上的由汉字负载的词语深层的历史发展脉络。《文始》从微观的字词关系考察，颇多疑义，显然不很成熟，但太炎先生旨在将《说文》平面的形义系统重组为历史的音义系统的理念，实在是难得的创新，他为传统小学向现代科学的历史语言学发展，开拓出一条崭新的道路，也为《说文》学走向现代迈出了极有意义的一步。

第四，理论的。太炎先生在发展《说文》学的过程中，突破了清代末流学者繁琐的考据，以追求"所以然"的科学精神，把中国语言文字学引向理论的探讨。他继承小学重视第一手材料的求实作风，善于从大量语言文字材料中归纳条例，但也多次表明要明其条例，贯其会通，要其义理，探其根本。这是他的语言文字学能够较好地与现代语言学接轨的重要原因。

不过，据当代学者何新介绍，如此一位小学大师，却不承认甲骨文出土这样伟大的文字学发现，多少令人为之惋惜。章太炎在晚年曾经为甲骨文的真伪问题，与当时的甲骨学研究者闹过一场公案。原来，章太炎有一篇《理惑论》，是专门抨击金文和甲骨文的。讲到龟甲文时，他说：

近有掊得龟甲者,文如鸟虫,又与彝器小异。其人盖欺世豫贾之徒。国土可鬻,何有文字?而一二贤者信以为真,斯亦通人之蔽。……夫骸骨入土,未有千年不坏,积岁少久,故当化为灰尘。……龟甲何灵而能长久若是哉!

对此已故著名甲骨学家董作宾在其《甲骨学六十年》中曾论及此事。他说:"章氏小学功深,奉《说文》为金科玉律。不容以钟鼎甲骨,订正《说文》之讹误。""他的证据是流传之人不可信,因为罗振玉'非贞信之人'。第二是龟甲刻文不见于经史。第三是龟甲乃'速朽之物'不能长久。第四是龟甲文容易作伪。其实,这些理由,都不足以证明甲骨为伪。"董作宾先生还记叙了金祖同就甲骨义与章太炎的一段交往:"直到他逝世的前一年(一九三五),金祖同君去访他,又曾和他通信,他在复信中仍然坚持成见。金君是一位青年治契(即甲骨)学者,他当时抱着极大的热心向老先生游说,却碰了一鼻子灰。金君于所编《甲骨文辨证》上集自跋中,记叙进谒时情形云:'先生貌寝古,而健谈惊四座。……予以方治殷人札制,乃告以甲骨文。先生蹙然者久之,曰:"乌乎可!研机文字之学,《说文》其总龟也。今舍此外求,而信真伪莫辨之物,是不揣其本而齐其末,得无诬乎?为学宜趋正轨,若标新立异以自文饰,终于无成,将以自误也。"予方拟有所申述,先生已顾而之他。自是终席不交一语,临别一揖而已。'金君不服气,回家之后,一连串写了几封信去请教,章氏复过四次信,以后就不再复信了。"①

面对甲骨文被成批发现的确凿事实,章太炎虽然不再斥之为古董奸商的伪造,但他却既不接受、更不承认自己过去的错误。章太炎的这一顽固立场,甚至连他的友人和学生也难以接受。所以

---

① 董作宾:《甲骨学六十年》,台北艺文印书馆1965年版,第58—60页。

在章太炎过生日时,他的学生黄侃就送他一份礼物。礼品放在红纸封内。章太炎打开一看,原来是一部罗振玉著的《殷墟书契前编》,据说后来他常把此书放在床头翻阅。而在他答复金祖同的第四封信中,态度就有了微妙的变化,说:"龟甲且勿论真伪。即是真物,所著占繇,不过晴雨弋获诸琐事,何足以补商史?"对于章太炎的这种变化,郭沫若曾评述说:"于甲骨则由否认变而为怀疑,此先生为学之进境也。""窃观先生之蔽,在于尽信古书。一若于经、史、字书有征者则无不可信,反之则无一可信。"[1]

太炎先生这次失误,算是应了另一位国学大师陈寅恪的那句话:"说有容易说无难。"如今历史已经证明太炎先生在这个问题上的错误。令人遗憾的是,如果太炎先生当年就确信甲骨文并以此为材料继续研究小学,其成就当可更加巨大是肯定的。

6. 再说太炎先生的文学成就。且引钱基博先生的评价如下:

> 炳麟论文,右魏晋而轻唐宋,于古今人少许多迕。顾盛推魏晋之论,谓汉与唐宋咸不足学;独魏晋为足学而最难学。
>
> 炳麟为文,谓当以文字为主,不当以彣彰为主;而"文"之为名,包举一切著于竹帛而言;故有成句读之文,有不成句读之文;而成句读者,复有有韵无韵之别。[2]

章太炎对于什么是文学的标准,首先是看文字而不是情感。这里且说一个有关的故事。据许寿裳在其《亡友鲁迅印象记》中回忆说,当年他与周氏兄弟同去参加章太炎在东京举办的"国学讲习会",有一次章先生问及文学的定义如何,鲁迅答道:文学和学说

---

[1] 郭沫若:《甲骨文辨证·序》。
[2] 钱基博:《现代中国文学史》,中国人民大学出版社2004年版,第67—71页。

不同,学说所以启人思,文学所以增人感。章太炎听了说:这样分法虽较胜于前人,然仍有不当,郭璞的《江赋》、木华的《海赋》,何尝能动人哀乐呢。据说鲁迅有些不服气,私下和好友许寿裳说:先生诠释文学,范围过于宽泛,把有句读无句读的都算作文学。其实文字与文学固当有分别的,《江赋》、《海赋》之类,辞虽奥博,而其文学价值就很难说。显然,鲁迅和章太炎的意见不一致,而他们的分歧关键在于文学的本质是否可以说就是情感。

且看章太炎的《文学论略》怎么说的吧。他认为,"文学者,以有文字著于竹帛,故谓之文","榷论文学,以文字为准",这和钱基博对他的评价一致:即文字是确定文学的最基本指标。既然以文字为准,则情感不能成为文学的根本指标。此外,章太炎也不同意当时把小说作为一切文学之样板的西化做法:"专尚激发感情,惟杂文小说耳。……彼专以杂文小说之能事,概一切文辞者,是真知其一,而不知其二也。……吾今为语曰:一切文辞(兼学说在内),体裁各异。以激发感情为要者,箴铭哀诔诗赋词曲杂文小说之类是也;以发思想为要者,学说是也……其体各异,故其工拙亦因之,其为文辞则一也。"同时,章太炎又正确地区分了学说与文辞:"又学说者,非一往不可感人。凡感于文言者,在其得我心。是故饮食移味,居处温愉者,闻劳人之歌,心犹泊然。大愚不灵,无所愤悱者,睹眇论则以为恒言也。身有疾痛,闻幼眇之音,则感慨随之矣。心有疑滞,睹辨析之论,则悦怿随之矣。故曰:'发愤忘食,乐以忘忧。'凡好学者皆然,非独仲尼也。以文辞、学说为分者,得其大齐,审察之则不当。"①文章作品是否感人,关键在于是否"得我心",其根本在于主体精神状态与客体对象之间的相契合。饱暖之人无法体会劳苦人的歌声,"心犹泊然";顽愚之人也无法理解智者的高论,"以为恒言"。反之,一旦主体的精神状态与客体对象能够契合,则不仅文辞能够让人"感慨随之",而且学说文章也会让人感

---

① 章太炎:《国故论衡·文学总略》,1910 年,该文由《文学论略》改成。

动兴奋愉悦。同一体裁的作品,也并非绝对的感人或不感人,而同一作品,由于每个人的精神状态不同,不仅感受也会大不一样,而且动情与否也未可知。也就是说,感人可以作为文学的特征之一,但是不能成为文学的唯一特征。章太炎的这种文学观,至"五四"前仍为谢无量的《中国大文学史》所采用,影响很大。

说到章太炎的文学成就,一般认为他对魏晋文学的推崇应该是一大功绩,他指出:

> 魏晋之文,大体皆埤于汉,独持论仿佛晚周,气体虽异,要其守己有度,伐人有序,和理在中,孚尹旁达,可以为百世师也矣。①

章太炎如此推崇魏晋文学,不仅因为魏晋之文比起秦汉之文确实有了一个很大的发展,而且和章太炎所处的时代有关。在那样一个战斗的年代,自然需要魏晋之文内容上的敢于批评现实以及风格上的清俊通脱。章太炎如此提倡魏晋之文,直接影响了鲁迅的文学观和鲁迅的文学风格以及他对魏晋文学的偏爱和重视,这一点已经得到学术界的认同。

章太炎的另一个文学功绩,就是对白话文的认可,尽管这认可中依然带有轻视。——作为最后一个古文大师,这已经相当难能可贵。章太炎的这种态度体现在两个方面,一是他直接对文言与白话关系的看法,认为"语言文字,出于一本",还曾经列举大量的例子说明古书中的雅言,其实就是当时的口语,因此他并不反对语言的通俗化,而且自己也写过白话文甚至通俗歌谣。另一方面,章太炎对于自己的弟子如鲁迅、钱玄同等大力提倡白话文和白话文学,并没有表示反对而是给予理解,并从理论上给予支持。对此可以用钱玄同的一段话来说明:"章先生于1908年著了一部《新方

---

① 章太炎:《国故论衡·论式》。

言》,他说:考中国各地方言,多与古语相合。那么古代的话,就是现代的话。现代所谓古文,倒不是真古。不如把古语代替所谓古文,反能古今一体,言文一致。这在现在看,虽然觉得他的话不能通行,然而我得了这古今一体,言文一致之说,便绝不敢轻视现在的白话,从此便种下了后来提倡白话之根。民国元年一月,章先生在浙江省教育会上演说,他曾说过:将来语言统一之后,小学教科书不妨用白话来编。我对于白话文的主张,实在根植于那个时侯,大都是受太炎先生的影响。"①这在当时也很重要,因为只要章太炎没有明确反对,其实就已经是对白话文运动很大的支持了——因为章太炎的态度在那时绝对是举足轻重的。不过,晚年的章太炎对于白话文还是颇有微词。原因在于他骨子里其实还是轻视白话——只是为了向民众普及革命道理才要使用,至于真正高层次的文学作品,还是应该用雅言,表明他其实坚持的还是一种"二元"的语言文学观。

至于章太炎的文学创作,其政论文之巨大魅力自不待言,仅一篇《驳康有为论革命书》就已可千古流芳,此处且说说他的诗歌,虽然诗作仅数十首,却自有其文学史上的独特价值。一般认为,章太炎的诗歌以五言、七言古体最佳,其律诗也自成家法、别具一格。大体皆为寄托情性、慷慨激昂之作,清新俊逸、迥异凡声。如:

十年誓墓不登朝,为爱湖湘气类饶。
改步渐知陈纪老,量才终觉陆云超。
长沙松菌无消息,樊口鯿鱼乍寂寥。
料是瀛洲春色早,羁人楼上更惆惆。

此诗为章太炎唱和章士钊之作。后者对太炎先生极为敬佩,以兄礼待之,有《元日赋呈伯兄太炎先生》云:

---

① 熊梦飞:《记录玄同先生关于语文问题谈话》,《文化与教育》,第27期。

堂堂伯子素王才,抑塞何妨所地哀。
谋国先知到周召,论文余事薄欧梅。
世甘声作高呼应,召亦名从弟畜来。
浙水东西南岳北,人天尔我两悠哉。

以上两首诗均借景抒情,各诉心声,其用事之切,格调之高,堪称佳构。由此可看出二人交情确非一般。

值得一提的是,太炎先生的夫人汤国黎女士,也写得一手好诗,在《章太炎先生家书》后就附有汤女士的诗词。如《渺茫》:

百劫余生九曲肠,抛残血泪学伴狂。
众生酣梦天沉醉,猿鹤沙虫事渺茫。

该诗情感真挚,有慷慨悲凉之意,当系有感而发,也可算是太炎先生革命生涯的真实反映。

7. 关于章太炎先生经学、史学等方面的成就,此处不再多说,感兴趣的读者自可寻找材料。不过有个小故事可以帮助读者理解经学和史学的异同,这是太炎先生的老师俞樾在其《春在堂随笔》第三卷中的一段记载。他说何子贞(清代大书法家)前辈曾和他谈论经学和史学的区别,说得十分风趣。何子贞说你在京城居住很久了,见过座主请其门生么?请柬发出后没有人不来。门生到后主人则不会立刻出来,非要到所有人都来了,这位座主才会出来。等到聚会之时,则座主说坐门生才敢坐,说饮酒大家才敢举杯。这就是史学。至于门生请座主则是另一个样子。先是提前计划好,然后择日登门送上请柬。等到聚会之日,则众人早至以待座主光临。一旦贵客到来,则侧目而视,侧目而听,唯恐招待不周。这就是经学啊。俞樾对曰:先生此言妙极。何子贞又说,经有学而史无学。俞樾对曰：经学无底，史学无边。经学深，故无底；史学太汗漫，故无边。如此深刻的学术问题，两位大师竟以如此轻松的戏谑之言说出，而又十分深刻到位，令人赞叹！

以下要重点介绍的是太炎先生的讲学，因其讲学不仅弘扬国学，而且有唤醒民族主义之特殊意义，值得大说特说。

太炎先生一生讲学无数，其最值得介绍的有三个时期，即1906至1911年的东京时期、1932年北上京城时期和晚年最后三年的苏州时期。对于太炎先生讲学的成就和深远意义，其得意弟子黄侃先生在《太炎先生行述记》中说："其授人国学也，以谓国不幸衰亡，学术不绝，民犹有所观感，庶几收硕果之效，有复阳之望。故勤勤恳恳，不惮其劳。"今人卞孝萱先生则把太炎先生讲学的宗旨概括为两点：一是为了研究传统文化以造就国学人才；二是用国粹激动种姓以增进爱国热肠，实际上具有思想启蒙意义。颇有意思的是，五四时期（特别是在发动阶段）为了思想启蒙，是把传统文化特别是儒家思想作为批判对象来看待的，而同样是出于思想启蒙的需要，章太炎却能巧妙地将纯粹的学术研究及讲学活动和从事反清革命结合起来。特别是面向普通大众的讲学，重点已不在普及国学知识，而是以国粹呼唤民众觉醒，其事功目的格外鲜明。例如在20世纪30年代初，太炎先生为抗日救亡事业而四处讲学，提倡读史，是要人们以史为鉴，坚定抗日信念。所以，太炎先生的这些讲学活动，其实具有学术性和革命性双重品格和双重意义，值得后人给予足够的关注。

据姚奠中先生的《章太炎学术年谱》记载，太炎先生的第一次集中且基本连续的讲学是在1906年《民报》被禁后，当时他在东京创办了"章氏国学讲习会"，"专务历学"，"弟子至数百人"。其公认的大弟子黄侃，就是在这时拜于其门下的，不过他是否为太炎先生最早的弟子尚无法断定，但说他是太炎先生最得意的弟子，则人们绝无异议。至于他们之间的关系，后面会有专文论述。另外这一时期的讲学最值得一提的就是在其讲学过程中，一批后来成为

20世纪中国文化史和文学史上各领风骚的著名人物逐渐聚集在太炎先生周围,例如鲁迅、周作人、黄侃、钱玄同、朱希祖、许寿裳、汪东、刘文典、沈兼士等,"章门弟子"这一群体初现端倪。据许寿裳和周作人的回忆,当时他们有八个人因时间关系不能参与正常听课,遂有意请太炎先生为他们单独开设一班,基本上是在每个周日,地点则在太炎先生的住处。由于是小规模的讲学,所以师生之间交流更多。许寿裳回忆说,当时师生均围绕一个小茶几席地而坐,先生精力过人、滔滔不绝,通常从上午8点一直讲到12点才休息。有时则随意谈天,"诙谐间作,妙语解颐"①。周作人则回忆说:"太炎对于阔人要发脾气,可是对青年学生却是很好,随便谈笑,同家人朋友一般。夏天盘膝坐在席上,光着膀子,只穿一件长背心,留着一点泥鳅胡须,笑嘻嘻地讲书,庄谐杂出,看去好像是一尊庙里的哈喇菩萨。"②至于鲁迅,也对这段师生对话有着生动的回忆:"前去听讲也在这时候,但又并非因为他是学者,却为了他是有学问的革命家,所以直到现在,先生的音容笑貌,还在目前,而所讲的《说文解字》,却一句也不记得了。"③

当时太炎先生所讲内容不外乎是《说文》研究以及《庄子》、《楚辞》等。学习条件虽然艰苦,且学习内容高深,但众弟子却学得有滋有味。其中钱玄同更是有意思之人。当时太炎先生由于是研究《说文》,所以在写字时也用古体,但钱玄同却还嫌不够,有时就会拿着书走到太炎先生身边,说还有哪几个字应该按照古体的样子写,太炎先生也就点头称是。鲁迅则由于钱玄同总是喜欢在榻榻米上爬来爬去的,干脆为他起了一个绰号就是"爬来爬去",有时也用文言"爬翁"。这一时期,先后听太炎先生讲学者当有数百人之多,其中也不乏一些热心学习的日本人。可以说,正是太炎先生特殊的人格魅力和渊博的知识,吸引了大批爱国的中国留学

---

① 许寿裳:《纪念先师章太炎先生》,引自姚奠中:《章太炎学术年谱》,第133页。
② 周作人:《鲁迅的故家》,人民文学出版社1957年版,第184页。
③ 鲁迅:《关于太炎先生的二三事》。

生聚集到太炎先生周围,因此这一时期的讲学,其意义不仅在于对传统国学的深入研究,而且为20世纪中国文化的发展变革乃至中国社会的巨大变迁,从人才方面做好了重要的准备。

太炎先生引起轰动的第二次系列讲学,则是在20世纪30年代。1932年,时已65岁的章太炎对日本帝国主义侵略上海极度愤怒,他北上京城和天津等地见段祺瑞、张学良、吴佩孚等,试图鼓动他们成为抗日中坚。又在燕京大学演说,号召青年拯救国家的危亡。同时,也应一些学校和学术机构的邀请,进行国学演讲,目的则还是为了激发人们的民族自豪感和抗战热情。从效果看,太炎先生这次北上的政治目的其实没有实现,倒是其多次的讲学再次引起轰动。且看钱穆的有关记述:

> 太炎上讲台,旧门人在各大学任教者五六人随侍,骈立台侧。一人在旁作翻译,一人在后写黑板。太炎语音微,又皆土音,不能操国语。引经据典,以及人名地名书名,遇疑处,不询之太炎,台上两人对语,或询台侧侍立者。有顷,始译始写。而听者肃然,不出杂声。此一场面亦所少见。翻译者似为钱玄同,写黑板者为刘半农。玄同在北方,早已改采今文家言,而对太炎守弟子礼犹谨如此。半农尽力提倡白话文,其居沪时,是否曾及太炎门,则不知。要之,在当时北平新文化运动盛极风行之际,而此诸大师,犹亦拘守旧礼貌。则知风气转变,亦洵非咄嗟间事矣。①

张中行对章太炎某次讲演的描述则是:

> 老人满头白发,穿绸长衫,由弟子马幼渔、钱玄同、吴

---

① 钱穆:《八十忆双亲 师友杂忆》,三联书店1998年版,第182页。

检斋等五六个人围绕着登上讲台。太炎先生个子不高,双目有神,向下一望就讲起来。满口浙江余杭的家乡话。估计大多数人听不懂,由刘半农任翻译;常引经据典,由钱玄同用粉笔写在背后的黑板上。说话不改老脾气,诙谐而兼怒骂。现在只记得最后一句是:"也应该注意防范,不要赶走了秦桧,迎来了石敬塘啊!"①

也许令钱穆等人感动的是,虽然按照一般人的观点,这时的章太炎已经趋于保守,但像钱玄同这样的新派激进人物,居然还是对太炎先生尊敬有加,执弟子礼甚恭,他们师生之间依然关系和睦,确实令人羡慕。据说甚至连写过《谢本师》的周作人,太炎先生也不计前嫌,和他一起聚餐合影,还为其书写条幅。而对于周作人之兄鲁迅,太炎先生也关心地问其近况如何。当得知鲁迅在上海常常被看做是左倾分子时,太炎先生还为其辩护说,他一向研究俄国文学,这误会一定是俄国文学而起的,对弟子的关爱之情溢于言表②。太炎先生和其众位弟子这样的关系,使人不禁联想到孔子和其门人,中国文人如此尊师重道,不因其崇拜新文化而盲目抛弃,不正是中国文化的精义所在?

太炎先生最后的讲学活动,则是在北上归来居住于苏州之后,直到其逝世这段时间。这时他成立了更具学术意义的国学研究会,时间为1933年1月。并以《国学商兑》作为会刊,太炎先生亲自撰写宣言,主张"范以四经"。四经指《孝经》、《大学》、《儒行》、《丧服》。后来太炎先生认为《国学商兑》在词义上雷同于方东树的《汉学商兑》,建议以"商榷"代替"商兑",最后遂改作《国学论衡》。1933至1934年,章太炎的演讲都是在国学会的名义下进行的,地点通常在苏州公园的图书馆,先后有20多次,有时也在无锡

---

① 张中行:《负暄琐话·章太炎》,引自陈平原、杜玲玲编:《追忆章太炎》,第455页。
② 沈延国:《记章太炎先生》,引自傅杰编:《章太炎》,上海三联书店1997年版,第99—100页。

章太炎著作书影

国学专修学校演讲,盛况空前。可能由于在办学宗旨上太炎先生与国学会诸发起人之间有不合之处,所以太炎先生于1935年,又以"章氏国学讲习会"的名义,作国学演讲,虽重病在身,也不停止,直到其逝世。此间蒋介石为了不让太炎先生批评他的不抵抗政策,特意于1935年3月派人到苏州看望太炎先生,并"致万金为疗疾之费"。太炎先生起初不愿接受,但其夫人认为其讲学会刚好资金匮乏,于是太炎先生将此款全部移作讲习会之用,同时也使讲习会的刊物《制言半月刊》有了较为稳定的经费支持。

作为一生之中最后的讲学时期,太炎先生之名望此时也达到顶点,所以慕名而来者络绎不绝。年龄最大者有73岁,最幼者为18岁,籍贯则全国各地几乎都有,仅仅长期居住在国学会的就有100多人,鼎盛时期学员总数达400多人。太炎先生通常是担任主讲,而其早年的弟子如朱希祖、汪东等担任讲师。至于太炎先生这一时期所讲内容,大多切合当时形势,试图以传统文化激发国人抗战精神。例如他所讲的《诸子略说》在论道、法、墨、名诸家时,多有借学术以论政治之处,主要与批判讽刺蒋介石的不抵抗政策和汪精卫的卖国行径有关。他痛恨汪精卫的媚日卖国,希望蒋介石独揽大权,实行专制独裁,运用道家和法家的权术将文臣武将牢牢控制在自己手中,以统一抗日救国的力量。他贬抑刻意任法的商鞅，希望蒋介石实行墨家的兼爱之道，以凝聚民族力量，一致对外。他贬斥名家的诡辩派，褒扬名家的循名责实派，也是希望同胞各司其位、各负其责，担当起保家卫国的神圣使命。

太炎先生晚年居住苏州期间，一方面讲学著书，一方面还不忘政局，曾积极赞助抗日救亡运动。1933年，上海学生赴江宁请愿，请国民党当局出兵抗日。经过苏州车站时，太炎先生特地派人携面包果品到站慰劳。并致电当局云"学生请愿，事出公诚，纵有加入共产党但问今日主张如何无论其平素"。他还想搜集武昌起义以及共患难的革命志士事迹，为之作传，但只写成了焦达峰、秦力山传，其他因精力不逮已来不及完成。

1936年4月，太炎先生的身体已是非常虚弱，依然坚持讲学不止。为此其弟子要求其缩短讲课时间，他却不肯答应。无奈之下，众弟子只好商议，只要是太炎先生讲学时间，即提前摇铃下课，以让先生多休息一下。太炎先生自知时间已经不多，遂写下《太炎通告及门诸子启事》，曰："近余设教吴中，同学年少，佥以集会为请。余惟求声应气，前哲所同，会友辅仁，流风未替。况余衰耄，来日无几。岁时接席，岂可久疏。"他盼望自己的弟子能够接替自己的事业，继续研究学术，并以光复华夏、繁荣中国文化为使命。太炎先生终其一生，革命之余不忘治学，并把二者融为一体，在许多领域都做出杰出贡献，既为革命大师，又是国学大师。近代以来身兼此二称号且博得国人一致认可者，除却太炎先生外恐无他人矣！

8. 章太炎留给后人的宝贵遗产还有很多，自然无法在这里全部介绍。不过，有一件事似乎一般读者了解甚少，却能彰显章太炎在坚持学术自由与独立精神方面的不懈追求，很有必要让更多的人知道。这就是章太炎当年曾和马相伯、梁启超等人一起，筹办中国第一个具有现代学术意义的国家级学术机构——函夏考文苑。

如今，中国学术界常把是否入选"院士"作为评价一个学者水平的最高标准。前些年只有自然科学界有院士（分为科学院院士和工程院院士，且似乎前者的含金量高于后者），为此还引起很多从事人文社会科学研究者的不平：为何我们不能有自己的院士？确实，1949年之前，文科也是有院士的，当时叫中央研究院，第一届院士有81人，其中人文社科院士有28人，例如胡适、陈寅恪、郭沫若都名列其中。所以，几年前中国社会科学院大概是等不及国家的评选，先在其内部评选起院士来，也就可以理解了。不过国家级别的文科院士，在今天确实还不好评选，主要是因为标准太难把握也太难操作的缘故，不像理工科有很多具体的指标可以衡量。而更深层次的原因，在我看来也许是，如今的中国人文社会科学界，一方面差不多已经没有真正可以被称为"大师"的人物了，另一方面，功利主义和实用主义治学观的盛行，也使得真正潜心学术的学人越来越少。季羡林的去世，已经宣告我们进入一个没有大师而渴望新的大师产生而不能的时代。

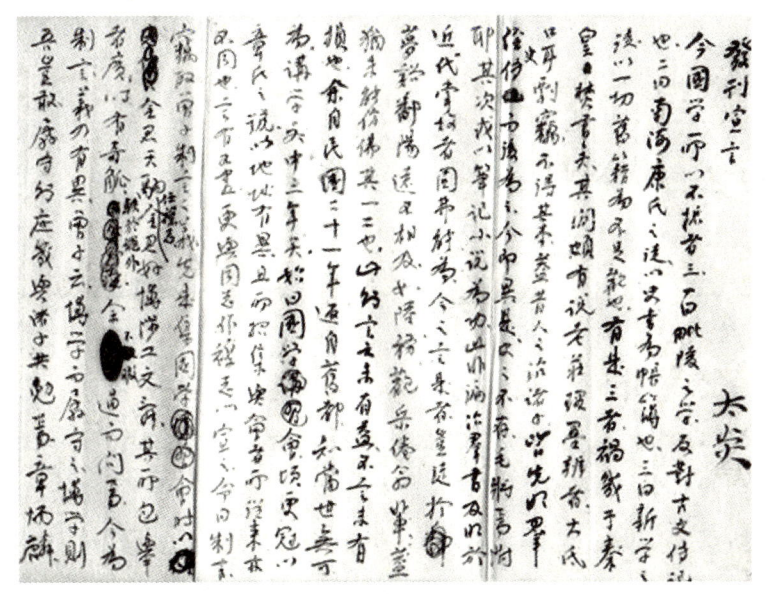

章太炎手迹

当然，如何界定"大师"，则是又一个难题——不是已经不断地有人被称为大师甚至自称为大师了么？

此外，问题的关键显然在于，我们如果评选文科院士，其目的是什么，原则是什么，然后自然就会知道，标准该如何定以及如何评选。这里,不妨看看法国的法兰西学院是如何设立的,以及我们在民国初年,曾经设想仿照法兰西学院标准成立的"函夏考文苑"。

法国的法兰西学院,成立于1634年,当时叫文学院,次年改名为法兰西学院,并成为独立的学术机构。从此,它就一直是象征法国学术界最高荣誉的机构。法兰西学院仅仅有院士40人,一开始大部分是文学家,后来也有少数哲学家、史学家、经济学家、政治家、外交家甚至军事家等入选。院士是终身制职位,只有在某成员去世后,才由全体成员投票选举新成员,如此严格苛刻的评选,使得那些浪得虚名者很难混进去。因此,被选为院士通常意味着可以进入法国文化历史,成为所谓的"不朽者"。这样的院士,其含金量如何,自不必多说。值得一提的是,2005年6月19日,79岁的法籍华人程抱一先生正式就任法兰西学院终身院士,这是该学院这么多年来第一位华裔和亚裔人担任院士。聊胜于无,也还不错。

且说民国初年,随着对西方文化的了解,为了繁荣我们的学术研究,我国也有过设立类似学院的设想。

那是1912年11月,章太炎、马相伯和梁启超等人有感于西方现代学术的昌盛和学术独立的关系,有感于中国学术的落后和历代中国文人对统治阶级之过于强烈的依附意识,认为有必要设立一个国家级的学术机构,遂共同发起,拟仿照法国的法兰西学院,成立"函夏考文苑"。按照他们的设想,"该苑不干政治,上不属政府,下不属地方",仅仅以表彰学术、振兴道德和引导社会为任。所谓"函夏",为古语,典出《汉书·扬雄传》:"以函夏大汉兮",意为大汉帝国包容诸夏,此处特指中国,因此"函夏"就是"华夏"。"考文苑"则是马相伯对"阿伽代米"之翻译,"Academe"本为古希腊园主之名,据说他曾以其园供柏拉图等哲学家讲演之用,后演变成代指国家最高学术研究机构。"考文"一词出自《礼记·中庸》:"非天子,不议礼,不制度,不考文",本为强调唯有贵为天子者,方能考定文章典籍之名,后逐渐引申为高深之学术著作。故马氏以"考文苑"对译Academe,这样"函夏考文苑"就是学者聚集其间探讨学问的中国最高的学术研究机构。按照他们的规划,成员也是"定额四十名,由苑公举。所举须有精当佳作已行于世者乃可。无其人,不如虚其位"。(马相伯:《为函夏考文苑事致袁总统条呈》)

总之,按照章太炎他们的设想,就是要把"函夏考文苑"办成国内最高水平的学术机构,该机构虽然由政府资助,但在学术上是完全独立的,如此才能以研究学术为唯一目的,并为繁荣中国文化做出最大贡献。

此举得到当时国民政府的支持,当时的大总统袁世凯,出于拉拢、笼络知识分子的需要,自然对此表示支持。不过,由于民国初年局势复杂多变,章太炎和梁启超那时主要精力在参与政事,具体筹办事务自然就由马相伯负责。马相伯本是著名的政治家、教育家、宗教家,尤其热衷于教育,所以对设立"函夏考文苑"极为热心。当时他选定的各门学科(主要为人文社会科学)初选人物如下:

马相伯、章太炎、严复、梁启超
(按:此四人为发起人,最初似乎没有严复,他如何成为发起人似乎还不清楚)

沈家本(法理)　　　杨守敬(金石、地理)
王闿运(文辞)　　　黄侃(小学、文辞)
钱夏(玄同)(小学)　刘师培(群经)
陈汉章(群经、史学) 陈庆年(礼学)
华蘅芳(算学)　　　屠寄(史学)
孙毓筠(佛学)　　　王露(音乐)
陈三立(文辞)　　　李瑞请(美术)
沈曾植(目录)(此十五人为初选名单)

该名单特别指出"说近妖妄者不列,故简去夏穗卿、廖季平、康长素,于王壬秋也不取其经说"。显然,此名单大概就是章太炎所拟或至少听取了他的意见,因为他对晚清以来的今文经学代表人物持轻视态度,所以康有为、廖季平等不仅都未入选,而且被斥之为"说近妖妄"。但不清楚的是,这个名单是否征求了梁启超的意见。如果是,则是否意味着梁启超已经背叛老师和放弃师说,因其取舍标准显然与章太炎的古文学派立场一致。

此外,章太炎等四人是以发起人身份列入初选名单的,但如果被问到他们究竟以何种学术成就入选,则也是问题。章太炎自然问题不大,其国学成就早已是第一流。梁启超可能就有些异议,他的学问渊博是毫无疑问的,但不仅学术界公认他是不专不精,他自己对此也不否认,如此是否能够得到学术界认同呢?还有严复,其翻译成就当属近代以来第一,但仅靠翻译就能够成为院士,这在法兰西学院可能也没有先例。至于马相伯自己,则也许可以凭其教育家的身份获得认可,但分量似乎稍显轻了一些。最后,名单上的其他初选者,估计也会引起学术界的争议。

可惜,设立考文苑一事马相伯等人虽然热心,甚至他还为选择苑址和筹措开办经费到处奔波,要求当局将遵化州东陵和天津军粮城南排地两处荒地,以及山海关南秦皇岛附近之海滩浴场拨归经营,以所得维持日常运作。但政府方面却一直没有实际行动,最终导致此事流产。不过,值得关注的是梁启超不仅对其老师的态度似乎有些冷淡,而且他本人对设立这个学术机构似乎也缺少应有的热心。章太炎、马相伯等人的"函夏考文苑"未能设立,在当时除了与复杂的政治环境有关外,还与当时中国学术界整体研究水平较低、现代学术体系还未建立以及很多基础学科研究力量缺少有关。例如,在他们初步拟定的19位学者中,能够真正称得上"科学家"者,唯有华蘅芳。不过当章太炎等人提出设立"函夏考文苑"时,华蘅芳早已于1902年去世。那么,真正符合现代西方学科概念的科学家其实是没有的,特别是缺少自然科学的领军人物。由此,在当时学术水平普遍较低的情况下,要设立像法兰西学院那样的国家性学术权威组织,显然是一种不切实际的幻想。

此外,这个设想中比较敏感的还有章门弟子的入选问题:黄侃(当时的传说是曾列为名单第一位,最后是第四位)、钱玄同等人的入选,不仅说明他们的学术地位已经得到认可,而且说明早在民国初年,章门弟子即已在学术界占有重要地位。因此,函夏考文苑如果真的成立了,章门弟子的入选大概也会成为学术界议论的话题。不过,即便这个机构的设立流产了,但在此之后,随着大批章门弟子进入北京大学和北京学术界,章门弟子事实上在很长时间内成为引领20世纪中国学术和中国文化发展的领导力量。时至今日,在很多高校和研究机构中,章太炎的学术影响不仅没有消失,而且还通过其再传弟子和他们的弟子依然具有某种举足轻重的地位,章太炎及其弟子群体遂成为20世纪以来中国学术史上的奇观。

第四章 章门弟子大观

一、"四大天王"和"八大金刚"

1. "章门弟子"这个称谓,在20世纪学术史上自有其特殊的含义,大凡有资格自称为章门弟子者,其学术地位和成果几乎都可以博得学术界的认可。于是乎,在很大程度上"章门弟子"已经成为进入学术界的一张"名片",自然也就有人不择手段地试图获得这张"名片"。仅仅是听过太炎先生一次讲演,就自称为"章门弟子"者有之;仅仅因太炎先生的一句话或者一个题词而自称为弟子者亦有之。自从太炎先生去世后,所谓鱼目混珠现象就出现在对"章门弟子"如何认可这个问题上。为此,本章将根据现有材料和学术界的研究成果,将章氏门人的大体情况介绍给读者,也希望借此机会,分析一下师承关系对于学术发展演变的巨大影响。

首先,判定是否为章门弟子,很多人首先会想到看那个"章门弟子录",但问题显然不是这样简单,因为这份"章门弟子录"虽然是太炎先生编的,却很不全面,遗漏很多。"章门弟子录"最初刊刻于1932年,次年初又做过若干修订,因为章太炎在1933年曾言:"《弟子录》去岁已刻一纸,今春又增入数人。"此后,钱玄同因其"多有未备",而多次建议补录,并提议发一通告,重新登记刊刻,但终"以难,未能实现"。至于为何"难",钱氏没有说,也许难就难在有很多"难言之隐"？不管怎样,自此之后,即便是那些新参加国学讲习会的弟子,也没有编印《同学录》。

如今看章太炎晚年编印的这份《弟子录》,确实如他本人所说是相当随意的,"但凭记忆所及耳。……无微言大义也"。例如其中不仅没有鲁迅、许寿裳、钱均南、朱蓬仙等当年在日本办《民报》时期听讲诸人,而且连章氏长婿龚未生也未收入。由此可见,是否入选《弟子录》的确不能作为"章门弟子"的衡量标准。自然,这份《弟子录》虽不完备,但既然是章太炎亲自编印并且做过修订,其中被收录之人当然是章氏印象较深且认可的弟子,其人数"约计五十人左右"。但令人遗憾的是,无论是1932年初刻本,还是1933年修订本,迄今均未发现。不过,当代学者卢毅在《钱玄同日记》之影印本中发现了一些很有价值的线索[1]。他根据有关史料推断出钱玄同第一次是在1933年1月2日,通过魏建功得知《弟子录》收录之名单的,其中共有22人(即其日记第4592页右上分页所记19人加上已故3人)。这应是章太炎1932年年底最初刊刻的《弟子录》。由于这份《弟子录》遗漏了许多人,钱玄同显然感到十分意外,以至一时难以判断这究竟是"断烂朝报"还是有什么"微言大义"。而他在1933年7月3日第二次见到的,则是吴承仕寄来的该年3月修订后的《弟子录》。按章太炎所说"所录约计五十人左右",这一次新收入了周作人等人。对此钱玄同大吃一惊:"其中竟有启明"。于是他立刻拜访了刚从章氏处归来的吴承仕以了解有关内情,并随即于次日也就是该年7月4日给周作人写信告知此事。钱玄同之所以对周作人入选感到吃惊,大概是因为周作人早已写过《谢本师》反出师门之故。不过如果联想到太炎先生一贯对弟子的宽容态度,如他不仅在1932年北游时与周作人一起

---

[1] 卢毅:《关于"章门弟子录"的考订》,《鲁迅研究月刊》,2005年第8期。

赴宴照相，还为其手书条幅事来看，补收周作人也是不难理解的。但为何却不补入鲁迅呢？太炎先生显然不会健忘到只能想到周作人却忘记周树人吧，何况当年他被袁世凯软禁京城时，鲁迅还是常去探望的呢！此外，钱玄同在该年日记首页空白处（第4591页）还写下了以下人名：黄子通、幼渔、兼士、启明、叔永、豫才等。这些人中大部分显然也是章门弟子，其余的也和章氏有关。卢毅认为，可以肯定的是，这不是《弟子录》本身的内容，因为其中包括了第一次未收入的周作人以及始终未收入的黄子通、任鸿隽、鲁迅、许寿裳、钱均甫。由此来看，这或许是钱玄同1933年1月2日首次目睹《弟子录》之后，在回忆当年同门情况时所留下的一份记录。

  实事求是地说，真正有资格成为章门弟子的，首先应该是当年在日本听太炎先生讲学者。而且应该是那些基本上按时听讲者，而不是仅仅听过一两次者。其次，要成为章门弟子当然要得到太炎先生自己的认可，但这有很大难度。虽然太炎先生在自己著作中提及很多弟子，但也有不少弟子没有提及。至于在日常生活中他只是口头承认为其弟子者，这样的情况也许不是没有，但至今恐怕已难确认——因为当事人大都已经去世。

  此外，一个比较好的方法是根据入门早晚和学术成就大小以及章太炎本人的一些评价，对其弟子进行分类。据说太炎先生的弟子有门生、弟子和普通学生之分，是否在效仿孔子的弟子三千、贤人七十二呢？不过周作人对此说法表示怀疑。1950年1月26日，他在《章太炎的弟子》一文中说："章太炎先生的弟子很多，虽然传闻其间有门人、弟子、学生三种区别，但照他老先生的性格看来，恐怕未必是事实。大概有些正式磕过头的，或者以此自豪，而同门中以时代先后，分出东京、北京、苏州几个段落来的也未始没有，不过实际上并无此等阶级，曾见苏州印行的同门录，收录得很广。"尽管可能没有三六九等之分，但学术成就高低有别却是事实，且太炎先生对多位弟子也有自己的评价。

  在章太炎眼里，弟子中成就最高且他最喜欢的就是黄侃，所以一般认为黄侃为其大弟子。而且,在很大程度上,黄侃的学问即便不说已经超过老师,至少也可以和老师并驾齐驱,所以学术界早就有"章黄之学"的说法。杭州西湖边的章太炎纪念馆内,在排列章门弟子时,就是把黄侃排在第一位的。而且,这也得到其他弟子的认可,如周作人就曾经说过,要讲北大名人的故事,黄侃是绝对无法跳过的一个人,"因为他不但是章太炎门下的大弟子,乃是我们的大师兄,他的国学是数一数二的;可是他的脾气怪癖,和他的学问成正比,说起有些事情来,着实令人不能恭维"。此外,还有所谓的"四大天王"之称,即"天王"黄侃、"东王"汪东、"北王"吴承仕、"翼王"钱玄同(后又封朱希祖为"西王",遂成为"五王")。之所以把钱玄同封为"翼王",大概是由于他在以后的新文化运动中鼓吹白话和新文学,又治经时信奉康有为、崔适等人的今文经学,算是学术上已经背叛师门吧(当年翼王石达开也因不满天朝内讧,率十万士兵远走四川)。章太炎在其自述中,也认为:"弟子成就者,蕲春黄侃季刚,归安钱夏季中,海盐朱希祖逷先",还是把黄侃列为第一。在《黄季刚墓志铭》中,他又说黄侃"尤精治古韵,始从余问,后自为家法"。他还曾褒奖黄侃"虽以师礼事余,转相发明者多矣"。在章氏所有弟子中,他认为早已"自成家法"者只有黄侃一人。显然,无论哪种排法,黄侃的名字都高居榜首,且学术成就最高。

然而,黄侃虽然被推举为大弟子,但是否拜师门也是最早就不一定,起码现在没有确凿的史料证明这一点,按照"说有容易说无难"的原则,我们只能对此存疑。此外,钱玄同认识章太炎是在 1906 年。他曾说:"丙午(案:指 1906 年),余留学

黄侃

日本，始谒章公。"①在章门弟子名气较大的众人中，钱玄同应该是较早结识章太炎的，但是否最早也不能断定。而黄侃在《先师刘君小祥会奠文》中说自己"始事章君"在 1907 年，而鲁迅、许寿裳、周作人等听章太炎讲学则是在 1908 年。当时一起在东京听章太炎讲课的最初八个人中，一开始没有黄侃，他是之后加入进去的，且黄侃的年龄并不是最大，其实诸人东京问学时年龄最长者应该是朱希祖。如果他们是同时入师门，按照惯例则应算朱希祖为大弟子。因此，今天人们提及黄侃为大弟子时，其实主要是根据其学术成就和继承章太炎衣钵而言，不是已经有"章黄之学"的说法么？

既然黄侃学术成就最高又得到章氏自己的认可，黄侃为"天王"就是自然而然的了。至于指汪东为"东王"自有其原因。黄侃性格古怪，常常会和别人闹矛盾，比如与"五王"中的吴承仕和钱玄同，因此众师兄弟对其大都敬而远之。但是黄侃去世前六七年在南京中央大学与汪东共事时，汪为中央大学文学院院长，黄为教授，二人却从未产生过矛盾。不仅没有矛盾，而且黄侃表现出少有的听话，所以太炎先生戏谓黄为"天王"，汪为"东王"。朱希祖《答旭初见赠十一用寺韵》一诗中有句云"文章要借江山助，此亦足使天王驯"。诗下小注云："季刚才高气盛，到处龃龉不能容，晚年在南京六七年，与君始终相安。盖惟君能下之，而又能驯之也。故本师戏谓季刚为天王，君为东王。"②当年的太平天国天王洪秀全，自以为上帝之子，拥有至高无上的权力，但东王杨秀清却称能代上帝发言，所以洪秀全反而常受其节制。太炎先生以太平天国诸王之关系，来比喻门下诸子，确实很有意思。它不仅表现出太炎先生的幽默风趣，也表现出章太炎对自己学术地位的肯定——既然手下有"五王"，则章氏自己就是学术界的"天子"无疑了。"章门五王"说，在当时的学界流传甚广。如朱希祖逝世后，于右任挽联即曰：

---

① 钱玄同：《刘申叔先生遗书序》。
② 张国华主编：《文史大家朱希祖》，学林出版社 2002 年版，第 127 页。

"稽古证今东汉儒林兼许郑,传薪革命西王封号比汪吴。"顾颉刚挽诗则曰:"万卷藏书任取资,焚膏矻矻是生涯。大封合畀西王爵,勘验余杭戏谑词。"这些皆为明证。

不过,接下来断定谁是二弟子就有些困难,一般公认为钱玄同,在杭州西湖边的章太炎纪念馆就是如此排列的。但学术界也有"南黄(侃)北吴(承仕)"的说法,如此则吴承仕应为二弟子。自然这其实不很重要,也没有听说钱、吴二人对此有什么争议,尽管他们的关系以后闹得很僵,但似乎与此无关。至于谁为三弟子、四弟子更是属于无人关注的问题,自不必考证。

"四大天王"中,吴承仕的经历有些特殊,值得介绍。吴承仕为安徽歙县人,1915年拜太炎先生为师,算是入师门较晚者。不过,他在太炎先生被袁世凯软禁时,曾笔录太炎先生言论,集为《菿汉微言》,一时成名。1936年华北事变后,抗日大势已定,吴承仕大概就是此时投笔从戎、弃治学而谈时政的。1937年北平沦陷后,吴承仕化名汪少白,在天津从事地下抗日救亡运动,两年多未与家人联系。1939年8月,他不幸患上伤寒,在天津无法医治,只好悄悄回到北平,住在一个亲戚家中。后经友人帮助入协和医院治疗,终以肠穿孔抢救无效,于9月21日去世。就在其患病之前,他曾致电同门汪东,言"始遭名捕,继复利诱。夙承师训,义不如身,两年以来,日撰抗敌文告及秘密撰稿,不下三十万言。诚恐津局一变,音问将绝,故略陈近况"。因此,吴承仕去世消息一传开,全国即误传其为日寇杀害,11月重庆又有报载其为日寇肢解以死,举国震动。当时连延安也开了追悼会,毛泽东亲自撰写挽联曰:"老成凋谢。"周恩来挽联曰:"孤悬敌区,舍身成仁,不愧青年训导;重整国学,努力启蒙,足资后学楷模。"以后,中共召开"七大"时,将吴承仕列入烈士名单,这在章门弟子中虽然不是绝无仅有,但在那时却是独一无二。至于学术上,吴承仕虽然不如黄侃,却也有自己的特色。章太炎在给吴承仕的信中,曾对吴的《经籍旧音辨证》作过这样的高度评价:"足下于旧音用功完密,创发正五百余事,洵为核实。"此外,章太炎曾对自己的两个高足作了这样的比较,说吴承仕"文不如季刚,而为学笃实过之",当是确切之语。

且说当年在东京听章太炎小班课的八个人,日后都成为中国文学史或学术史上的杰出人物,似乎可以称为"八大金刚"。所谓名师出高徒,的确不是虚言。

八个人中,钱玄同及周氏兄弟后面会有专文介绍。朱希祖是著名的历史学家,著有《中国史学通论》等专著。1911年他曾集资刊刻太炎先生的《小学答问》,鲁迅还出资15元,该书于1912年出版。1913年为教育部起草国语注音字母方案,后受聘任北京大学预科教员兼清史馆编修。袁世凯称帝时,他愤而辞去编修,表现出和老师一样的气节。朱希祖除潜心学术外,还是一位著名的收藏家,专门收集古书。朱的绰号是"朱胡子"、"吾要",周作人在《知堂回想录》中曾说:"尤其是在旧书业的人们中间,提起朱胡子来,几乎无人不知,而且有点敬远的神气。因为朱君多收藏古书,对于此道很是精明,听见人说珍本旧钞,便揎袖攘臂,连说:吾要,吾要,连书业专门的人也有时弄不过他,所以朋友们有时也叫他作吾要,这是浙西方言,里边也含有幽默的意思。"朱希祖的藏书室名为"郦亭",几十年积累下来,他的藏书最多时有25万册,百余万卷,其中很多是善本、孤本。如明抄宋本《水经注》曾被王国维誉为《水经注》诸版本中第一,章太炎、王国维曾先后为此书作跋,许寿裳、汪东二先生为此书题签,连胡适也为此书写了考证文章。章太炎对朱希祖的评价是"逖先博览,能知条理",此言比较平实,与对黄侃的评价相差甚远,却大致符合实际。朱希祖曾在北大主讲中国文学史,是我国大学文科中自设置历史系以来的首任系主任。整体而言,朱希祖是继承太炎先生学术并有所发扬广大的,不失为太炎先生的优秀弟子。

八人之中的朱宗莱,字蓬仙,一字布宣,生于1881年,浙江海宁人。他祖父紫翔和父亲宝瑗都是儒学官,因而得到很好的家庭教育。他应童子试时,海宁州知州事林孝恂看到他的文章,很是赏识。1900年,知州将儿子林长民和朱宗莱一起送往日本留学。两年后,朱宗莱因父丧归国。1904年,朱宗莱再赴日本留学,入早稻田大学文科班,此时,鲁迅弃医从文也在日本求学,从此两人结为挚友,并一同成为太炎先生的弟子。归国后曾任北大教授,并和鲁迅一起积极从事古籍校勘,为挽救一些濒于毁坏的古籍做出了贡献。可惜的是,1919年9月间,朱宗莱患伤寒病逝于北京,年仅39岁。据鲁迅先生书信中所言,大概也是庸医误人。其治学领域主要也是在小学,著有《文字学形义》、《文字述谊》等。他有一诗曾这样描述其酷爱读书:"不求富贵与功名,教读生涯过此生。园饶花木春长在,室有图书梦亦馨。何须文萧矜华服,只借诗书争三更。"

八人中的许寿裳,字季弗,是这个八人小班的发起人,也是鲁迅一生最好的朋友。他曾长期追随其同乡蔡元培在教育部、中央研究院等任职,所著《章炳麟传》,是研究太炎先生者不可不看的重要著作。关于他和太炎先生以及和鲁迅的友谊,后面还有详细介绍。

八人之中,钱家治一般读者可能不太熟悉,但如果说大科学家钱学森,则几乎是家喻户晓,而其父就是钱家治。他也曾在著名的浙江两级师范学堂任教并在当时的国民教育部任职,和鲁迅、许寿裳为同事,但在学术上似乎不如其他几人。

八人中还有一人身份有些特别,就是龚未生(又名保铨),他是章太炎的女婿,17岁即到日本留学,20岁参加同盟会,积极参与反清革命事业。周氏兄弟就是通过他的关系认识章太炎的。辛亥革命后曾任浙江图书馆馆长,曾木刻印制其岳父大人的《章氏丛书》,并因为康有为、梁启超系章太炎的论敌,全馆竟没有收藏一部康梁的著作。

如此,对于"章门弟子",我们似乎可以这样分类:第一等的是"四大天王"或者说"五大天王",无论事实上或形式上是否还有比他们还早入师门者;就学术成就言,章太炎自当以他们为最出色之弟子。第二等者应为当初东京听讲的那八个人,此为"黄埔二期",就学术成就言,绝对不比第一等差甚至有过之而无不及,如周氏兄弟的新文学成就。但就承继发扬章太炎学术言,自然不如前述之"天王"级人物,对此我们似可称为"八大金刚"。至于最早收入《章门弟子录》的那些,除了上述12人外,差不多还有30余人,那就称作是"三十六贤人"好了,此为"黄埔三期"。再之后入门者,似都可算作一般意义上的"弟子",也就没有必要分类分期了。

2. 章太炎的大弟子为黄侃基本上没有疑义了,但其关门弟子究竟为谁似乎也是未有定论。为写此书笔者曾上网查询及查阅有关书面资料,结果对章氏关门弟子有以下几种说法,一说为朱季海,一说为汤炳正,还有一说为姚奠中。之所以说他们为章氏关门弟子,则因为他们都是当年苏州章氏国学讲习会的学生。但究竟谁最晚被太炎先生承认为关门弟子的,迄今似没有确凿证据,太炎先生自己并未就此说过什么,查其多种年谱,对此也没有记录。查朱季海生平,知其16岁即跟随太炎先生,是其最小的弟子,因聪明过人而又十分用功,深为章太炎器重,称其为"千里驹"。而他16岁那年是1932年,则除非之后太炎先生再也没有收过弟子,不然就不能说他是关门弟子。不过,朱氏自己也承认不是关门弟子(见下引文)。而汤炳正是1935年进入章氏国学讲习会学习的,在时间上显然晚于朱季海,但是否为最后一个也难以断定。不过章氏对其期望很高,许他为"承继绝学惟一有望之人"①。据说当时有人向章先生询问此话的含义,始知大师是以清代大儒戴震门下的高足孔广森来赞美汤炳正。再看姚奠中,他也是1935年进入章氏讲习会,是太炎先生晚年所收的七个研究生之一,据说录取成绩为第四名。但既然同属于七人之一,则很难说是关门弟子,至多也只能说七人都是。不过,无论怎样,他们都属于太炎先生晚年所收弟

---

① 见天津《大公报》1936年6月17日关于章太炎追悼会的报道。

子是毫无疑义的。这里且引一些有关介绍文章如下:

江南的苏州有一处双塔公园,园中矗立的双塔,被看做两支笔,是该城的文化象征之一。一代宗师章太炎的故居便在附近。

每日早上的十点到中午十二点,公园里"啸轩"外侧走廊拐角的硬木椅总会迎来一位从两里外来这喝茶的老人。老人身边的一张红漆旧木桌上,总是放着充当茶杯的玻璃罐、水壶以及一只小塑料袋。他不和旁人说话,只是静静地看着绿树和阳光,或者闭目养神。庭院的另一侧,一群老人在聊天或者打牌,不时的喧闹声更衬托着前者的孤独。

这位老人,是章太炎的关门弟子——朱季海,今年91岁。鲁迅是其同门师兄,陈寅恪是他同辈学人。其著作《楚辞解故》因深奥难解,被称为"学界天书"。但同鲁迅、陈寅恪等其他文化耆宿不同,这位国学界的传奇人物,似乎一直在大众视野之外。

有人说,在苏州,朱季海资格最老、学问最大、脾气最怪,是个"有点痴有点迂有点怪有点狂的高人"。有人说,朱季海长期穷困潦倒,是一位"无钱、无劳保、无人照顾"的"三无人员"。坊间还有种种传闻。据说章太炎的大弟子黄侃想见其一面却终死未能如愿,朱季海称:"二人皆恃才,不见也罢。"据说南京大学前校长匡亚明要请他出山,老人的答复是:每月薪水由他定,"不能少也不能多","而且每节课只上20分钟,因为我没有水分"。

最近他出山担任一家现代私塾的顾问,更引起多种猜测和讨论。近日,记者前往苏州访问了这位神秘的国学大师。

朱季海老先生是没法约见的,因为他没有任何联系工具,除了写信。要见他只有从早上十点到中午十二点在双塔公园里等着。在友人的引荐下,笔者很幸运地坐到朱老先生面前。当得知记者来自广州,老先生立刻就说,英语的"TEA"就是根据中国南方的茶的发音,因为中国的茶叶最先都是从南方港口运往西方的。这样的开场一下子就让记者紧绷的神经放松了。

这是一位面容清癯、精神矍铄的长者,脸上很少老人斑。他的衣着朴素而优雅:一顶呢绒鸭舌帽,灰夹克,条纹裤,一双呢鞋。对于外界评价他的"三最",他笑眯眯地反问:"我哪里怪了?他们来我这里拿不到他们所需要的东西,就说我怪。"他把手上的报纸拿给我们看,指着上面的一则新闻——"江苏要消灭20万个自然村"。"这是要干什么?"他告诉我们,没钱订报纸,只能买一些便宜的报纸看,并通过这对当下的世界保持着密切的关注。对现在某些人的读书无用论,朱季海说:"孔子没能改变鲁国,可是我们拉长一点时间来看,他却能影响世界。"

而对如今所谓的"复兴国学"、"返回传统",他则表示:"现在不是要返回传统,而是要拾起失落的人文。孔子不是一块招牌,也不是一种魔术——念几声咒语就万事大吉。现在所谓的纪念孔子正是一个'文化盲点'。就像落花流水,几天就没有了。"他接着解释道:"什么叫回到传统?所谓传统就是会一直传下去,传不了的就不是传统。每天都在前进,哪里回得去?"

为什么充当私塾顾问呢?他没有回答,只是无奈地说,原来说好的只是形式上挂个名,不采访,不拍照,现在全部不作数了。记者听到一个说法,私塾主人请双塔公园的负责人牵线搭桥,朱季海因为长期受到双塔公园的负责人的照顾,比如免收门票、免费提供开水等等,碍于情面就答应了。

他对现在的环境污染意见很大。"现在是垃圾文明，制造各种垃圾，所以癌症大量地出现。"他甚至对茶叶都表示了极度的不信任："都是农药。"每天都来双塔公园，是"因为没有其他地方可以去了"，他无奈地说。朱季海的卧室就在街边，晚上总是睡不好。因此来双塔有三个目的：保持运动，呼吸新鲜空气，还可以"补觉"。当交谈间听到一个笑话，老先生笑得茶水从口中喷出来，流出了眼泪。

在我们面前的是一位真实可爱的老人。记者做东，请朱季海到饭店吃饭，一走进大厅，朱季海就说空气不好，都是油烟味。点饮料的时候，朱季海建议喝红酒——"喝点红酒对心脏有好处"，同时要兑着果汁喝。

他害怕生病，因为"看不起病，也没有人照顾"。因此朱季海说，活在当下要做学问，首先就是要"保护自己"。朱季海说自己已经买不起书，每个月的收入，还不够吃饭和穿衣。复兴私塾的负责人傅奇告诉记者，朱季海中午有时候到路边的小店吃点东西，有时候不吃饭。双塔公园里的一位老妈妈看他可怜，有时候中午做了饭请他一起吃。

朱季海1916年出生。他的父亲也是一位读书人，曾经留学日本，与革命领袖黄兴相识。朱季海16岁起师从章太炎。对于"章太炎最后的弟子"一说，朱季海说自己并不是最后一个听章太炎讲课的学生，因为章太炎晚年授课是开放式的：交点钱，谁都可以来听。他是其中年纪最小的弟子之一，章太炎十分器重这个聪明而用功的学生，称其为"千里驹"，并委以重任，所以外界有"最后的弟子"一说。

"太炎先生讲《说文解字》是一个字一个字地讲，每课必到的就是鲁迅和朱希祖，鲁迅还做了笔记，现在就放在鲁迅纪念馆里。他后来却说'一句也不记得了'。"朱季海认为这是当时鲁迅要表明自己的所谓"革命立场","这是一种'左派幼稚病'"。

"章老师要我办两件事:一件是筹办章氏国学讲习所;一件是创办《制言》杂志。"朱季海回忆说,自己跟章先生学习,主要的方式就是聊天。章氏国学讲习所于1935年创办后,章太炎指定朱季海担任主讲人,当时朱才20岁左右。可以想象一下,一个弱冠青年为一群比自己年长的读书人讲学,是何等的意气风发。……①

再看汤炳正(1910—1998年),他字景麟,室名渊研楼,山东荣成人。著名语言学家和楚辞学专家。1935年大学毕业后,考入苏州"章氏国学讲习会"研究班,受业于章太炎先生。他在学术思想与治学方法上深受章太炎先生影响,又能有所发展。治学严谨,能于小中见大,特别是对屈赋中许多难解之谜,能提出新的观点和见解,深受学术界重视。曾任四川师范大学教授、中国屈原学会会长、《楚辞研究》主编、中国诗经学会和章太炎研究学会顾问等。著有《语言之起源》、《屈赋新探》、《楚辞类稿》等。兹举其《语言之起源》一书来看其学术见解之精到,其中《语言起源之商榷》一篇,是他语言文字学中最具代表性最具影响力的一篇划时代论著,也是他语言起源学说方面的纲领性论著。在这篇论文中,他提出了语言起源于"容态"与"声感"语的观点。他说,当先民由"手势语"进入"口头语"(即声音符号)的初步阶段,口头语总是通过这种特征来表达事物形态或性质的。如"狗"与"犬"二名,皆以口吻形状之圆曲,表达其尾巴钩卷的特征等等。他这篇论文在20世纪40年代问世后,即极大地"震动"了当时的学术界。而现在当人们重新饶有兴趣地审读他的这个论断时,有学者站出来指出:汤炳正语

---

① http://hi.baidu.com/lxdsjing/blog/item。

源学说,"为世人揭开了人类语言起源之谜","其重大理论意义当能激发起世人之共识"①。

至于姚奠中先生,则因其潜心编著的《章太炎学术年谱》等大作更为世人所熟知。他1913年5月生于山西省稷山县。早年从民主革命家、国学大师章太炎研究国学。先后在各高校任教60余年,出版有《论文选》和《诗文辑存》等文史哲著述十余种。又是书法大家,其书法多写自作诗,和画、印一起,被称为"四绝"。不仅学术,其书法也从太炎先生那里获益良多。太炎先生曾指教他说:"学篆要写《汉碑头》,学隶要写《石门颂》,学魏要写《郑文公》。字要能放得开,也要能收得住。"太炎先生还让姚奠中参考《天发神谶碑》和《魏三体石经》,然后融汇诸家,才能百尺竿头更进一步。姚奠中晚年回忆起从章太炎学习的这段历程,常常说:"受教章门,使自己眼界宽了,思路广了,功夫扎实了。学问如此,书法也如此。"②十年"文革"晚期,太炎先生的夫人汤国黎写信给周恩来,要求组织力量整理太炎先生的遗著,并推荐姚奠中参与其事。当时高校教学还没有回复正常,各种资料难以查询,姚奠中本想先写一部传记,却限于形势没有出版。"文革"结束后,姚奠中决定编辑一部章太炎的学术年谱,即与其弟子董国炎合作,耗费极大心血,终于在1993年完成《章太炎学术年谱》的著作,也是对弘扬太炎先生学术做出了一个弟子应有的贡献。

二、本是同根生,偏偏相煎急

3. 在太炎先生的众多弟子中,有所谓的嫡系和非嫡系的说法,或者说有浙系和外省的说法。我们看20世纪中国文学史、教育史和学术史,几乎在每个阶段的每个重要领域,都有章门弟子的

---

① 参看汤序波:《先祖汤炳正(景麟)传略》中有关论述。
② 参看《中国书法家论坛》中之《田树苌书法文论》,《章太炎与姚奠中》。

身影,而其中原籍浙江者更是大出风头:马幼渔、马叔平兄弟,周氏兄弟,钱玄同、许寿裳、刘半农、沈兼士、沈尹默兄弟等。这些浙籍的弟子,因其与太炎先生为同乡,自然在交往方面更觉亲切自然,尤其是太炎先生终生乡音未改,即便在讲学时也如此,所以这些浙籍弟子与其交往自然更加方便。至于同是早期成为章氏弟子的黄侃、汪东、吴承仕三人,却都非浙籍,虽然太炎先生把他们当做最心爱的弟子,"四大天王"中他们就占据三席,但他们与其他浙籍弟子的交往却不十分融洽。这可以从《钱玄同日记》中有关记载看出来,钱玄同爱好与同门交往,常拜访"三沈二马二周"("三沈"即沈士远、沈尹默、沈兼士三昆仲,"二马"是马幼渔、马衡),当时他们均为北大教授(鲁迅因在教育部任职故只能是讲师),但他却很少与黄侃、吴承仕等人交往。至于吴承仕,由于他直到民国初年章太炎被囚北京时才正式问学于章氏,所以也自然招致一些入门早于他的章门弟子的腹诽,如杨树达所言"其同门……以检斋列章门稍后,每非议之"①。

弟子之间有分歧,本也属自然。除却狭隘的地理家乡观念外,章门弟子之间的分歧深层的原因还是思想学术方面的。其中最为人所熟知的有鲁迅与钱玄同的分歧,钱玄同与黄侃的分歧,对此后面有专章述及,故这里只说其他。

五四前后时期的北大,特别是在蔡元培掌北大之后,基本是为浙籍人士掌控,其中文科教授中更多为章门弟子。但黄侃却离开北大,原因即是"为同门者所挤"。查黄侃于 1914 年进入北大,到 1919 年离开前往武汉大学任教,这一时期正好是浙籍人士开始占据北大的时期。当初他进北大时,是由文科学长夏锡祺向校长胡仁源推荐的,这二人虽都是浙江人,但还是看重黄侃之学术水平而接纳。1917 年蔡元培掌北大,浙籍人开始更多地进入北大,胡适回国也到北大任教,此为欧美留学派进入北大之先声。一般以为

---

① 杨树达:《积微翁回忆录·积微居诗文钞》,上海古籍出版社 1986 年版,第 26 页。

黄侃离开北大,缘于他和欧美派不和,但其实也是由于和浙籍师弟之间有隙。因为其性格古怪,又自视学问高人一筹而目中无人,自然遭到同门排挤。而在文学发展观方面,胡适与周氏兄弟、钱玄同等正大力鼓吹白话文学,欧美派和章氏浙籍弟子的天作之合,自然遭到黄侃的不满和嘲讽,学术思想的分歧早已压过师门之谊。

对于黄侃之激烈反对新文化和新文学,有很多材料可做佐证。如有人回忆黄侃说:"抨击白话文不遗余力,每次上课必定对白话文痛骂一番,然后才开始讲课。五十分钟上课时间,大约有三十分钟要用在骂白话文上面。他骂的对象为胡适之、沈尹默、钱玄同几位先生。"①关于黄侃和提倡新文学诸公之间的矛盾,至今仍有很多段子流传。姑转述几则,以资谈助。

据说有一次黄侃和胡适赴同一宴会,席上胡适正在谈论墨学,黄侃听见便骂道:"现在讲墨学的人,都是些混账王八!"胡适自然十分不自在,但也不好发作。黄侃又大笑道:"便是适之的尊翁,也是混账王八!"胡适大怒。黄侃却笑曰:"胡君且息怒,我是在试试你。墨子讲兼爱,是无父也。你今有父,何足以谈论墨学?"众人不禁哈哈大笑,胡适竟无言以对。

又一次,黄侃在讲课时赞美文言文的高明,反对白话文,他举例说:"比如胡适的太太死了,他的家人如果用白话打电报,一定要说:你的太太死了!赶快回来啊!要用11个字,如果用文言,则只须'妻丧速归'四个字即可。"

黄侃曾质问胡适:"你口口声声要推广白话文,未必出于真心。"胡适不解其意,问为什么。黄侃说:"如果你身体力行的话,名字就不应叫胡适,应称'往哪里去'才对。"胡适对此刁难之语,也是无法反驳。

显然,正是由于黄侃和胡适、钱玄同等在很多学术观点上有重大的原则性分歧,所以一旦新文化运动领导者掌握北大文科大权,

---

① 杨亮功:《早期三十年的教学生活》,《杨亮功先生丛著》,第664页。

则他们必然有针锋相对的斗争,对此外界也看得十分清楚。1919年3月18日,北洋政府安福系的喉舌《公言报》发表《请看北京学界思潮变迁之近状》一文,其中评述说:"国立北京大学,自蔡孑民氏任校长后,气象为之一变,尤以文科为甚。文科学长陈独秀氏,以新派首领自居,平昔主张新文学甚力。教员中与陈氏沆瀣一气者,有胡适、钱玄同、刘半农、沈尹默等。……既前后抒其议论于《新青年》杂志……近又由其同派之学生,组织一种杂志曰《新潮》者,以张皇其学说。""顾同时与之对峙者,有旧文学一派。旧派中以刘师培氏为之首,其他如黄侃、马叙伦等,则与刘氏结合……亦组织一种杂志,曰《国故》。……二派杂志,旗鼓相当,互相争辩,当亦有裨于文化。第不言忘其辩论之范围,纯任意气,各以恶声相报复耳。"在这种情况下,黄侃之离开北大就是早晚必定会发生的了。至于这期间其妻子和孩子先后去世,也可能是一个原因,他不愿再睹物思人,宁愿换一个环境。

此外,据今人卢毅的观点,钱玄同与吴承仕之间在晚年也发生了一些矛盾,以致吴玉章在挽吴氏联中即说其"受同事排挤"。此事缘起于吴承仕向来在师大开设一门"三礼名物"课程,但到了1933年,作为师大国文系主任的钱玄同却一定要将之废除。至于原因,据黎锦熙猜测,"钱先生实在是不慊于吴先生之专据《三礼注疏》,不辨'古文家'说之疑伪而一律认为真实"。吴承仕常说他这门课可以叫做"封建时代的衣食住行",但钱玄同却说恐怕还要加上几个字,即"封建时代郑、孔、贾所说的衣食住行"。这实际上就是已经转向今文经学的钱玄同和依然坚持古文经学的吴承仕之间的学术分歧。不过,卢毅认为还有一种可能,即因吴承仕此时已转向信仰马克思主义,故引起钱玄同的不满,他在这一时期的日记中就指责吴氏"投机、腐化、恶化"。卢毅认为,以上二说无论何种更确切,都说明他们二人之间的矛盾主要是由于思想观点的分歧所导致①。

其实,说到他们二人的不和,并不仅仅在于这门课是否该开。也是在20世纪30年代初,在北京的章门弟子决定集资刻《章氏丛书续编》,并议决由钱玄同和吴承仕两人主持此事。太炎先生以为出书不是什么复杂的事情,但书却老是刻不出来,太炎先生就有些不开心,即去信询问并责怪他们办事不力。其实刻版出书并不简单,特别是其中有些部分要钱玄同手写之后才能刻板,而钱玄同恰恰此时身体不佳。结果章太炎来信责怪,两位弟子就分别写信解释,可能信中也各自为自己辩护,并都告了对方的状。吴承仕的信中就说钱玄同"思想蜕化",对此章太炎有些生气,又去信说既然两人合作不好,干脆就不让钱玄同再问此事,而由吴承仕一人主持。章太炎还在1935年2月给吴承仕的信中说"《三体石经考》系玄同所手书,后附跋尾,亦玄同嘱为之。如其思想蜕化,于前跋又有不惬,不妨将前跋删去,但谢其写校之劳而已"。对此钱玄同自然大不高兴,他也许不会迁怒于章太炎,却对吴承仕更有反感。好在后来太炎先生对钱玄同之知甚深,并且在收到钱玄同的信后得知其确实有病,钱、吴之间其实也是有些误会。于是章太炎又给吴承仕写信说:"得玄同来书,其辞平正而哀委,非蜕化,实缘病因。且刻以阴历三月之杪,必可出书。如是自堪慰藉,已复书止其哀痛矣。玄同以半农、晦闻云亡,时时出涕,不可谓非有情人。其得病亦颇类中风,所谓神经性者是也。始慕嵇阮,亦为增病之药,今慕颜之推,庶几得侯氏黑散矣。"从上述言辞可以看出,太炎先生感到自己错怪了钱玄同,为此他特意在钱氏的手书后作跋,赞扬钱氏的功劳,并丝毫未提及钱氏的所谓思想蜕化之事。虽然如此,钱、吴二人之间的矛盾却并未消除。

再说钱玄同和吴承仕及黄侃三人之间,其实早就有过纠葛。钱、黄之间我们在后面会专门论述,且说他们三人之间的这次矛

---

① 卢毅:《试析章门弟子的内部分化》,《东方论坛》,2007年第6期。

盾。那是在1926年，吴承仕担任北京师范大学国文系主任，钱玄同因事请假半年，吴承仕即请黄侃来代课。但黄侃口无遮拦，在课堂上讲话过于随便，引起女生不满，并向吴承仕反映。吴承仕自然要劝告黄侃，但黄侃之个性使然，反而怨吴承仕多事，并怀疑是钱玄同从中挑拨，还作诗进行嘲讽曰："芳湖联蜀党，浙派起钱疯"，还是对章门弟子中的浙派有所不满。据说，黄侃为此最后辞去教授之职。本来黄侃一直是借住在吴承仕家的，搬家时，他竟架上梯子，爬到梁上写下一行大字"天下第一凶宅"。吴承仕感到冤屈，只好向章太炎告"御状"。太炎先生回信曰："季刚性情乖戾，人所素谂。去岁曾以忠信敬笃勉之，彼甚不服。来书所说事状，先已从季刚弟子某君闻其概略，彼亦云吴先生是，而黄先生非也。"这样，章太炎的"四大天王"中，竟然有三个先后反目，并分道扬镳了，实在是令人痛心之事。只有汪东一人，似乎和其余诸位师兄弟，关系还算不错，至少没有传出什么大的矛盾来。

说到章门弟子之间的恩恩怨怨，还有一个人值得一说，那就是孙世扬。当年黄侃在北大教书时有一批与其关系很好的弟子，如范文澜、孙世扬、曾缄，其中后二人被称为"黄门侍郎"。周作人在《知堂回想录》中说：朱希祖是章太炎先生的弟子，在北大主讲中国文学史，但是他的海盐话很不好懂，在江苏浙江的学生还不妨事，有些北方人听到毕业还是不明白。但是北方学生很是老实，虽然听不懂他的说话，却很安分，不曾表示反对，那些出来和他为难的反而是南方尤其是浙江的学生，这也是一件很有趣的事。在同班的学生中有一位姓范的，他捣乱得顶利害，可是外面一点都看不出来，大家还觉得他是用功安分的好学生。在他毕业之后，才自己告诉我们说，凡遇见讲义上有什么漏洞可指的时候，他自己并不出头开口，只写一小纸条搓团，丢给别的学生，让他起来说话，于是每星期几乎总有人对先生质问指摘。这已经闹得教员很窘了，末了不知怎么又有什么匿名信出现，作恶毒的人身攻击，也不清楚这是什么人的主动。学校方面终于弄得不能不问了，于是把一位向来出头反对他们的学生,在将要毕业之前除了名,而那位姓范的仁兄安然毕业,成了文学士。这位姓范的是区区的同乡,而那顶缸的姓孙的则是朱老夫子自己的同乡,都是浙江人,可以说是颇有意思的一段因缘①。

周作人说的范某,即范文澜;顶缸的孙某,就是孙世扬。山不转水转,后来这孙世扬竟然成为太炎先生的家庭教师兼秘书,最后也拜在太炎门下。由此还有一个掌故,说黄侃在南京中央大学任教时,每年大年初一都乘火车到苏州给章太炎磕头拜年,然后再回南京接受自己的弟子拜年。不过,这孙世扬的身份比较特殊,他既是黄侃的弟子,又是太炎先生的家庭教师。结果拜年时,主客坐定,仆人端上茶来。第一杯自然敬客人,于是端给黄侃;黄侃当然不敢当,又转敬给太炎先生;但按照旧俗这东家是要敬西席(家庭教师)的,于是这杯茶又转敬给了孙世扬;孙世扬看老师黄侃在场,哪敢接过,于是只好再把茶端给黄侃,黄侃再敬老师,这样敬上几圈,礼仪才算结束。至于最后到底是谁先喝此杯茶,已不可考,一笑。

按周作人的说法,这孙世扬是因为朱希祖的原因被北大开除的,但从现存资料可以看出,朱希祖与孙世扬的私交却很不错。如太炎先生在苏州设国学讲习会时,曾让朱希祖前往授课,每次坐火车从南京动身,总是夜间到达苏州,而接站的总是孙世扬。大概此时的他们早已忘却当年的那些琐屑小过节了吧。

---

① 周作人:《知堂回想录》,香港三育图书有限公司1980年版,第352—353页。

第五章 章门高足的恩恩怨怨
——钱玄同与黄季刚

一、激进、再激进的钱玄同

1. 章太炎门下众多弟子,若论性格古怪,黄侃和钱玄同可谓最突出者。他们不仅在学术上是众弟子中的佼佼者,而且其特立独行、我行我素的个性也使他们在那个时代中显得格外引人注目。时至今日,不仅他们力倡思想自由、学术独立的一些言行已经成为 20 世纪中国知识分子的楷模,即便是他们的很多逸闻趣事,也令很多人为之着迷而津津乐道。可惜,这样卓越的两位学者,不仅均未能长寿,而且在学术思想和文学观念等重大问题上常常分歧多于合作,其各自的倔强个性更使他们在日常交往中不时擦出对抗的火花,使后人在阅读他们的交往历史时不禁生出"既生瑜何生亮"的感慨。且让我们慢慢道来。

钱玄同,生于 1887 年,原籍是浙江吴兴,曾用过不少其他名字,最为人所知的是一个"夏"字,五四运动前改名为玄同,号疑古,有时自称为疑古玄同。其父名振常,是同治间举人,曾任绍兴书院院长。当年蔡元培在书院读书时,常受到他的赞许。钱玄同是其父 62 岁时所生,所以与其兄钱恂相差 34 岁而与其侄子钱稻

钱玄同

孙年龄相同,故钱恂对他多以对子女之态度,但兄弟二人感情甚洽。钱恂在中国近代史上可是一位名人,曾历任中国驻日、英、法、德、俄等多国的公使或参赞,与很多中外政治家、政界名人有密切交往。其夫人单士厘也是赫赫有名,是中国最早跨出国门走向世界的女性之一,著有《癸卯旅行记》和《归潜记》等,并由钟叔河编入著名的《走向世界丛书》①。

由于是老年得子,钱玄同之父对钱玄同既疼爱又要求严格,所谓"望子成龙"心切吧。由此钱玄同四岁就开始读书,教师就是他父亲。钱玄同每天都要站在书架前读他父亲亲自贴在书架上的一张张纸条,上面写满了《尔雅》词义等。由于站立时间过长,钱玄同到傍晚两腿已无法走路,家人不得不抱着他回房间休息。就是如此严格的读书生活,为其日后的学术事业奠定了坚实的基础,也摧毁了身体。钱玄同晚年时曾告诉其朋友和弟子,说他之所以害怕走路,就是因为小时候站着看书看坏了。看书没有看坏眼睛却看坏了腿脚,这在历史上也算是罕见之事了。

1902 年,钱玄同 16 岁那年原本要参加科举考试,但因母亲去

---

① 曹述敬:《钱玄同年谱》,齐鲁书社 1986 年版,第 1—2 页。

世而放弃。1903年，正是"苏报案"发生，章太炎被抓的那一年，钱玄同开始接触章太炎的著作，有机会读到其《驳康有为论革命书》和邹容的《革命军》，思想受到极大震动，从此萌生反清排满的革命思想。不久他即剪掉辫子以示"义不帝清"之决绝态度。1904年，他和几个朋友开始办一份白话小报，封面上不愿写"光绪三十年"而欲写成"黄帝纪元四千六百零二年"，但这样写肯定不能出版，最后只好写为"甲辰年"，总之就是不愿再用清朝年号纪年。此后，因其兄钱恂在日本担任外交使节，钱玄同也想去日本留学。1906年，钱玄同在结婚后终于于当年九月赴日本，入东京早稻田大学师范科学习。

也许是注定他一生要和章太炎有着不解之缘，他到东京时也正好是章太炎出狱来到东京的时候，在其兄钱恂的介绍下，钱玄同得以在《民报》社拜见章太炎。此时的章太炎正是风云人物，他很自然就对章太炎产生"极端地崇拜"之感情，随即拜其为师，此为1906年秋天。不久，他就在章太炎的介绍下加入同盟会，正式参与反清革命活动。之后，他又认识了刘师培、黄侃等人，他们时常在一起切磋学术，引领钱玄同在学术上步入新的阶段。

1908年，章太炎特意为许寿裳、周氏兄弟和钱玄同等八人开设的小班讲学开始，钱玄同是其中最活泼好动的一个，也是最喜欢提问题的一个。由于他们是席地而坐，钱玄同常在席子上爬来爬去，所以鲁迅还送他一个外号"爬来爬去"，有时还叫他为"爬翁"，师生之间的和谐融洽和听课情景可见一斑。周作人后来曾在回忆录中对那段听课经历有极为生动的描述：

> 一总是八个听讲的人。《民报》社在小石川区新小川町，一间八席的房子，当中放了一张矮桌子；先生坐在一面，学生围着三面听，用的书是《说文解字》，一个字一个字的讲上去，有的沿用旧说，有的发挥新义，干燥的材料却运用说来，很有趣味。太炎对于阔人要发脾气，可是

对青年学生却是很好，随便谈笑，同家人朋友一般。夏天盘膝坐在那席上，光着膀子，只穿一件长背心，留着一点泥鳅胡须，笑嘻嘻地讲书，庄谐杂出，看去好像一尊庙里哈喇菩萨。①

1910年，钱玄同回国，先后在浙江海宁、湖州、嘉兴和其家乡吴兴担任中学国文教员。1911年，他拜见今文经学大师崔适，从此赞同康有为、崔适等今文经学的观点，实际上是有了两个老师，而在学术上背叛了章太炎。不过，就钱玄同而言，他是抱着"吾爱吾师，吾更爱真理"的态度来对待此事的。而在实际的治学过程中，他是兼通今古文又对它们二者皆不满，认为应该用古文家的话来批评今文家，用今文家的话来批评古文家，以撕破它们的假面目，显示出其真相。为此钱玄同还举了一个生动的例子。说《聊斋志异》上有一段故事，有一个桑生，先后接纳了两个奔女，一个叫莲香，一个自称姓李。结果莲香指责李姓女子为鬼，李女则说莲香为狐。桑生最初怀疑她们是出于嫉妒而互相指责，但后来发现莲香果真为狐，而李姓女子也果真是鬼。今文经学和古文经学就如同此二女子，既然她们都不是人，则互相说对方非人也不错。钱玄同认为他的责任就在于辨明两派真伪，然后剔除错误后接受他们的结论②。

1916年，对于钱玄同来说是一个值得纪念的年份，因为他这一年开始使用"玄同"这个名字，并因此而闻名于20世纪的中国文学史和学术史。次年，陈独秀、胡适等开始文学革命运动，在《新青年》上连续发表文章，并期待有志者加入革命阵营。也是在1917年，蔡元培任北大校长，请陈独秀做文科学长，新文学运动获得可靠的支持。但在开始阶段，还是仅仅局限于少数新派人士，少有知

---

① 周作人：《知堂回想录》，第216页。
② 曹述敬：《钱玄同年谱》，第21页。

名学者的呼应。于是,钱玄同似乎是应了历史的呼唤,挺身而出,为《新青年》投稿,与胡适、陈独秀等通信,开始为新文学运动大唱赞歌,同时以极端激烈的态度对传统文化进行全方位的攻击和批判。他写信给陈独秀:"先生前此著论,力主推翻孔学,改革伦理……玄同对于先生这个主张,认为是救现在中国的唯一办法。"对文学传统,他斥之为"桐城(指以桐城学派为代表的文学风格)谬种"、"选学(指以《昭明文选》为代表的文学风格)妖孽",提出"应烧毁中国书籍";对中国传统戏曲,他认为"今之京戏,理论既无,文章又极恶劣不通",因此"要中国有真戏,非把中国现在的戏馆全数封闭不可";而对中国古典小说,他则认为"旧小说中十分之九,非海淫海盗之作,即神怪不经之谈。否则以迂谬之见,造前代之野史"。至于其最激进的观点就是他甚至提出要"废除汉文",他说:"欲废孔学,不得不先废汉文;欲驱除一般人之幼稚的野蛮的顽固思想,尤不可不先废汉文。"

钱玄同的这些激烈态度,自然与其年轻气盛有关,与其性格有关,也与其早年信奉传统至深,一旦反戈一击,则必然更加激烈之惯性有关。其惊世骇俗之行事态度,正如其师太炎先生1915年赠送给他的陆象山那四句语录:"激烈奋迅,决破罗网,焚烧荆棘,荡夷汙泽。"因此,其言行虽然偏激,但在当时,却非如此不足以引起社会重视以推进社会变革,此所谓矫枉必须过正,不过正不能矫枉也。对此鲁迅的评价极为中肯,他说:"钱玄同先生提倡废止汉字,用罗马字母来替代。这本来也不过是一种文字革新,很平常的,但被不喜欢改革的中国人听见,就大不得了了,于是便放过了比较平和的文学革命,而竭力来骂钱玄同。白话乘了这一个机会,居然减去了很多敌人,反而没有障碍,能够流行了。"①

以钱玄同之章门高足和著名古文大家的身份,出面支持白话文运动和新文学革命,自然使得胡适、陈独秀等又惊又喜。陈独秀

---

① 鲁迅:《无声的中国》。

在与钱玄同的一封通信后写道:"以先生之声韵训诂学大家而提倡通俗的新文学,何忧全国之不景从也。可为文学界浮一大白。"而胡适直到晚年,在回忆到当年提倡白话文时,还依然赞赏钱玄同支持他们的意义:"钱氏原为国学大师章太炎的门人,他对这篇由一位留学生执笔讨论中国文学改良问题的文章(指胡适的《文学改良刍议》,引者注),大为赏识,倒使我受宠若惊。"①

说到钱玄同对白话文和新文化运动的贡献,还有两件大功不能不说。一是他和刘半农唱了一出"双簧",他化名为王敬轩,把自己扮作新文化运动的反对派,历数新文化运动的罪状来攻击《新青年》。而刘半农则以《新青年》记者的身份,对所谓的王敬轩所提问题针锋相对地给予驳斥。这样一骂一反驳,就可以唤起社会舆论的关注,使得新文化运动走向深入和扩大影响。本来,当时尽管《新青年》上关于文学革命和白话文的使用等讨论进行得热火朝天,但一般学人士大夫却很少对此关注,认为他们几个人不会成什么气候,用不着对其进行攻击,等其自生自灭好了。事实上,当时这种可能性是很大的。但等到这"双簧"一唱,才真正地激怒了保守一派,如林纾等就按捺不住写小说和给蔡元培等写信攻击新文学了,如此又引起新文化运动阵营的反击,这场文学革命才没有夭折。

钱玄同的第二件大功是劝告鲁迅动笔写白话小说,也即是说"鲁迅"这个伟大的名字之诞生,实际上钱玄同是它的"助产婆"。对于钱玄同如何多次做鲁迅的"思想工作",劝其写白话小说,鲁迅曾在《呐喊·自序》中有生动具体的回忆:

> 那时偶然来谈的是一个老朋友金心异(即钱玄同,因林纾写小说攻击新文学,即用此名骂钱玄同,故鲁迅亦沿用此名,引者注),将手提的大皮夹放在破桌上,脱下长

---

① 唐德刚:《胡适口述自传》,华东师范大学出版社1993年版,第151页。

衫,对面坐下了,因为怕狗,似乎心房还在怦怦的跳动。

"你抄了这些有什么用?"有一夜,他翻着我那古碑的抄本,发了研究的质问了。

"没有什么用。"

"那么,你抄它是什么意思呢?"

"没有什么意思。"

"我想,你可以做点文章。"

我懂得他的意思了,他们正办《新青年》,然而那时仿佛不特没有人来赞同,并且也还没有人来反对,我想,他们许是感到寂寞了,但是说:

"假如有一间铁屋子,是绝无窗户而万难破毁的,里面有许多熟睡的人们,不久都要闷死了,然而是从昏睡中死灭,并不感到死的悲哀,现在你大嚷起来,惊起了较为清醒的几个人,使这不幸的少数者来受无可挽救的临终的苦楚,你倒以为对得起他们么?"

"然而几个人既然起来,你不能说决没有毁坏这铁屋子的希望。"

是的,我虽然自有我的确信,然而说到希望,却是不能抹杀的,因为希望是在于将来,决不能以我之必无的证明,来折服了他之所谓可有,于是我终于答应他也做文章了,这便是最初的一篇《狂人日记》。从此之后,便一发而不可收。

如今我们完全可以说,正是钱玄同的慧眼识英雄,才促成了鲁迅这个伟大人物的出现。总之,钱玄同在新文化运动中的功绩卓越,不容忽视。例如今天我们广泛运用的标点符号、阿拉伯数字及汉字横排等等,都是钱玄同首先提出的,都是他"提倡白话文的努力"的结果。

2. 且说钱玄同不仅在文化思想上非常激进,在日常生活中也是如此。例如他曾有一个非常激烈的观点,说人如果到了40岁都应该除掉,不然他们就会倚老卖老,既固执又专制,也不符合社会发展规律。结果,等到其40岁时,他的一些朋友就以此和他开玩笑,纷纷写诗撰文,说他已到该死的年龄,应该"成仁"了,还曾打算在《语丝》上专门发一期"钱玄同先生成仁专号",什么讣告、挽联之类都有。后因怕引起误会才没有刊行。不过,有些名人写的所谓"悼念"之诗文很有幽默风趣意味,不妨摘引鲁迅和胡适之诗如下:

作法不自毙,悠然过四十。
何妨肥猪头,抵挡辩证法。(因钱氏很胖,故戏称其为猪头)

——鲁迅

该死的钱玄同,怎会至今未死!
一生专杀古人,去年轮着自己。
可惜刀子不快,又嫌投水可耻,
这样那样迟疑,过了九月十二,
可惜我不在场,不曾来监斩你。
今年忽然来信,要做"成仁纪念",
这个倒也不难,请先读《封神传》。
回家先挖一坑,好好睡在里面,
用草盖在身上,脚前点灯一盏,
草上再撒把米,瞒得阎王鬼判,
瞒得四方学者,衷悼成仁大典。
今年九月十二,到处念经拜忏,
度你早早升天,免在地狱捣乱。

——胡适

不过，已过不惑之年的的钱玄同，依然活得有滋有味。他44岁那年，就说要出一本书，名字就叫《四四自思辞》，五个字都是叠韵。有人问那么55岁怎么办，他说就出一本《五五吾悟书》，66岁则叫《六六碌碌录》，而77岁时所出还可叫《七七戚戚集》，由此可见其幽默乐观性格。这种性格如果体现在学术研究上，如果不是写那些论战性的文章，则就很自然会体现为诙谐、通俗、生动。例如他对于有人根据《论语·先进》中众弟子侍坐一节所改写的幽默白话，就非常欣赏。原文是这样的：

"点，尔何如？"鼓瑟希，铿尔，舍瑟而作，对曰："异乎三子者之撰。"子曰："何伤乎？亦各言其志也。"曰："莫春者，春服既成，冠者五六人，童子六七人，浴乎沂，风乎舞雩，咏而归。"夫子喟然叹曰："吾与点也！"

而白话翻译是：

点儿点儿你做啥？点儿正在弹琵琶。当啷一声忙站起："俺可不管他仨比。""比不比，算个啥！各人说说各人话。""三月里，三月三，新作一件大布衫，也有大，也有小，爬到河里洗个澡。洗罢澡，去乘凉，回家唱口山坡羊。"圣人听，心喜欢："点儿点儿你可以。"

对此钱玄同说："这篇妙译，是吾友高阆仙先生告诉我的。……高先生最爱诙谐，当时就背了这段翻译，我便找了一张破纸，随便记下。……那日天气阴寒，记得我穿了一件薄的棉袍，正在听写的时候，一阵斜风，飘了几点细雨在棉袍上，感觉到清新爽利，心想沂水春风之乐恐亦不过如此罢。"[①]

---

① 曹述敬：《钱玄同年谱》，第111页。

钱玄同的幽默,还可以从下面的故事得到验证。他曾经根据古代帝王四季的生活安排,想象民国大总统的生活,其中春冬部分如下:

[春]总统居东海,衣青衣,冠穗用青羊毛。出门坐青汽车,张青旗。顿顿吃麦皮粥八小碗,外加醋溜羊肉,愈酸愈好,夜御蒙女八人。遍体敷黛,扎青头绳,戴老天利的法蓝首饰。

[冬]总统居北海,衣黑衣,冠穗用黑猪毛。出门坐黑汽车,张黑旗,顿顿吃炒焦的黄米六升,咸猪肉六片,愈咸愈佳,夜御藏女六人。遍体涂煤胶,扎黑头绳,戴黑骨头簪子。

其善于讽刺和幽默可见一斑。

1932年,章太炎到北平讲学,因听讲者多为北方人,而章太炎的浙江口音很多人听不懂,所以每次讲学大都是太炎先生先讲一段,然后钱玄同再用国语转讲给听众,如此使用国语还要翻译,一时成为佳话。过去有人说担任翻译者为黄侃,似乎不当,因黄侃不是浙江人,自不如与太炎先生同为老乡的钱玄同合适。当时据说是刘半农亲自写黑板,钱玄同翻译,而黄侃负责倒水,一个先生讲学倒有四五个弟子服侍,堪称学术界盛举。大历史学家钱穆当年曾亲身听过讲学,对此颇为艳羡,直到晚年还记忆犹新。

中国文人的所谓尊师重教,所谓师道尊严,所谓师生之间的和谐关系,正可从钱玄同及其他弟子对待其师的态度上得到验证。他们固然可以批判旧学,弘扬新学,固然可以不同意其师的学术思想,甚至如周作人和鲁迅等对章太炎思想上的倒退给予批判,但在尊敬师长方面,还是恪守古德,这在师生关系大为倒退的今天不是还有启示意义么?

也是在章太炎北上讲学这一时期,钱玄同与其大师兄黄侃发生争论。事情是这样的：黄侃和钱玄同虽同为章门弟子，但黄侃自觉才华过人，素来轻视钱玄同，常称钱玄同为"钱二疯子"。据说，有一次两人相遇于章太炎住处，与其他人在客厅等章太炎出来。黄侃忽然大呼："二疯！"钱玄同虽然一向幽默诙谐，但在大庭广众之下被黄侃如此称呼，自然不高兴。但黄侃不依不饶，还是继续说："二疯！你来了。我告诉你，你可怜啊！先生也来了，你近来怎么不把音韵学的书好好读，要弄什么注音字母，什么白话文……"钱玄同实在是忍无可忍，拍案厉声道："我就是要弄注音字！要弄白话文！混账！"两人就大吵起来，章太炎听见有人吵架，赶快出来，说："你们还吵什么注音字母、白话文啊！都快要念ろィウェオ（日文字母）了啊。"章太炎的意思是，"九一八"事变后，国难当头，日本人要来了，你们应该团结一致才对。但从此之后，钱、黄这两位章门弟子中最有名人物，就没有再见面了。

其实，他们二人的矛盾早就有了。1918年，黄侃在北大执教时，曾写了《北海怀古》一词，其中有"故国颓阳，坏宫芳草，秋燕似客谁依？茄咽严城，露停高阁，何年？"的句子。钱玄同说，"故国颓阳"有些遗老气息，而"翠辇重归"似乎有希望复辟的意思。于是编辑人员就怀疑这词的作者是什么"遗老遗少"之类。为此，钱玄同特意写一文章，说他知道这词的作者是同盟会的老革命党人，作者不会有什么遗老心态的，之所以这样写，不过是模拟古人词句的结果。结果黄侃看了此文后大怒，骂《新青年》诸人看不懂他的词，连带也对钱玄同大为不满。

当年黄侃在北大教书时常常说一些看不起胡适、钱玄同的话。关于嘲讽胡适的前面我们已经举过一些例子，此处且说他对钱玄同的攻击。当年报纸上曾经刊登过题目为《黄侃遗事》的文章，其中有一则副题为《钱玄同讲义是他一泡尿》。虽然此文发表时间是在黄侃去世之后，但其中所谈之事则当很早。该文大意是说黄侃和钱玄同都在北大教书，黄侃一日在课上对学生说，你们知道钱氏某一册文字学讲义是怎么来的么？是由于我的一泡尿得来的呢。他说自己当年在东京时常和钱玄同来往,一天钱玄同来到他的住处时,他因小便暂时离开房间,回来就发现一本笔记不见了。他说自己知道是钱玄同拿走了,但钱氏却不认账。你们今天所听到的钱氏讲义,其实完全是根据我黄侃的笔记,是他无法抵赖的。这样攻击本为同门的钱氏,自然是非常刻薄之举。

据说有人把这篇文章拿给钱玄同看,钱玄同的答复是:"披翁(指黄侃的别号)轶事颇有趣,我也觉得这不是伪造的,虽然有些不甚符合,总也是事出有因吧。例如他说拙著是撒尿时偷他的笔记所成的,我知道他说过,是我拜了他的门而得到的。夫拜门之与撒尿,盖亦差不多的说法也。"①

由此可见钱玄同的幽默和大度宽容,大概与写此答复时黄侃已去世有关,毕竟不好和逝者较真的。不过,由此也可以说明,他们之间,关于文字、音韵等学术问题,本来是多有相互问学、切磋的,谈不上谁偷了谁的成果。黄侃如此损钱玄同,其实也和其性格有关,倒不一定是说明他与钱氏已至水火不容地步。

其实,黄侃和钱玄同之间最根本的矛盾,还是在于新旧之争。说起来很奇怪,钱玄同早年极度保守、力主复古,后来一旦转变又极度激烈激进。而黄侃在参与反清排满革命中极度激烈和激进,反而在学术上一味求古,力主保守。看来要综合判断一个人的思想观念和文化观,还要全面才是。且说当年黄侃因自己的一首词大骂《新青年》同人并与钱玄同交恶,其背景却是当时他们二人都在北大任教,而那时的北大内部,则新旧两派人物已成水火不容之势。据1918年3月24日的《北京大学日刊》记载,说因为新派人物有《新青年》、《新潮》和《每周评论》等学术阵地,旧派遂也决定筹办一《国故》月刊,此举得到主张"思想自由,兼容并包"原则的蔡元培的大力支持,并允诺给予经费。该杂志名义上由学生组织,其实其真正主持者为教师中的保守派。当时的《神州日报》,即发

---

① 曹述敬:《钱玄同年谱》,第234—235页。

表议论说,"二派杂志,旗鼓相当,互相争辩"。而《公言报》更是由此事看出新旧两派之争的背后在于争夺对于北大等高校的学术权利和人事权利,并指出新派的代表为陈独秀、胡适及钱玄同,旧派的则为刘师培、黄侃和马叙伦等。有意思的是,新旧两派中皆有章门弟子。而且,新派人物对此评论没有反应,倒是旧派中人物纷纷出来为自己撇清关系,先是刘师培发表声明说自己向来不与他人来往。后有以《国故月刊社》名义发给《公言报》的信,也说该杂志之创办纯系学生行为,与教师无关,大有"此地无银三百两"之嫌。

且说钱玄同不仅是大学者、大文学家,而且是坚定的爱国主义者,对于日本帝国主义侵略我国的行径,他是坚决反对并在北平沦陷后始终拒绝和日伪合作。其实,早在1931年"九一八"事变发生后,曾经留日的他就决定与日人断绝交往。这也和他的好友周作人的行为形成鲜明的对比。

1936年,为抗议日本帝国主义的侵略和呼吁国民党政府抗日,钱玄同又在北平文化界对国民党政府提出抗日救国的七条要求上签名,坚决支持抗日救国。北平沦陷之际,钱玄同因病未能随学校撤离,只得留在北平。为表达早日驱赶日寇、光复祖国之意,他恢复使用自己的旧名"钱夏",意思是说他是"夏"人而非"夷"人——即绝不做敌伪的顺民。他此时的一些笔名如"逸叟、师黄、德潜"等,也都蕴含爱国主义思想。

当时,好友周作人还没有担任伪职,所以钱玄同也还保持与周作人的交往,并与周作人一起,参与帮助解决李大钊后人生活困窘和协助他们去延安的问题,表现出鲜明的爱国主义气节和对革命烈士之后的真挚关爱之情。

可惜,钱玄同的身体一直不好,而国家民族的空前危机以及身边好友的南下和生活上的巨大变化等,更是给其身体带来巨大的刺激。1939年1月17日,外出归家后不久,钱玄同即感觉头晕,不久即昏迷过去,在送医院后被确诊为脑溢血,当晚不幸逝世。享年仅52周岁。

具有讽刺意义的是,就在钱玄同去世前5天,周作人开始"下水"——接受伪职,此举受到钱玄同的非议和不满,曾特意写信劝告后者。可惜,钱氏的去世,使得周作人失去了一个他称为"畏友"的人,他的投降敌伪至少在其身边也就没有了任何障碍。如果钱玄同没有这样早去世,也许周作人的投敌之生涯不会如此之早吧!

不过,对于钱玄同的去世,周作人倒是真正有一种兔死狐悲之感,这由其特意撰写的挽联可见一斑:

戏语竟成真,何日得见道山记;
同游今散尽,无人共话小川町。①

等到钱玄同去世后百日,周作人又特意写了一篇纪念文章,原先的题目为《最后的十七日》,后改为《玄同纪念》。按照周作人自己的说法,北平沦陷后两年多他没有说话,而钱玄同的去世才破了他不说话的戒,由此也可看出钱玄同之死给周作人带来的震动之大之深。当然,无论钱玄同曾经怎样影响过周作人,但周氏的走向担任伪职之路毕竟是他自己决定的。如果钱氏不死,周作人可能会晚一点投敌,却不大可能不会投敌,对此当时很多周作人的朋友都是看得十分清楚的。

钱玄同的逝世,在当时限于形势,并未在学术界举行盛大的悼念活动。直到1939年的5月5日,国立北平师范大学才在陕西城固西北联合大学内举行了"钱玄同先生追悼会",并事后出版了以黎锦熙先生的《钱玄同先生传》为主要内容的纪念文集,封面是由许寿裳先生题字的,里面除收有当时的国民政府的褒奖令外,还收有许寿裳等人的挽联。其中许氏作为其同门和多年老友,其挽联值得一提:

---

① 据说周作人为钱氏之死写了四副挽联,这是发表的一副。

滞北最伤心,倭难竟成千古恨;

游东犹在目,章门同学几人存。

此外,也还是有不少友人和媒体发表文章表示哀悼。如当时的进步刊物《文献》,就发表署名乐颜的《悼钱玄同先生》,其中说:五四时代文化运动中钱玄同的"斗争精神的表现几在任何一位同时代的斗士之上","在中国学术思想史上是现代转变期的代表人物"。又说:"平津沦陷以后,北方文化界处于暴日的铁蹄之下,居境非常悲惨;但钱先生保持着高洁的节操,虽和钱稻孙有叔侄之亲,和周作人等有友好之谊,仍然不受包围,不被污辱,这种难能可贵的民族精神的表现,也是使得我们感动兴奋的。壮年以斗士领导青年,中年以学者努力学术,晚年以义士保持名节,钱先生总算是对得起自己,对得起国家民族的一位完人了。"

钱玄同的另一位好友黎锦熙,则在纪念文中称钱玄同为"纲常名教中的完人",而他最为推崇的是钱玄同在夫妻一伦上的态度:

尤其是对于"夫妇"一伦,他自己的操守,竟非揎拳怒目要维持"旧礼教"的老头子们所能及其万一……他的太太于民十三就大病,经过几次危险,直至现在尚未复元。钱先生尽力医药,"大世兄"亲自服侍,十年如一日。钱先生爱访友谈天,但向来不欢迎朋友们到他家里去,所以我二十年之久,只到过他家里一次。有些朋友劝他纳妾,因为那时候法律上并无明文禁止,在他家庭环境之下又是能许可的,但他拒绝说:"《新青年》主张一夫一妻,岂有自己打自己嘴巴之理?"他向不作狭斜游,说如此便对学生不起。他一辈子没有交过女朋友,说他自己最不喜看电影,难于奉陪,又不惯替人家拿外套……有时报告我:"今天我又掉了车轮子"(原注:古典"脱辐"二字之白话翻译也,因为他有时回家和太太言语别扭)。

也许,黎锦熙的用意不过是站在传统的道德伦理的立场表彰钱玄同,却不经意间说出了钱玄同生前并不幸福的婚姻状态。假如其婚姻是幸福美满的,钱玄同大概不会过早地离开人世吧。

人生在世,常多憾事。章太炎先生的两个最优秀的弟子,其实都会给人这样的感慨呢。

二、保守、再保守的黄季刚

3. 要深刻认识到钱玄同和黄侃这同门之间所产生的矛盾,不仅要对那个时代有一定的认识,而且也要对当事者之性格思想等有所了解。钱玄同之大致情况我们已经介绍,下面再说说黄侃其人其事。

在章氏门人中,黄侃是当之无愧的大弟子。他生于1886年,生母周氏,为其父黄云鹄之侧室。这一年他的老师章太炎刚18岁,而他的另一个老师刘师培仅仅3岁。黄侃并不是其唯一的名字,他最初叫乔馨,庠名乔鼐,后更名为侃,字季刚,晚年自署为量守居士,得自其住宅名"量守庐"。与钱玄同一样,黄侃自幼在父亲的教导下开始学习,很小就表现出聪明过人。而且其慈母和生母均懂得诗词,在其很小时就教其背诵古诗。黄侃又在4岁时"从江翰问字,初授《论语》,每次才四五句,方一上口,既能背诵",一时有"圣童"之称[①]。其7岁时所作《寄父诗》可能是他的最早创作:

父作盐梅令,家存淡泊风。
调和天下计,杼轴任其空。

[①] 司马朝军等:《黄侃年谱》,湖北人民出版社2005年版,第27—28页。

据说此诗送到黄侃父亲手上时,恰恰有一朋友来访,见黄侃年仅7岁就能写出这样的诗来,大为赞赏,当即允诺日后将其女儿许配给黄侃,这就是黄侃的原配妻子王氏。

黄侃既聪明过人,又肯刻苦用功,自然进步惊人,10岁时即已读完五经及四子书,所谓"四子书",指《论语》、《大学》、《中庸》、《孟子》四部儒家的经典。此四书是孔子、曾子、子思、孟子的言行录,故合称"四子书"。这些既是传统学者治学必读的入门书,也是他们研究的内容。黄侃很小就读完它们,自然为日后治学奠定了坚实的基础。

黄侃13岁那年,其父黄云鹄病逝。这对于庶出的黄侃而言,意味着之后的路会很坎坷。果然,当地风俗本就轻视庶出,族人中有人甚至想阻止黄侃继续求学。此时,黄侃之生母表现出极大的仁爱和忍耐之心,宁愿卖田也要支付学费。黄侃上学常需跟随老师夜读,因学塾在其家大门外,黄家族人常故意早闭大门,欲将黄侃关在门外,黄侃母亲就手持火把等候在学塾外面,等其下学后母子二人从后门回家,因此休息时往往已是半夜时分。其生母周氏为激励黄侃用功,曾问黄侃:"汝亦知求生之道乎?"黄侃奋然回答道:"读书而已。"就是在这样艰苦的环境下,黄侃的学习不但没有中断,而且成绩斐然。

黄侃14岁那年,开始接触王夫之著作,并从此立下反清大志。15岁,考中秀才,算是牛刀小试。黄侃本不看重科举,应试只是为了不让乡人轻视而已。

1902年,对于黄侃是不同寻常的一年。这一年,他来到武昌,以后就在武昌读书,并由这里赴日本留学,开始其革命和治学的双重生涯。也是在这一年,他与当年那位因一首诗而得到的王氏完婚,算是完成了父命。这一年,黄侃17岁。

黄侃在武昌期间,有一位晚清时期的大人物对其有着至关重要的影响,这位大人物就是张之洞。当年黄侃的父亲曾应张之洞

黄侃书法

的邀请到湖北任两湖书院院长,也就是因这层关系,青年黄侃才有机会结识当时权重一时的张之洞。当时黄侃正在武昌的湖北省一所普通学堂学习,同学中有宋教仁、董必武等日后赫赫有名的人物。这时的黄侃早有反清排满思想,据说其曾与同学密谋反清之事,被学校获知后,得到一个被除名的处分。黄侃无奈之下,只好求助于张之洞。张之洞对其密谋反清事并不知晓,又怜其才华出众,遂帮助黄侃获得一个官费留学日本的名额。于是,在1905年,黄侃赴日本,入早稻田大学,并在当年即加入同盟会,成为反清革命战士。

1906年,黄侃有机会与章太炎接触,却没有立刻拜其为师,据说原因很简单。他一天跟随众人去拜谒章太炎,见太炎先生处大书有"我若仲尼出东鲁,大禹出西羌,独步天下,谁与为偶?"这样几句,此本为东汉时人戴良所说,章太炎书此,当为表示自己之志向高远。但黄侃以为章太炎自视过高,则此人必难以接近,即无意再与太炎先生接触。不过，也许是命中注定，也许是他们师生本有缘分。不久，章太炎偶然得见黄侃所作之文，大为惊奇，马上写信约见，"遽许为天下奇才"①。不过黄侃也还是没有决定拜太炎先生为师，他们之间的师生关系之最终确立，是在1907年的秋天，而其契机，则是由于黄侃要归国省亲。两个杰出的人物，要彼此走向对方，看来有时还是需要外界因素促成的。因为彼此过于喜欢或者仰慕，也许反而不太愿意直接表示出来，这样的情况我们在生活中其实也会遇到。

好在机会来了。黄侃在回国前去向章太炎告别，章太炎说"务学莫如务求师，回顾国内，能为君师者少，君乡人杨惺吾（守敬）治舆地非不精，察君意似不欲务此。瑞安孙仲容（诒让）先生尚在，君归可往见之"。黄侃没有立刻答应，似乎还是不太满意。如此，太炎先生即徐徐说道："君如不即归，必欲得师，如仆亦可。"黄侃听后竟突然离开，然后当天带着拜师所用之礼，叩头称弟子。此后也并没有马上归国探亲，而是与诗僧苏曼殊一起搬入太炎先生住所，日相追随，不仅学习音韵训诂之学，而且参与编辑《民报》，为反清大业出力。先生得此得意弟子，自然也喜不自胜。对于黄侃的学术进步，太炎先生赞曰："恒言学问进益之速，如日行千里，今汝殆一日万里也。"从此，章太炎和黄侃这两个名字，就不再分开，所谓的"章黄之学"，就是日后他们师生共同研究的成果。

关于黄侃与章太炎的相识，民间还流传有这么一种说法。当时黄侃住楼上，章太炎住楼下。一天夜晚，黄侃因为来不及上厕所，便从楼上往下小便。章太炎此时正在读书，听到楼上竟然飞下一股尿流，不禁破口大骂。黄侃正是年轻性躁，自然不甘示弱，两人遂大骂起来。所谓不骂不相识，待双方互通姓名后，即将话题渐渐转到学问上，两人竟然越谈越投机。因为那时的章太炎已是名声在外的大师，黄侃深为折服，即自称弟子。传说当然不足为信，

---

① 司马朝军等：《黄侃年谱》，第35页。

但却说明他们相识不仅对他们各自都是一件大事,而且对当时的革命事业和国学研究,都是功德无量、值得被后人怀念。

黄侃拜章太炎为师,标志着其学术生涯和参与反清革命进入了一个全新的阶段。他不仅有机会时时聆听师教,而且也结识了刘师培、钱玄同、汪东等太炎先生的友人、弟子等。在这个师友圈子中,黄侃简直是如鱼得水,不但学术进步惊人,而且其反清革命意志也更加坚定。他所撰写的一些文章,在当时引起了很大反响,有些甚至被误认为太炎先生所作。例如那篇著名的《讨满洲檄》,今被收入《章太炎全集》第四卷,但据考证,实际上该文为黄侃所写①。仅仅在拜师之后的数月间,黄侃就为太炎先生所主持的《民报》撰写了《专一之驱满主义》、《讨满洲檄》、《哀平民》、《释侠》、《论立宪党人与中国国民道德前途关系》和《哀太平天国》等文,批判康有为、梁启超等人的政治主张,呼唤革命,为同盟会的革命事业和辛亥革命的爆发从舆论上提供了精神资源。

黄侃生性乖狂,很少有人能被其敬重,但却是一个孝子。特别对其慈母和生母,其所表现出的真挚情感令人感动。1908年,其生母周氏病危,慈母田氏即拍电报给黄侃,令其回国。黄侃得知后立刻决定启程回国,临行前,章太炎将其所著之《新方言》一书赠送给黄侃,知道黄侃这一回国,恐怕暂时不再回日本,还特意在上面题写留言,鼓励黄侃回国后继续学术研究,以弘扬民族精神,为反清革命建功立业。遗憾的是,黄侃回国后不久,其生母就因病去世,享年仅45岁。黄侃想到生母为自己的成长多年来所付出之辛劳、所忍受族人之冤屈,越发感到生母之伟大可亲,也更加悲痛万分,从此闭门谢客,一心守孝。后来,他特意请好友苏曼殊为其画了一幅题为《梦谒母坟图》,自己写了题记后,又请章太炎写了题跋,此后就一直视为珍宝随身携带。

不料黄侃回家探亲的消息传开后,很多亲友都赶来探望,黄侃

---

① 司马朝军等:《黄侃年谱》,第41页。

也借侍奉母病的机会在家乡宣传革命,很快引起清廷的注意。当时两江总督端方正在南方大肆抓捕革命党人,听说黄侃回到家乡,即电令湖北督抚陈夔龙派人去抓。黄侃仓促逃离家乡,来到武昌,因在国内无法待下去,只好再赴日本。而此时,章太炎所主编的《民报》因刊登一些过于激进如主张暗杀的文章等遭到查禁,章太炎甚至面临无法支付罚款被关进牢狱做苦工的危险,幸亏鲁迅、许寿裳等人筹借之后为其代付,才算免除了牢狱之灾。章太炎一时没有具体事务可做,正好和黄侃等一干弟子切磋学术,有时还和黄侃写诗互相唱和。因此,从1909年初到1910年底,这是黄侃和太炎先生以及其他众弟子交流最多,学术进展最为迅速的时期。

  1910年,国内革命活动日益频繁,湖北的革命党人力邀黄侃回国共商起义大计,黄侃随即悄悄返回武汉,但经过讨论他们认为目前举行起义的时机尚不成熟,只有加强舆论宣传,以呼唤民众的革命热情。为此,黄侃特意为湖北革命党人的《大江报》撰写了《大乱者,救中国之妙药也》的文章,署名为"奇谈"。这确实是一篇极富革命精神的反清奇文,极言破坏之妙,矛头直指清朝政府:

  中国情势,事事皆现死机,处处皆成死境,膏肓之疾,已不可为。然犹上下醉梦,不知死期之将至。长日如年,昏沉虚度,软痈一朵,人人病夫。此时非有极大之震动,极烈之改革,唤醒四万万人之沉梦,亡国奴之官衔,行见人人欢戴而不自知耳。和平改革既为事理所必无,次之则为无规则之大乱,予人民以深痛巨创,使至于绝地,而顿易其亡国之念,是亦无可奈何之希望。故大乱者,实今日救中国之妙药也。呜呼!爱国之志士乎?救国之健儿乎!和平已无可望矣!国危如是,男儿死耳,好自为之。

  文章一经发表,立刻震动武汉三镇,引起清廷震怒,遂查封了该报并逮捕了其主编詹大悲等人,逼迫他们说出该文的作者。詹大悲为保护黄侃,坚持说该文为自己所写,以至后来人们误认为该文的作者是詹大悲。之后,革命党人在武昌举行起义,但不幸失败,黄侃再次被迫出走至九江。不久原《大江报》主编詹大悲也来到九江,不料九江军政府内有人阴谋陷害黄侃和詹大悲等人,黄侃只好又来到上海。

辛亥革命之后,国民政府在南京成立,但此时的黄侃却已看破政治,无意在国民政府内谋求权利。虽然到上海后也还是办了一张《民生日报》,却已把主要精力放在治学上,闲暇之时也多用来与友人文辞相娱。这大概就是那个时代很多知识分子较为常见的现象,即对革命成果被别有用心者窃取之后的失望乃至绝望以及由此导致的对自己参与革命事业之意义的怀疑。而其老师太炎先生在民国成立后的经历也对黄侃有很大刺激:作为反清排满和建立中华民国的功勋,太炎先生也没有得到应有的荣誉和地位。章太炎和黄侃,说穿了,归根结底还是文人而不是政治家,他们最擅长的还是在书斋内潜心治学。一旦他们认识到这一点,即会主动抽身而退,回到自己的学术世界中寻找乐趣。只有孙中山、黄兴等真正的政治人物,才会把政治斗争的舞台看做自己最好的战场,并从不停的党派斗争中得到乐趣。这一时期黄侃的失意情绪可以从他的这样一段话看出:"聊为惆怅之词,但以缠绵为主。作无益之事,自遣劳生,续已断之缘,犹期来世。"①

自此之后,20世纪中国历史上那个作为革命家的黄侃就逐渐退出人们的视线,而作为大学问家的黄侃开始被关注,不知这对更广大意义上的中国社会发展而言,是幸事还是不幸?

4. 1912年,黄侃结识柳亚子,而南社诸人中,苏曼殊早就是他的好友,同门弟子中,钱玄同、汪东也时与其往来。革命之后的失意是暂时的,黄侃并没有感到失掉什么,虽然此时他的生活境遇

---

① 司马朝军等:《黄侃年谱》,第63页。

其实不好。而且,在1912年,有件事对于黄侃而言还是很荣幸的。这年11月,章太炎、马相伯和梁启超共同发起,拟仿照法国的法兰西学院成立"函夏考文苑",黄侃荣幸地被列入最初的15人名单,这标志着他的学术水平,在当时已经是第一流水准。

1913年,黄侃为研究古代音韵学,与钱玄同书信往来极为频繁。黄侃决定把古声分为十九类,古韵为二十八部,而之前最早是宋庠的六部,之后顾炎武分为十部,段玉裁分为十七部,黄侃分为二十八部,可谓是集前人之大成。对于黄侃的分类,钱玄同极为赞同,说古韵分部"截至现在为止,当以黄氏二十八部之说为最当"[①]。后来郭沫若也认为黄侃的研究"可谓集古韵之大成",给予高度评价。由于这些属于比较专门的知识,在此不再详细解说,只须知道黄侃此说在当时一出,即几成定论,之后王力先生也不过是在其基础上增加一个,分为二十九部而已。另一个关于黄侃此说的重要性可以由黄侃次年即被聘为北大教授来证明。而黄侃对于钱玄同在音韵方面的研究以及给予自己的启示等,也非常重视,在其所著《音略·今韵》中就收入了《钱夏韵摄表》,并且解释说:"吾友吴兴钱夏,因之以成韵摄表,差有纲维,非同臆论。今即依钱表,附以说明云耳。"[②]由此可见,黄侃和钱玄同,虽然在很多方面多有争议和矛盾,但在关系到学术研究本身时,依然是以学术为重,而能抛弃个人恩怨,给予对手之研究应有的尊重和肯定。

黄侃到北大国文系任教,是在1914年秋天,推荐人是当时北大的文科学长夏锡祺。能到中国最好的大学任教,能到北京(北平)这个文化中心来,黄侃自然非常兴奋,渴望自己能在学术上大展宏图。不过,亲眼目睹当时袁世凯执政之实际状况,眼看革命成果被此独夫民贼窃夺,黄侃又禁不住感慨万千。为此他曾赋诗一首:

---

① 《钱玄同文集》(四),中国人民大学出版社1999年版,第97页。
② 沈永宝编:《钱玄同印象》,学林出版社1997年版,第192页。

依然繁盛旧长安,五噫谁同梁伯鸾?
乐府犹闻歌玉树,仙人已见铜玉盘。
兴亡自是诸君责,功罪须从异日看。
酒罢登楼一惆怅,西山斜照近阑干。

其中第二句用的是一古典。东汉人梁鸿,曾入太学,毕业后却被派去上林苑牧猪。这上林苑虽系皇家花园,风景优美,但对一博学之士而言,终归不是去处。所以他还是回到平陵,娶一有德无容的孟氏女子,为她取名孟光,夫妻二人同入霸陵山中隐居。夫妻感情极好,那"举案齐眉"之语就是说的他们。后梁鸿因事路过京城,见帝王宫殿豪华,遂作一首《五噫歌》加以嘲讽,此诗颇为怪诞,不妨抄录如下:"陟彼北芒兮,噫!顾鉴帝京兮,噫!宫室崔嵬兮,噫!人之劬劳兮,噫!辽辽未央兮,噫!"结果引得皇帝不悦,命人搜捕他。梁鸿夫妇只好南逃至吴,为人作雇工。但其妻每饭必要"举案齐眉",遂引起东家的注意,认为他们非同常人,而对其礼遇有加,从此梁鸿因祸得福,得以在此闭门著书。第四句也是一古典。说的是魏明帝青龙元年八月,诏宫官牵车西取汉孝武捧露盘仙人,欲立置前殿。宫官既拆盘,仙人临载之际,居然潸然泪下。后大诗人李贺遂作《金铜仙人辞汉歌》咏叹此事。黄侃使用此二典故,一是抒发江山兴亡之感,二是表达似他这样当年为中华民国做出贡献者被冷落的不平与无奈。

好在黄侃和其师太炎先生一样,不仅对于权力没有兴趣,此时对于政治也没有了兴趣,而决意专心治学,所以内心虽然有失落感,但已仅仅限于感慨,而不会再有所行动。

此时的北大,文科领域章门弟子已经开始占据统治地位,桐城派诸人逐渐离开北大(具体后面有专章论述),所以黄侃的被聘请背后自然与其是太炎先生的大弟子有关。不过黄侃确实学术上了得,不久即在小学研究方面使同事折服,至于其讲课,更是因其学识渊博、见解深刻博得学生的好评。而他在讲课时,其奇特个性也

黄侃书法作品

使得他的课与众不同。据说当年的北大,教授中第一怪物是辜鸿铭,第二怪物就是黄侃。传说黄侃在北大上课时,讲到要紧的地方,他有时会突然停下来,对学生说,这段古书后面隐藏着一个极大的秘密,不过专靠北大这几百块钱薪水,我还不能讲。谁想知道,得另外请我吃饭。最令人叫绝的是,堂堂大学教授,黄侃竟然为小学研究中的问题,与另一教授陈汉章大打出手。两人"言小学不相中,至欲以刀杖相决"。然而日后,两人见面依然有说有笑。

不过,黄侃到北大后,授课之外要面对的一件大事,就是章太炎先生被袁世凯软禁。他和其他一些同门遂商议如何营救,并不时前往探望,后来干脆不顾个人生命危险,搬入太炎先生软禁处,与太炎先生一起生活,侍奉其身边,直至后来被军警强行赶出。为营救太炎先生,他和同门诸人一起写信给政府有关部门,呼吁将太炎先生释放。但直到袁世凯死去,太炎先生才重获自由。不过,在其被囚期间,黄侃等一干弟子的所作所为,充分体现了对太炎先生的真挚情感,也赢得了他人的尊重。作为大师之弟子,特别是黄侃作为大弟子,其不顾生命危险甘愿与太炎先生共患难的行动,确实体现了黄侃的大忠、大义、大仁、大勇。

据徐一士的《一士类稿》记载,当时太炎先生被软禁于京城的钱粮胡同,其家眷也不在身边,异常寂寞。黄侃到京后,即拜见太炎先生并请求和其一同居住,这自然是冒着极大风险的事情——因为就算袁世凯不敢对太炎先生怎么样,对其弟子可能就不会这样客客气气了。但黄侃见太炎先生处于如此境地,毅然决定陪师一起居住,太炎先生得以与黄侃一起或论学或闲谈,心情也渐渐好了起来。不过,好景不长,某日深夜,黄侃即被军警强行赶出来。黄侃无奈,只好出来,并继续与众师弟等商议营救太炎先生。却说太炎先生得知此事异常气愤,曾一度绝食抗议,可见二人之师生情谊深厚。

关于此事据说还有他故。有人说,黄侃之所以被赶出太炎先生住处,大概与黄侃之喜欢美食有关。原先太炎先生自己居住时对饮食要求很低,所以尽管当局给太炎先生提供了很好的条件和钱物,但多被厨师克扣,而太炎先生并不知晓。黄侃来后,见伙食太差,即把原先的厨师辞退另换他人,厨师自然不满,遂诬告黄侃,以至黄侃被赶了出来。不过传言是否真实,倒是不好确认。

黄侃在辛亥革命后即不再过问政治,但对于文人之气节依然重视,对传统中国文人之美德始终坚持。对于太炎先生,他终生尊重敬仰,从拜师至其去世,20多年间始终执弟子礼,从不逾矩。对此太炎先生评价说:"性虽淑异,其为学一依师法,不敢失分寸。"①对此同时代人也有评说:"(黄侃)于并世老宿多击弹。惟于太炎先生,则始终服膺无间。有议及章先生者,(黄侃)必盛气争之,犹古道也。"②不过,在学术上,黄侃还是坚持"吾爱吾师,吾更爱真理"的原则,对于太炎先生治学中的不足或失误,他并不是为其辩护,而是勇于指出,并在学术上给太炎先生以极大的帮助,对此太炎先生也是虚心接受,他们之间的这种关系,的确是师生关系的楷

---

① 章太炎:《黄季刚墓志铭》,《量守庐学记》,三联书店1985年版,第20页。
② 汪辟疆:《悼黄季刚先生》,《量守庐学记》,第69页。

模。

　　为了在学术上有更大发展,黄侃还做过一件后人一再津津乐道的事情,就是拜仅仅比他年长三岁的刘师培为师,此事发生于1919年底。按说此时的黄侃,在学术上之地位早已得到公认,其小学成就甚至不下于其师太炎先生,以至谈到小学有"章黄之学"的说法,为何还要拜刘师培为师?何况他与刘师培早已相识多年,一直是朋友关系,又怎么想到拜刘氏为师呢?我们先看黄侃自己的解释:"我滞幽都,数得相见,敬佩之深,改从北面。夙好文字,经术诚疏。自值夫子,始辨津途。"①他还曾经对别人这样说:我和太炎先生、刘申叔三人在一起的时候,常常是无所不谈,但一谈到经学,则刘师培就不开口了。黄侃想他和太炎先生能谈经学,怎么见我在就不开口呢,大概是想要我拜他为师吧。于是我便在一个只有我和刘申叔在的场合,向他行了磕头拜师之礼。这样一来,他才把他所学的经学一一传授给我。看来拜师的缘由,完全是为了向刘师培学习经学。关于拜师的具体过程,一说是,1919年,刘师培因肺病加剧,感到来日无多,一天黄侃来看望他,他非常失意地对黄侃说:"吾家四世传经,不意及身而斩。"黄侃安慰说:"君今授业于此,勿虑无传人。"刘师培说:"诸生何足以当此。""然则谁足继君之志?""安得如吾子而授之。"黄侃起身道:"愿受教。"第二天果真带着礼物前去,按照旧时的规矩,磕头拜师,刘师培"立而受之"。黄侃拜刘师培为师不仅令许多人不解,甚至连章太炎也不以为然:"季刚小学文辞,殆过申叔(即刘师培),何遽改从北面?"据说黄侃的回答是:"予于经术,得之刘先生者为多。"

　　可惜的是,黄侃拜刘师培为师后没有几个月,刘师培就去世了。1919年11月20日,刘师培因肺结核病逝于北京,年仅36岁。据说他临终前,派人把黄侃叫至病榻前,把一个所谓的经学秘籍从病床下抽出来,交给黄侃,算是最后的授学。然后吃力地嘱托道:

---

① 司马朝军等:《黄侃年谱》,第135页。

"我一生应当论学而不问政,只因早年一念之差,误了先人清德,而今悔之已晚。"说罢,清泪涟涟。最后他希望黄侃能继承他的学术,并发扬光大以传诸后世。此说当然不可信,却形象地说明了二人的学术传承关系。而黄侃也果然没有辜负刘师培的信任,对其一直以师礼待之。在《先师刘君小祥奠文》中黄侃写道:"庚申年壬申朔,越六日戊寅,弟子楚人黄侃自武昌为文奠我先生刘君。"文中又说:"齿虽相若,道则既尊。"在黄侃日记中,还常看到"今日先师仪征刘君诞辰"这样的记载,足见黄侃对刘师培的尊重和恪守弟子之道的美德。

当然,黄侃虽然在学术上对刘师培极为尊重,但当1915年刘师培召集一些学人开会,试图动员他们赞同以支持复辟帝制为目的之"筹安会"时,黄侃又敢于对刘师培说"不"。据说他当场对刘师培说,如此就请你一个人做好了,然后拂袖而去,一点儿也不给刘师培面子,弄得后者十分尴尬,众人遂跟着黄侃一起离去。此事也得到章太炎的高度评价——"是时微季刚,众人几不可脱"[1],认为黄侃在大节上绝不糊涂,在学术上又能恪守尊师之道,实在难得。

黄侃治学,一方面恪守太炎先生之教诲,一方面又多有创新。这除了得力于其过人的天资和勤奋,也和其善于思考和善于读书有关。例如在其1935年7月11日日记中,就有一则显示其善于读书和善于思考的可贵品质和敏锐眼光。对于孔稚珪的《北山移文》,黄侃不知读过多少次,但每一次似乎都有新的发现,这一次他忽然对其中的"驰烟驿路,勒移山庭"一句产生了疑问:山灵勒移于山,何故先言驿路?况且"驰烟驿路"之语也不可解,因为"烟"字和下半句的"移"字也不相对。他想来想去,认为这一句实际应为"驰烟驿雾",上下句合起来也不过是说"飞檄"之意。只是后来人们先是把"雾"字错写为"露"字,又把"露"字错读为道路的

---

[1] 章太炎:《黄季刚墓志铭》,原载《志言》第5期,1935年。

"路",以至成为不可解释之语。应该说黄侃的解释非常有说服力,在学理上也是说得通的。但黄侃并没有满足于此,而是又从当时其他人文章中寻求旁证。果然,他在王勃的《乾云殿颂》中找到"绳幽架险,驰雾驿烟"一句,因在古文中"驰""驿"相对,如此正可说明孔稚珪之语本为"驰烟驿雾"①。看来,能够发现古代典籍中的错误,不仅需要丰富的训诂学知识,更需要善于思考和探究的能力,而黄侃在这方面绝对是一个佼佼者。

黄侃常喜欢说的就是"所贵乎学者,在于发明不在于发见(现)。今发见之学行,而发明之学替矣"。由此他认为王国维的学问不过是"发现之学"而给予轻视。1930年他对来访的日本学者吉川幸次郎说:"中国之学,不在发见,而在发明。"吉川幸次郎即联想到,即使被日本学者奉为权威的罗振玉、王国维,如此看也不免有过于看重资料的倾向②。黄侃认为,罗振玉、王国维的"发现之学"的根本局限在于"经史正文忽略不讲,而希冀发见新知以掩前古儒先"。而且学风过于浮躁不正:"国维少不好读注疏,中年乃治经,仓皇立说,挟其辩给,以炫耀后生,非独一事之误而已。……要之,经史正文忽略不讲,而希冀发见新知以掩前古儒先,自矜曰:我不为古人奴,六经注我。此近日风气所趋,世或以整理国故之名予之,悬牛头,卖马脯,举秀才,不知书,信在于今矣。"

黄侃对发现与发明的看法甚至也影响到他自己的著述。他之所以50岁之前不著述,是因为他对著述特别是"作"看得太重。他认为:"作与述不同,作有三义,一曰发现谓之作。二曰发明谓之作。三曰改良谓之作。一语不增谓之述。"他既然如此看重发明,

---

① 黄侃:《黄侃日记》(下),中华书局2007年版。
② 日本学者吉川幸次郎对黄侃极为敬服,在写给我国版本目录学家潘景郑的信中有这样的文字:"次郎于此公私淑有年,昔江南之游,税驾金陵,亦职欲奉手此公故也。通名抠揭,即见延接,不遗猥贱,诰以治学之法,曰:'所贵乎学者,在乎发明,不在乎发见。今发见之学行,而发明之学替矣。'皆心倾之言,可倾听也。谈次,幸次郎辄质之曰:'《谷梁释文》两云释旧作某,何谓也?'公即应之曰:'此宋initially校者之词,非陆本文。释旧作某者,《释文》旧本作某云尔。'幸次郎蓄此疑有年,问之北土,皆未之省,得公此解,乃可焕然。于此弥益叹服,即有从游之志;第以瓜期已促,弗克如愿,遽尔再拜,依依而别。"

则如果自认没有什么重大发明,又怎能随意著述呢?

无论发现还是发明,显然都与材料有关,前者更是完全依赖新材料。针对当时历史学和文字学过分看重史料的风气(如傅斯年甚至提出"史学就是史料学"的口号),黄侃更有这样的断言:"无论历史学、文字学,凡新发见之物,必可助长旧学,但未能推翻旧学,新发见之物,只可增加新材料,断不能推翻旧学说。"而且,黄侃有时在提及新发现之史料时也有意气之辞:"自鸣沙石室书出,罗振玉辈印之以得利,王国维辈考之以得名,于是发丘中郎乘轺四出,人人冀幸得之。"说罗振玉得利也许不错,但说王国维是为了出名则显然过分。事实上,王国维根据当时所问世之很多新材料,确实做出很多新发现,而这些发现放在20世纪中国学术史甚至全部中国学术史上,又确实是属于填补空白或属于纠正谬误的新"发明"。由材料的"发现"到观点的"发明",正是王国维的贡献。因此,黄侃对王国维的治学理念和方法的批评实属不当。而且即便黄侃自己,后来也意识到新材料的价值,开始有意识搜集和利用,这在其日记中有很多记载,不赘。其实黄侃并不是一味轻视发现之学,只是认为王国维等过分依赖新材料而有所不屑,潜意识中大概以为,如果自己也有罗振玉、王国维那样的千载难逢之机遇,掌握大量的新材料,不仅能做出如他们那样的新发现,而且"发明"也会更多。自然这纯属笔者臆测,不过黄侃一向自负,有如此想法当也自然。那么,对于晚清以来西方学术理念和方法的引进,黄侃又是什么态度呢?他认为:"治中国学问,当接收新材料,不接收新理论。"由此可见黄侃之守旧立场,不过较之其师章太炎之不承认甲骨文,态度已经是很开放了。

黄侃在治学方面虽然一向自负,甚至连章太炎的学问他也认为过于散漫粗糙,但其实对章太炎一直极为尊敬,每当有新的心得体会,如果见到章太炎,总要仔细述说,以请求指导。而太炎对黄侃的来信等也总是及时回复,且决不把黄侃当做一般弟子,因为他一直认为,黄侃"虽以师礼事余,转相启发者多矣",可见其对黄侃之学的重视。

黄侃平日虽然专心治学,却也喜欢吟诗赋词,且创作极丰,成就很高。然至晚年,却不许后人刻印其诗词文笔。人问其故,黄侃以骨牌为喻解释说:"设时无天九,则地八未始不可以制胜,然终为地八而已。"可见黄侃极其自负,既然在诗词方面已经不能成为第一,那就宁愿不传。至于当初还是要写,也仅仅是为了抒发情感的需要而已。自然,也可以把这看做是黄侃的谦虚之辞,不过,也确实影响到今天很少能够见到其诗词的流传。其实,黄侃对文学创作的态度一直非常认真,有时就算是一些即兴之作,也要送给章太炎审阅修改。例如1928年7月17日至8月28日,黄侃游庐山时,先后写了37首诗,并编为《游庐山诗目》,修改之后,即缮写出来,寄给太炎先生,请求为之改正。章太炎看后非常高兴,欣然为之作序。对于黄侃的这些爱好,章太炎十分了解,有时他一时兴起,还会"投其所好",主动为黄侃作诗写字。例如章太炎写有这样一幅篆书:

> 遇饮无人做酒户
> 得钱随分付书坊。
> 此西溟句
> 偶翻近人诗,得此句,书之。扰扰中无有称此者,唯季刚有此风味,因寄贻焉。

民国二十年仲夏
章炳麟

他认为周围的友人及弟子中,也只有黄侃有这样的魏晋风度,所以专门书此条幅送给黄侃。由此也可看出章太炎对黄侃其人其学的特殊重视。

20世纪20年代,黄侃也和很多学人一样,迫于生计,不得不辗转于国内各高校,曾先后任教于武汉、山西和东北等地的大学。直到1928年,在同门汪东的介绍下,黄侃来到南京,任教于当时的第四中山大学,即原来的东南大学,时间长达9年。这一段相对比较稳定的时期,确实给黄侃的潜心治学提供了最好的机会——此时他不仅在学业上已臻炉火纯青之境,而且在家庭生活上也相对比较安定。此外,国内政治局势也趋于稳定,也使得黄侃暂时免于颠沛流离之苦。

首先,来到南京之后,黄侃有了真正属于自己的住宅——在租住一段时间后,他倾自己多年积蓄,修造了那著名的"量守庐",算是了却自己的多年心愿:终于有了一间属于自己的书房。文人拥有书房,本来不是什么奢侈的要求,但不仅在那个时代很不容易,就算在今天,恐怕也有很多文人没有实现这一梦想吧。再说这"量守庐"之名,自然也大有来历,其典出陶渊明诗:"量力守故辙,岂不寒与饥?知音苟不存,已矣何所悲。"所谓"量力守故辙",亦即量力而守法度,显示出黄侃治学方面的严谨和保守态度。对于黄侃造屋,章太炎非常高兴,特意撰写《量守庐记》贺之。黄侃读后非常感激,特意请人将章氏之字装裱,悬挂在新房的二层书房之中。

其次,这一时期,黄侃继室黄菊英,在生活上给予黄侃以极大的照顾,使其有充分的精力从事教学和学术研究。黄菊英比黄侃小17岁之多,他们的结合当时也曾引起很多非议。不过黄菊英婚后却十分通情达理,为照顾黄侃宁愿放弃小学校长的职位,而甘心做一个全职太太,亲自操持家务,目的就是为了让黄侃安心治学。据说有一次黄菊英看到黄侃某首诗中有"安得身如董仲舒,不关家事但窥书。二毛已见犹漂泊,转学治生计恐疏"等句,即笑着对黄侃说,如今你可是操心少很多了吧!黄侃感激地说,多亏你把生活上的担子都揽了去,我要谢谢你呢!言毕,夫妻二人相视而笑①。

---

① 参看叶贤恩:《黄侃传》,湖北人民出版社2006年版,第182—183页。

每逢妻子生日,黄侃都要率儿女为其贺寿。他还写有一首题为《浣溪沙·春晚示内》的词,表达对妻子的恩爱之情:

钟阜双鬟画怎如,当窗照镜笑窥书,绿荫纸阁一尘居。

临砌爱看花结子,卷帘喜讶燕将雏,始知春晚胜春初。

再次,黄侃居住南京期间,结识了很多知心好友,他们常常结伴外出游览,在观赏美丽景色之中,在好友的鼓励支持下,黄侃不仅在身心上得到休憩,而且每次游览所写诗词,也对黄侃继续自己的治学起到无形的激励作用。南京,作为黄侃人生短暂之旅途的最后一站,总算没有给黄侃以过于冷酷的面孔,还是以其少有的温暖,让黄侃得以在教学和学术研究各个方面,进入其黄金时期。

黄侃曾立志50岁之前绝不著书立说,而是以阅读学习为主。黄侃认为如果立志治学,就要打好基础,为此就要多读书和善读书。除了对古代典籍的广泛涉猎外,他也极为看重阅读书目的选择,据徐复在《师门忆语》中回忆说,章(太炎)先生指示青年必读二十一书,(黄侃)增益为二十五书:经学十五书,为十三经加《大戴礼记》、《国语》;史学四书,为《史记》、《汉书》、《资治通鉴》、《通典》;子部二书,为《庄子》、《荀子》;集部二书,为《文选》、《文心雕龙》;还有小学二书,为《说文》、《广韵》。当时梁启超和胡适都开列有《一个最低限度的国学书目》,黄侃认为他们的书目泛滥不切实际,没有揭示出重点,故提出二十五书以纠正此偏向。同时,这一时期国家所遭受之内忧外患,也在激励黄侃以治学方式发扬光大中国文化,以报效祖国。他在其日记中,多次流露出对国家民族命运的担忧。如在"九一八"事变后数日,他的日记中就有"闻天津、青岛又沦,当食,悲痛而罢"的记载。当年10月20日日记中也有"晨赴校,诸生又以请愿故,自行罢课矣"的记录。本来黄侃早在辛亥革命之后，就远离政治，决心倾全力于教育和学术研究，但国家和民族的命运，究竟还是会影响到千千万万小家庭的命运，黄侃自然也不能例外，加上其身体的过早患病，他的潜心学术，在那个时代也就只能化为泡影。

说起来，在章太炎的众多弟子中，在当时其学术成就与其师不相上下者就是黄侃，最有可能将章太炎的学术发扬光大、"青出于蓝而胜于蓝"者也是黄侃。可惜，天不假年以俊杰，黄侃的很多著作计划，还没有来得及实现，就早早离开人世，实在是中国学术界的一大损失。

说起黄侃的早早去世，就不能不提到章太炎写给黄侃的一副对联。那是1935年，黄侃在人世的最后一个年头。这年4月2日，是黄侃的生日。弟子50大寿，老师理应祝贺，于是章太炎给黄侃写了这样一副贺联：

韦编三绝今知命，黄绢初裁好著述。

上联的"韦编三绝"直接使用了"孔子读易，韦编三绝"，以及孔子"五十而知天命"的说法，充满了太炎先生对黄侃学术的赞赏；下联的"黄绢"则缩写了著名的"黄绢幼妇，外孙齑臼"的典故，其实表达了章太炎对黄侃50岁之后可以写出"绝妙好辞"的激励和希望。章太炎的意思是，你黄侃已经50岁了，以后就可以不受自己"五十之前不著述"的限制，大胆地著书立说吧。但黄侃一看此联，竟然大惊失色。原来，章太炎一时疏忽，对联内竟然嵌有"绝命"和"黄"等字样，自然是不吉之语。果然，贺寿对联竟成谶语，数月之后，黄侃竟然真的一病不起。虽然只是巧合，但在章太炎自己，却深感不安，却是自然之理，不赘。

这一年7月，已经50岁的黄侃按说可以开始著书立说，但他在读到《清史稿·戴敦元传》时，还是发出这样的感慨："此传读之，深惬吾意。"戴敦元本为神童，读书过目不忘，直到其晚年，他人询问某事,还能说出此事在某书某卷,百不爽一。但这样一个神童,却很少著述,仅传诗数卷。他的理由是虽然书海无涯,但真正能有独立见解者寥寥,很多著述者自以为是独创,其实不过是拾人牙慧而已。看来,可以开始著述的黄侃,对于自己是否能够写出有独创价值的著作,虽然没有表示怀疑,却等于无形中给自己以极大的压力:要么不写,要写就要写出能够流传后世的杰作来。

而就学术界当时的情况看,黄侃果真要著述立说,其承受的压力也一定很大。证据就是在其去世后,著名的小学大家杨树达就对其颇有微辞①。在日记中,杨树达在得知黄侃去世的消息后,数次对其治学方法表示异议,并对其如果著述能否真有创见表示怀疑。大体而言,杨树达的意思是黄侃师法章太炎,而太炎师法俞樾,俞樾又上承高邮。按照杨树达的观点,清儒本分两派,而高邮力主实事求是,又有解放精神,故其学问能发扬光大。因此,黄侃本也应如此治学。但杨树达却以为黄侃读书过于死板,"强于记忆而弱于通悟",于学术研究过于保守,抱残守缺,因此斥之为"开倒车"。杨树达认为黄侃即便是能够长寿,也未必能在学术上有所创见。直到黄侃去世八年后,杨树达仍撰联讽之,谓其"无周公之才,既骄且吝;受章君之教,不皖而吴",可见两人学术上分歧之深。

此外,杨树达还举了一个例子说明黄侃之识见远不如其老师章太炎。

当时,杨树达的同乡编写了一部连绵词典,光手稿就有百余部之多,黄侃见后认为内容广博,大为赞赏。而杨树达认为其实这部词典"芜秽凌杂,绝无可取也"。为了证明自己所说不虚,他说其实此人曾求章太炎为此书写序,但太炎先生认为该书"太劣",拒绝了。由此可见黄侃之识见远不如其师。杨树达说此事是吴承仕亲耳听章太炎所说,以表示并非自己杜撰。其实,学术之事,见仁见智,本也平常。文人相轻,自古而然,也不是什么大不了之事。

---

① 杨树达:《积微翁回忆录·积微居诗文钞》,第105—106页。

不过,仅就杨树达讥讽黄侃一事而言,其实此中还有"今典",一般读者如果不了解,也许就会认同杨树达的见解了。原来,按照杨树达自己的说法,他在黄侃去世前一年曾写信给黄,黄侃曾对弟子陆宗达说,当沐浴后回复杨氏之信。但其实一直没有回复,故杨树达心中多少有些不快,曾对人抱怨说,难道他不回信是因为至今还没有沐浴完么?另一件让杨树达不快的是,当初其母亲去世时,曾告知于黄侃,但黄侃也是没有任何回应①。这些看似小事,其实从深层次来说是反映了他们两人在治学方面的分歧,由此杨树达对黄侃是否能够在学术上大有发明持怀疑态度就可以理解了。所以,理解学人之间的分歧,有时也要考虑到他们的为人处世和日常交往,才能不至于轻信盲从。

且说黄侃,在知天命之年,也许于冥冥之中感觉到一些什么,不然不会在其最后的诗作中流露中一种悲凉。那是 1935 年的 10 月 6 日,旧历的重阳节。黄侃率子女至南京鸡鸣寺豁蒙楼小坐,因身体不佳未能久留即归。回到书房后,他有感而发,作《登高》诗一首。当天晚上,黄侃仍照常饮酒,不料因饮酒过多,导致吐血不止,并于 10 月 8 日下午 4 时许,撒手西去。

如此,《登高》一诗,似乎竟成绝笔。今三联书店版《量守庐学记》一书录有《登高》诗:

> 秋气侵怀正郁陶,兹辰倍欲却登高。
> 应将丛菊霑双泪,漫藉清樽慰二毛。
> 青冢霜寒驱旅雁,蓬山风急抃灵鳌。
> 神方不救群生厄,独佩萸囊未足豪。

此为程千帆先生 1982 年所作《忆黄季刚老师》一文中所录,而陆敬先生 1980 年所作《黄季刚先生革命事迹纪略》(两文均见于

---

① 杨树达:《积微翁回忆录·积微居诗文钞》,第 106—107 页。

三联书店版《量守庐学记》一书）一文所录稍有不同：

> 秋气侵怀兴不豪，兹辰倍欲却登高。
> 应将丛菊霑双泪，岂有清尊慰二毛。
> 西下阳乌偏灼灼，南来朔雁转嗷嗷。
> 神方不救群生厄，独臂萸囊空自劳。

最初，大家都以为这是黄侃的绝笔诗，连章太炎先生也这样以为，而且这诗中确实有些不祥之气。但其实黄侃的绝笔诗是另外一首。

原来，当初黄侃之"量守庐"落成后，曾请汪东为之绘图，汪东不仅答应，而且又集宋人词为对联以贺之：

> 此地已有词仙，山鸟山花皆上客。
> 何人重赋清景，一丘一壑也风流。

黄侃最初看到此联，非常高兴，认为写出了自己住宅的妙处。可是不久之后就不再悬挂于室内，理由是此联的开头两字合在一起为"此地何人"，是不吉之语。为此汪东还曾表示歉意。等到黄侃去世后，汪东去吊唁时，却发现自己当年所撰写的那副对联又挂在黄侃书房内，只是上面多了黄侃自己的题诗：

> 此地何人更不疑，蓝庄瀫蒋总迷离。
> 先生一醉浑无事，上客为谁也不知。

汪东当即询问其家人，才知道这诗写于重阳节饮酒大醉之后，肯定晚于那首《登高》，如此这才是黄侃最后的绝笔。从此诗之语气可知，黄侃显然已自知将乘风归去，羽化而登仙也。生死之事，说来奇妙而难测，有时却也简单清晰，黄侃之死，即是如此，一叹。

且说黄侃自知已到最后时刻,竟抱病伏案点校之前一直未完成的《唐文萃补编》的最后两卷。刚一点校完,即又吐血,实为胃部大出血,只得卧床休息。不料其所定之新书送到,嗜书如命的他不顾重病,竟然又看了其中的五册。如此自然导致其病症加重,虽然经医生全力抢救,最终还是不能挽救。

黄侃的去世,在当时引起学术界的极大震动。最为悲伤的,自然是章太炎先生。黄侃去世后次日,章太炎即获知噩耗,即致书吴承仕说:"季刚突于昨日去世,深有祝予之叹。其弟子传业者,亦尚有一二人,遗学不至泯绝。而身后著述无传,亦由闭拒太严之过,真可为太息者也。"①所谓"祝予之叹",为一古典。语出《公羊传·哀公十四年》:"子路死,孔子曰:'噫,天祝予!'"何休注:"祝,断也。天生颜渊、子路为夫子辅佐,皆死者,天将亡夫子之证。"后人一般用此典,为悲悼学生后辈死亡之辞。如刘义庆之《世说新语·伤逝》:"羊孚年三十一卒,桓玄与羊欣书曰:'贤从情所信寄,暴疾而殒,祝予之叹,如何可言。'"唐元稹《赠郑馀庆太保制》:"神将祝予,痛悼何及!"清钱谦益也有"文孺殁,师哭之恸,有祝余之感焉"这样的用法。章太炎此时用此典,充分表达了他对黄侃去世的悲伤和惋惜之情。此后,他不仅亲为弟子撰写墓志铭,称其"尤精治古韵。始从余问,后自为家法,然不肯轻著书。余数趣之曰:'人轻著书,妄也。子重著书,吝也。妄不智,吝不仁。'答曰:'年五十当著纸笔矣。'"更特意撰写挽联,以表哀悼之情:

辛勤独学鲜传薪,歼我良人,真为颜渊兴一恸;
断送此生唯有酒,焉知非福,还以北叟探重玄。

师徒相传,古谓传薪。"歼我良人",语出《诗经·秦风·黄鸟》:"彼苍者天,歼我良人!""颜渊",孔子弟子。"焉知非福",成

---

① 马勇编:《章太炎书信集》,第374页。

语有"塞翁失马,焉知非福"。"弱叟",居住塞北之叟也。《淮南子》:"北叟失马,人皆吊之。""重玄",天也。

国内很多学者在获知黄侃去世的消息后,也纷纷或撰文或撰写挽联,对这位大师的过早离去深表痛惜。以下先看其同门的挽联,首先是钱玄同的:

> 小学本师传,更紬绎纽韵源流,黾勉求之,于古音独明其真谛;
> 文章宗六代,专致力沉思翰藻,如何不淑,吾同门遽失此异才。

此外,钱玄同还在《致潘景郑书》中写道:"季刚兄作古,闻之心痛。弟与季刚自己酉年订交,至今已廿有六载。平日因性情不合,时有违言。惟民国四、五年间商量音韵,最为契合。廿一年之春于余杭师座中一言不合,竟至斗口。岂期此别竟成永诀。尤今思之,吾同门中精于小学文辞如季刚者有几人耶?上月曾有挽联寄交汪旭初兄转中央大学之追悼会。今录一纸附奉。如《制言》第七期以后尚有对于季刚之挽辞,乞以此联附录纸尾,幸甚,幸甚。"由此可见,钱玄同、黄侃二人,虽因"性情不合,时有违言",但同门情谊,却始终未改。

再看另一同门朱希祖的挽诗:

> 浊酒浇愁鬓已丝,飘摇家国付金卮。
> 拥书差傲王侯乐,捐官俄来猿鹤悲。
> 许郑胸怀推独得,齐梁风调系人思。
> 文章庾信同哀乐,不待江南作赋时。

著名小学大家杨树达的挽联是:

朱希祖

豵豜未终鸿雁者；虎须可捋狻猊雄。

最后看著名词曲大师吴梅的挽联：

宣南联袂，每闻广座谈玄，可怜遗稿丛残，并世谁为丁敬礼；
吴下探芳，犹记画船载酒，此际霜风凄紧，伤心忍和柳耆卿。

且说这吴梅，本与黄侃为同事，民间也曾流传两人为一言不合而大打出手的故事。说的是吴梅在南京中大中国文学系授课时，某日应黄侃之邀小酌，席间尚有著名学者多人。不料等酒酣耳热之际，黄侃竟大发牢骚，结果一语不合，竟然和吴梅大吵起来，进而由言辞演变为拳脚，幸而被同席者拉开。事后有人分析个中缘由，大概还是因为黄侃看不起吴梅，认为他所研究的词曲根本不是什么学问，对此似乎可以用他们之间的另一则轶事验证。当初黄侃和吴梅都在北大任教的时候，据说有一次黄侃看到吴梅坐在教授休息室的沙发上,一时不快,就问他:"你凭什么坐在这里?"吴梅说:"我凭戏曲。"且不说这些传闻是否属实,其实仅凭黄侃的治学特点、个性和好胜心理,他与吴梅是有可能在很多方面不一致的。但要说黄侃完全看不起吴梅,也不属实。当年曾分别拜访过黄侃和吴梅的日本学者吉川幸次郎曾对此有过叙述。他说他在问到吴梅是否就是一位戏剧研究家时,黄侃告诉他,戏剧只是吴梅的业余爱好,他其实是一位十分出色的读书人①。从黄侃的回答可以看出,一方面他还是极为尊重吴梅的,另一方面,他确实认为研究戏曲不是什么学问,不然他不会说这只是吴梅的业余爱好。

不过,显然两人在治学方面的分歧并没有影响他们的友谊,特别是对于吴梅而言。所以黄侃的去世还是引起他的悲伤和同情,多少也有一些兔死狐悲的感伤吧。

明人张岱在谈到人际交往时,曾经这样说:"人无癖,不可与交,以其无深情也;人无疵,不可与交,以其无真气也。"作为一个生活在那个特定时代又有特殊性格的学者,黄侃在知天命之年就离开了这个世界,但他却给后人留下很多值得思索的东西。黄侃去世时年仅50,虽尚未出版任何著作,却早已是国内公认的国学大师。对此,其弟子程千帆先生评价说:"但老师是中外学术界公认的大师之一。……大师之大,大在何处?……我觉得季刚老师的学问是既博且专的。无论你用经、史、子、集、儒、玄、文、史,或义理、考据、词章来分类,老师都不仅有异常丰富的知识,而且有非常精辟的发明。他在文字、音韵、训诂诸方面的成就是空前的……"应该说这样的评价是非常到位和深刻的。

---

① 《量守庐学记续编》,三联书店2006年版,第76页。

第六章

一个门派成就一所大学

——章门弟子与北大

一、章门弟子与早期北大及与桐城派的恩怨

1. 纵观中国现代教育史,如果说有哪所大学一直和20世纪的中国历史有着最紧密联系的话,那这所大学当然非北大莫属。而如果说在20世纪中国文化史上,有哪个师生群体与北大最息息相关的话,则也是非章门弟子莫属。北大在20世纪的发展史,很大程度上就是章门弟子在北大任教乃至占据学术统治地位的历史,且此点在20世纪上半叶尤为明晰。

不过,在谈到章门弟子与北大之关系时,首先要对北大的创办历史作一稍稍的回顾。

19世纪下半叶,自龚自珍的思想启蒙和魏源等人提出"师夷长技以制夷"开始,近代中国从民间到官方都开始了富国强兵的探索。然而,这样的梦想在中日甲午海战中破灭,"甲午庚子以还,内为志士所呼号,外受列强之侮辱,始知教育为中国存亡之绝大问

题,于是众口一声,曰教育、教育"①。有识之士认识到仅学习西方的先进技术还远远不够,更多人开始从文化、制度上寻找原因,而对各种各样的新式人才的培养就日益成为当务之急。例如1861年才成立总理各国事务衙门,次年就设立了京师同文馆,其初衷就是为了培养专门的翻译人才。

到1896年,刑部左侍郎李端棻在《请推广学校折》中提出建大学堂,主张"京师大学,选举贡监生年三十以下者入学,其京官愿学者听之。学中课程,一如省学,惟益加专精,各执一门,不迁其业,以三年为期。其省学、大学所课,门目繁多,可仿宋胡瑗经义、治事之例,分斋讲习,等其荣途,一归科第,予以出身,一如常官。如此,则人争濯磨,士知向往,风气自开,技能自成,才不可胜用矣"②。李在奏疏中认为,若能推广学校,京师大学堂以下,各个省府州县都设立学校的话,"十年以后,俊贤盈廷,不可胜用"。

西人许美德在评述20世纪的中国社会文化冲突时说过:"整个20世纪中,显而易见的是在中国存在着这种矛盾和冲突:既要获得西方科学和技术可能带来的经济和社会利益,同时又要维护本国的文化知识传统,以保持自己的民族特色。"③近代中国的教育发展同样体现了这一点:传统的旧式教育虽然被废止,但传统的文化和文学依然在新教育中顽强地保持着自己的地位——尽管重要性下降了,而新的文学教育也能够在无数次探索中艰难诞生。

首先要说的是近代著名启蒙思想家、翻译家严复。严复所翻译的西方赫胥黎的《天演论》,用"物竞天择、适者生存"的进化论学说启蒙了无数国人,连鲁迅也在文章中数次提及受"进化论"的深远影响。继《天演论》之后,严复还引进并翻译了许多西方名

---

① 钱曼倩、金林祥主编:《中国近代学制比较研究》,广东教育出版社1996年版,第57页。
② 朱有瓛主编:《中国近代学制史料》第一辑下册,华东师范大学出版社1983年版,第593页。
③ 许美德著、许洁英译:《中国大学1895—1995:一个文化冲突的世纪》,教育科学出版社2000年版,第50页。

著,如孟德斯鸠的《论法的精神》等等,来传播西方先进的政治经济思想,开启国人智慧,影响了一代代知识分子向西方寻找救国真理。严复认为,面对当时的社会危机,进行教育方面的改革比其他改革更加重要和急迫。他把政治、经济改革说成是"标",教育改革说成是"本",主张"标本兼治",认为"势亟,则不能不先事其标;势缓,则可以深维其本"①。而"标本兼治"能否成功,关键还在于人才的培养,他说:"无人才则所谓标、本之治皆不行。"②归根结底,严复是把人才的培育当做改革的关键,视为救国的根本。本来,自19世纪中叶海禁大开以来,中国效法西方的各种改革虽然层出不穷,但总是"若存若亡",难收实效。严复认为其根本原因就在于改革者没有抓住"教育救国"这一要旨。严复认为,西方走的是以科技开民智的道路,这与中国尚文辞、求古训的道路绝然不同。因此,"开民智"一定要善于汲取西方的求知方法和教学模式。但他并没有对传统教育给予彻底否定,而是认为对那些有价值的传统教育资源,必须继承和吸收。严复明确声言:"今之教育,将尽去吾国之旧,以谋西人之新与? 曰:是又不然。"③他认为,中国传统文化教育中必然深藏着民族特性的那些部分,是不可以断然去之的。因为民族传统文化非成于一时一地,"乃经百世圣哲所创垂,累朝变动所淘汰,设其去之,则其民之特性亡,而所谓新者从以不固,独别择之功,非暧姝囿习者之所能任耳"④。此外,有些传统美德不只是民族特性,更蕴含着普遍意义的世界共性,这些也是不可能断然排斥的⑤。

  严复不仅是一个教育理论家,而且还是真正与北大有缘的学者。1902年,他应当时京师大学堂的管学大臣张百熙之邀,出任京师大学堂译书局总办。1912年,严复被正式任命为京师大学堂

---

① 《拟上皇帝书》,载《严复集》第一册,第65页。
② 《拟上皇帝书》,载《严复集》第一册,第65页。
③ 《与〈外交报〉主人书》,载《严复集》第三册,第560页。
④ 《与〈外交报〉主人书》,载《严复集》第三册,第560页。
⑤ 参看黄书光:《论严复的教育哲学观》,《福建论坛》2000年第一期。

总监督，接管大学堂事务。当年5月，京师大学堂改名为北京大学，严复就成为北京大学历史上第一位校长。虽然严复掌管北大的时间仅有8个月，但在北大的百年校史中，这8个月中严复为北大的发展做出了重大贡献：当北大因经济问题难以为继时，当时的教育部竟下令停办。为此严复四处游说，终于使教育部收回成命，北大的历史才得以延续。

且说严复上述教育理念的出现和其参与的教育实践，有一个重要的历史背景：1895年的中日甲午战争，是中国近代史上的一个转折点，一向为国人所轻视的日本人竟然打败了大清帝国的北洋水师，这使朝野上下备受刺激。一些有识之士开始思考：日本人为什么能够如此，中国为什么落后了？他们从政治、军事、科学技术等方面寻找原因，而在不断的思考与争论中，他们逐渐意识到，最根本的原因在于教育的落后。

与此同时，一些外国传教士不管出于什么目的，也对探讨中国战败原因很有兴趣，其中以美国传教士林乐知最为突出。他所编译的《中东战纪本末》一书，就极其详尽地探讨了中国战败的原因，在当时影响极大。而附在该书末尾的一个小册子《文学兴国策》（此处的"文学"指的是文化教育，非一般意义上的文学），则鲜明地把教育与国家的兴亡问题联系起来，认为中国教育的落后导致了整个国家的落后，也导致了战争的失败。此书一出，其认为教育对一个国家的兴亡空前重要的说法即给国人以巨大的震撼。从此，一个"教育救国"的口号开始流行，大力兴办新式（也就是西式）教育成为晚清时期一个有声有色的运动。那么，《文学兴国策》是一本什么书，能够对国人有那么大的影响呢？

《文学兴国策》是由日本人森有礼所编辑一个主要由美国各界人士谈论教育的小册子。森有礼于1871年出任日本驻美国第一任大使，他对美国的教育一直非常关注。1872年2月3日，他向美国文化部大臣及其他各部和议员发照会一份，并向美国著名大学校长、文化人士等发函，称欲了解美国的教育制度和实际情况，并征求他们对日本发展教育的意见。他的举动在美国引起热烈反应,他最后收到了一大批关于美国教育的资料和对发展教育的意见,之后他将其汇总整理,就是这本《文学兴国策》。该书被送交日本政府,引起重视,在认真研究后付诸实施。从那以后,日本的教育发展很快,至甲午战争期间,日本的各类学校已有3万多所,教师人数达到了9万多人,在校学生有300多万。而中国的教育在此期间,则基本上没有变化。由此,林乐知认为,日本之强在于教育,而中国之弱也在于教育,因此中国要富强,首先要办教育。这就是林乐知要翻译介绍此书的原因。《文学兴国策》全书共收15篇文章,内容大致分为三个方面,即教育对一个国家和民族的重要意义、美国教育制度的情况以及对日本教育发展的建议。应当说,真正令中国知识分子感兴趣的是关于教育重要性的论述,认为教育是国家富强的根本,是民族兴旺的关键。任何时代、任何国家,重视教育则国家富强、民族兴旺;反之则国家贫弱、民族衰败。毫无疑问,这些论述即使在今天也依然有其现实针对性。

传教士的热心介绍,加上甲午战败的强烈刺激,使国人开始意识到改革旧的教育制度、兴办新式教育的重要性。《文学兴国策》是1896年4月出版的,同年6月,就有大臣奏请广开学校,7月又有山西巡抚胡聘之要求对传统的书院进行改革。就在这样的背景下,提请设立京师大学堂的创议终于出现,而朝廷在听取了传教士和一些大臣的建议后,也终于同意开办大学堂,体现了把"教育救国"这一思想付诸实施的决心。在光绪为兴办京师大学堂所颁发的诏谕中有这样的说法:"兴学育才,实为当今急务。"一个"急"字,就明显地流露出教育可以救国的热切愿望。

2. 在康有为、梁启超为代表的维新派的极力主张下,在更多有识之士的推动下,1898年6月光绪帝颁布了《明定国是诏书》,宣布维新变法,而全文的三分之一篇幅都被用来论述京师大学堂的创办:

数年以来,中外臣工,讲求时务,多主变法自强。迩来语书数下,如开特科,裁冗兵,改武科制度,立大小学堂,皆经再三审定,筹之至熟,妥议施行。惟是风气未大开,论说莫衷一是,或狃于老成忧国,以为旧章必应墨守,新法必当摈除,众喙哓哓,空言无补。试问今日时局如此,国势如此,若仍以不练之兵,有限之饷,士无实学,工无良师,强弱相形,贫富悬绝,岂真能制梃以挞坚甲利兵乎?

　　朕惟国是不定,则号令不行,极其流弊,必至门户纷争,互相水火,徒蹈宋明旧习,于时政毫无裨益。即以中国大经大法而论,五帝三王不相沿袭,譬之冬裘夏葛,势不两存。用特明白宣示,嗣后中外大小诸臣,自王公以及士庶,各宜努力向上,发愤为雄,以圣贤义理之学,植其根本,又须博采西学之切于时务者,实力讲求,以救空疏迂谬之弊。专心致志,精益求精,毋徒袭其皮毛,毋竞腾其口说,总期化无用为有用,以成通经济变之士。

　　京师大学堂为各行省之倡,尤应首先举办,着军机大臣、总理各国事务王大臣,会同妥速议奏,所以翰林院编修、各部院司员、大门侍卫、候补后选道府州县以下官、大员子弟、八旗世职、各省武职后裔,其愿入学堂者,均准其入学肄习,以期人才辈出,共济时艰,不得敷衍因循,徇私援引,致负朝廷谆谆告诫之意。将此通谕知之。

这个诏书的颁布,一方面标志着维新变法改革的开始,另一方面也表明作为"各行省之倡"的京师大学堂,将开始迈出走向现代化教育里程的第一步。

一个高等学校的开办,尤其是第一个具有领导地位的大学的开办,自然引起社会各界的关注。早在1898年前,创办了最早的教会大学登州文学馆的美国人狄考文,就连同各国在华传教士一起,联名呈送了《上译署拟请创设总学堂议》,在里面甚为详尽地提到了相关课程的设立:"今建立总学堂,则凡中西文字、经史、政事、律例、公法兵戎之学,天算、地舆、测绘、航海、光、电、声、化、汽机之学,身体、心灵、医理、药法、动植物之学,农政、商务、制造、工程之学皆入之。"①在这份资料中,传统的经学、蒙学、文学被种种西方的实用之学取而代之,用以开民智、树国威、涤旧弊。虽然狄考文的撰文中也提到了文字(而非文学)和经史,但很明显实用类课程占据了绝大多数位置。

无疑,从洋务派"经世致用"重科学轻文学的主张,到维新派"废科举,办学校"的口号,传统的教育方式都被斥为"空谈"。美国传教士李佳白在《中国宜广新学以辅旧学说》中也谈道:"请观于华人之智能,事事远不逮古人,西人之智能,事事直突过古人。深思其故,反求其本,息偏枯之空谈,讲博通之实学,勿堕入焚群籍愚黔首之恶趣,于是学堂隆起于国中,人才竞长于海外。赤县神州,庶有鸩乎?"②李氏看到空谈之恶趣流弊,所以大力提倡讲博通的学问。既然旧式经学理学教育不可取,新的教育就是探索的方向。然而,中国传统的文学和学术既然有数千年的历史,就不会轻易退出教育舞台。而新的历史环境也在呼唤文学的介入——尽管已经不能担当主角:伴随着与京师大学堂相关的三个学制章程的相继制定,新的文学教育初现端倪。

中国的现代教育,从起步就注定了它的道路必定坎坷不平,因为有太多的障碍存在。京师大学堂作为开先锋者,自然必定有更多的曲折。这从其所制定的章程可以看出其中的奥妙,因为大概只有京师大学堂才在短短7年之间制定出三个章程,这在中国教

---

① 狄考文等:《上译署拟请创设总学堂议》,《北京大学史料》第一卷,北京大学出版社1993年版,第17页。
② 汤志钧、陈祖恩编:《中国近代教育史资料汇编·戊戌时期教育》,上海教育出版社1993年版,第26页。

育史甚至世界现代教育史上恐怕都是罕见的。那么,这些章程的制定有什么必要呢?它们彼此有哪些差异?对此,著名学者陈平原曾经进行过精彩的分析研究,大致说来,第一个由梁启超制定的章程因为诞生于戊戌变法时期,所以维新气息浓郁,自然带有强烈的学习西方现代教育的倾向。在这个制定于1898年的《总理衙门奏拟京师大学堂章程》中,当时朝廷尊崇"泰西各种实学"的意向已经显山露水。这一章程列出10种"溥通学",谓"学生皆当通习",文学在其中列第九;10种"专门学",是用来培养亟需的专门(专业)人才,包括算学、格致学、政治学、地理学、农学、矿学、工程学、商学、兵学、卫生学。在这个所谓的"专门学"当中没有文学的一席之地,它只是作为一项应"通习"的基本技能。而所谓的"专门学"几乎都是实用性的课程,带有强烈的西方教育色彩。1902年,清政府下令恢复因八国联军入侵而停办的京师大学堂,并任命张百熙为管学大臣。张百熙热衷教育,希望重建一个"法制详尽"、"规模宏远"、"人才之出出于此,文明之系系于此"的大学堂,避免因循旧制。更希望能借大学堂的特殊地位,而使天下人"审治乱、验兴衰、辨强弱"①。在张之洞的支持下,他拟定了《钦定京师大学堂章程》,在这个章程里,显然更多地体现了变法失败后教育变革更加注重传统、注意维护清廷统治的思想。所谓"中学为体,西学为用"的指导思想非常明确。在具体设置上,则京师大学堂作为高等教育的学校,被从高到低分为大学院、大学专门分科和大学预备科三级。

　　大学院是学问最高之所,"主研究不主讲授,不立课程",相当于现代的研究生教育。而下一级大学专门分科仿日本的学制模式,类似于现代的本科,下设的7科35目相当于今天的学院和系:

　　　　政治科:政治学、法律学

---

① 舒新城编:《中国近代教育史资料》上册,人民教育出版社1961年版,第126页。

文学科：经学、史学、理学、诸子学、掌故学、词章学、外国语言文字学

格致科：天文学、地质学、高等算学、化学、物理学、动植物学

农学科：农艺学、农业化学、林学、兽医学

工艺科：土木工学、机器工学、造船学、造兵器学、电气工学、建筑学、应用化学、采矿冶金学

商务科：簿记学、产业制造学、商业语言学、商业法学、商业史学、商业地理学

医术科：医学、药学①

今天看来，这个被圣裁为"尚属详备"的章程已经具有大学分科分系的基本脉络或者说雏形了。其中最值得注意的是"文学"，在这时候不单只是一项"溥通学"，而是位列第二的专门分科，下设有经、史、理、诸子、掌故、词章、外国语言文字7目。原本被很多新学子诟病的"义理、考据、词章"也出现在了课程之中，应该是比1898年那个章程的一大进步。在诸多实用学科之外，文学又重新被认识和接纳，拥有了独立而较完备的课程。

第三级的大学预备科又分政艺两科，学制三年，毕业后可升入大学分科。

而在次年，张百熙又偕同张之洞、荣庆二人奉命重订学堂章程，即《奏定大学堂章程》。这次的修改突出了"学堂不得废弃中国文辞"：

> 中国各体文辞，各有所用。古文所以阐理纪事，述德达情，最为可贵。骈文则遇国家典礼制诰，需用之处甚多，亦不可废。古今体诗辞赋，所以涵养性情、发抒怀抱。

---

① 舒新城编：《中国近代教育史资料》中册，人民教育出版社1961年版，第551页。

中国乐学久微,借此亦可稍存古人乐教遗意。中国各种文体,历代相承,实为五大洲文化之精华。……惟近代文人,往往专习文藻,不讲实学,以致辞章之外,于时势经济,茫无所知。宋儒所谓一为文人,便不足观,诚痛乎其言之也! 盖黜华崇实则可,因噎废食则不可。今拟除大学堂设有文学专科,听好此者研究外,至各学堂中国文学一科,则明定日课时刻,并不妨碍他项科学。①

具体看,《奏定大学堂章程》和《钦定京师大学堂章程》的不同点之一是大学院改称通儒院,研究年限定为5年,大学分科毕业方能进入通儒院;其二大学分科除原有的7科以外,增设经学一科,下设周易、尚书、毛诗、春秋左传、春秋三传、周礼、仪礼、礼记、论语、孟子、理学11目,重新界定了经学的重要地位②。

比较这三部晚清的章程可见,大学堂的主要目的仍是培养通才,激发忠爱,学校赏毕业生以"出身",还授相应的官衔等级,这些无疑都带有大量的封建传统科举教育的痕迹,更是张之洞"中学为体,西学为用"思想的体现。这几部章程的制定,统一了学制和课程,规范了全国范围内的高等学堂,使得之前地方办学各行其是、莫衷一是的一盘散沙的局面得以缓解乃至消失,这正是三个章程的重要之处。

另外,大学堂章程的数次修订,"文学教育"又被重新拾回,并有了全新的面貌,它和传统意义上的经学、蒙学、词章之学有了很大不同,文学类的课程设置更趋于西化。1903年的《奏定大学堂章程》中,文学一科下设了"中国文学门",包括"文学研究法"、"《说文》学"、"音韵学"、"历代文章流别"、"古人论文要言"、"周

---

① 张百熙、荣庆、张之洞:《学务纲要》,《中国近代教育史资料》上册,人民教育出版社1961年版。
② 舒新城编:《中国近代教育史资料》中册,第628页。

秦至今文章名家"、"世界史"、"西国文学史"等总共16种科目①。在这样一种思想的指导下,诚如今人陈平原所说,文学教育从传统的吟咏、品位、摹写转而变为了知识性的讲授,个人的体验被文学史的宏观角度所取代,这是一个全新的理论领域,而在这新式的文学教育下培养出的文人、学者又反过来影响了新文学的产生。

二、浙籍文人与新文学运动

3. 梅贻琦曾有名言谓"大学者,非谓有大楼之谓也,有大师之谓也"。京师大学堂作为中国第一所具有现代教育色彩的大学,甚至被赋予了统管全国教育的特殊职责,自然也产生了很多大师级的人物。在它成立以后,很多在20世纪中国文化与文学史上享有座次的大师如走马灯一般在这所学校里轮流登台。

1912年,教育部下令京师大学堂改称北京大学,当年2月被袁世凯任命为京师大学堂总监督的严复,在5月正式改名之后,又成为了北京大学第一任校长。他在北大期间虽然只有短短的8个月,还是对学校作了不少的改革。而最重要的举措自然就是他力挽狂澜,以一篇《论北京大学校不可停办说帖》,说服了原本打算停办北大的教育部。仅此一点,严复对中国现代教育就功不可没。

严复之后,何燏时任校长之际(1913年),桐城派当时的代表人物,古文家兼翻译家林纾被迫去职,与他一并离职的还有另一位桐城派古文大家姚永概。这一事件,在一定程度上象征着北京大学内门派之争的开始明朗化,标志着章门弟子开始了进入北大的漫长历程。

林纾于1906年开始在京师大学堂先后担任经学教员和经文科教员。作为著名的翻译家,林纾其实并不看重给自己带来巨大声名的翻译,而认为自己的古文写作和绘画成就更高。因此,他在

---

① 舒新城编:《中国近代教育史资料》中册,第594页。

京师大学堂任教时,就选编了《中学国文读本》,主要择取并评注了从清代上溯到周秦的古文。1910年商务印书馆还出版了《畏庐文集》,其中收录了林纾所作古文109篇。林纾对自己的古文如此自负,当与得到过桐城派著名古文家马其昶的高度褒奖有关。而且,当年在京师大学堂,林纾的教学还是受到学生欢迎的,他自然不会想到自己会离开北大。

关于这次去职,他在家信中自叙何燏时是要"思用其乡人",而在另一封《与姚叔节书》中,更直接讨伐了"以捃扯为能,以饾饤为富","剽袭汉人余唾"的"庸妄钜子",还斥"其徒某某腾噪于京师,极力排姚氏",以来"昌其师说"并"挠蔑正宗"①。这里林纾所影射的何校长之乡人即是章太炎。何、章同是浙江人,基于章太炎"国学大师"的声名显赫,何燏时自然"舍林取章"。

这里有必要谈一下,章太炎与林纾的积怨之深达到何种程度。林纾在《畏庐笔记》中有一则《马公琴》,内借人物对话对章氏之治学大加嘲讽:"某公者,捃扯饾饤之学也。记性可云过人,然其所为文,非文也。"章太炎对林氏更是鄙视,他在《与人论文书》中即直接点名指斥林纾:"下流所仰,乃在严复、林纾之徒","汝纶既殁,其言有无不可知,观吴汝纶所为文辞,不应与纾同其谬妄","然特视林为不足依傍桐城,更无论司马迁辈也"。而且,章太炎还对林纾自视甚高的小说大加贬斥:"林纾之书得之小说署者,亦犹大全讲义诸书传于六艺儒家也。"可以想见,二人相轻如此,所以林纾被排挤出北大,自会愤慨之极,此种心情可见之于他的《与姚叔节书》。那么,这与林纾后来反对白话有何关系呢?原来,林、姚二人辞职后,章氏一派势力大增,特别是姚叔节辞去北大文科教务长一职后,由夏锡祺主持北大文科,夏氏倾向章氏,遂引进了一大批章太炎一派学者,如黄侃、马裕藻、沈兼士、钱玄同等。其中正是钱玄同,在新文学运动初期,与刘半农合演"双簧",将林纾等痛骂一

---

① 参见陈平原:《中国大学十讲》,复旦大学出版社2002版,第121页。

通。作为章太炎的高足，钱玄同如此行事自然更会激起林纾等人的反感。

在当时，北大的一大批文科教授都非常年轻，蔡元培接任校长后，更是大胆聘用了一批年轻有才华的青年为教授，例如在1918年北大的文科教授中徐宝璜25岁、胡适28岁、黄侃33岁、钱玄同32岁、周作人35岁、朱家骅26岁、马叙伦34岁、沈兼士32岁、沈尹默36岁，他们之中又有不少人曾留学国外，归国之后更是雄心勃勃、不可一世，其言谈举止和写诗作文都大有"舍我其谁"之气概，这在已迈入老年而又不甘人下的林纾看来，自是"是可忍也，孰不可忍也"。正如寒光所言："秉性服善甚笃而疾恶如仇，他之所以不满意于新文化、新思潮者，也就错拿了这种主意，和受了一时感情冲动的蒙蔽。"依林纾之性格以及他与章太炎及其弟子并北大学人的宿怨，决定了林纾不会保持沉默的，于是有了以后的林纾写小说骂新文学领袖的事情。

事实上，钱玄同、刘半农在1918年合演"双簧"，对林纾之翻译与创作大加嘲讽，而林纾一年之后才进行反击，即写了那一封致蔡元培的信，应当说他已经很能忍耐了。在此我们还有两个例证来说明林纾的本意只在泄愤而并非从根本上反对白话，一是他在1919年发表小说《荆生》、《妖梦》，影射攻击白话运动的同时，他又在北京《公言报》上发表"劝世白话新乐府"，这已是他第三次写这样的白话诗了。该报为此特辟专栏，并加按语说："林琴南在《平报》作白话讽喻新乐府百余篇，近五年已洗手不作矣。然世变日屹，悲者不自胜，乃复为冯妇，请本报拓一栏容之，不收润笔。……琴南年垂七十，与世何争，既不为名，亦不为利，所争者名教耳。阅报诸君，当能谅之。今世人既行白话，琴南亦以白话为之，趋风气也。"倘若他是坚决反对白话，又怎会再三地写白话诗呢，须知他是一个多么固执己见的老人啊！其二即为《荆生》、《妖梦》的发表，遭到《新青年》同人的痛斥，林纾也自感手法过于恶劣，遂写信给北京各报馆承认错误,此举也得到了陈独秀的称赞①。可惜如今的现代文学史,往往只讲林纾写小说骂人,不讲他的道歉,这是不公平的。

之后,章太炎虽没有亲自到北大执教,但他门下弟子开始大批涌进北大校园,"桐城"和"文选"的直接交锋在一开始就已经是一边倒的局面了。

桐城派古文尚唐宋,认为韩柳欧苏的文章才是正统,重视"义理、考据、词章",而以章太炎为首的文选派推崇的是魏晋六朝古文。钱基博在《现代中国文学史》中这样阐述此次"文派之争":"初纾论文持唐宋,故亦未尝薄魏晋。及入大学,桐城马其昶、姚永概继之,其昶尤吴汝纶高弟弟子,号为能绍述桐城家言者,咸与纾欢好。而纾亦得以桐城学者之盼睐为幸,遂为桐城张目,而持韩柳欧苏之说益力。既而民国兴,章炳麟实为革命先觉,又能识别古书真伪,不如桐城派学者之以空文号天下。于是,章氏之学兴,而林纾之说衰。纾、其昶、永概咸去大学,而章氏之徒代之。纾愤甚。"②除了上面讲的时局、人事方面的原因之外,文选能取代桐城,还因为六朝古文从文章风格、意旨等方面与当时刚接触到的西方文学有较多的相通之处,如后来周作人就把五四白话散文(美文)的成功归因于西方的随笔和六朝小品文共同影响的结果。

4. 章门弟子进入北京大学任教者,先后有马裕藻、沈兼士、朱希祖、黄侃、刘师培、钱玄同、周作人和鲁迅等。这些人中,不仅绝大多数都是章太炎东京讲学时的弟子,而且很多还是浙籍出身,也就是常为人指责及嫉妒的"某籍人士",他们后来都成为20世纪中国文化史上的重要人物。当时章太炎提倡"国学"是为了用国粹来激发爱国的激情,而在这些听课的人中,虽然其中很多人没有沿

---

① 陈独秀:《林琴南很可佩服》,《独秀文存·随感录》。
② 钱基博:《现代中国文学史》,岳麓书社1986年版,第194页。

1936年9月,周作人(左一)与北大同事(由左至右)
马裕藻、钱玄同、沈士远、朱希祖、沈兼士、许寿裳

着章太炎复古、崇小学的道路一直走下去,但在北大执教期间,在北大学术自由的风气中,这些人却影响了整个20世纪中国文学史。

后来蔡元培曾这样述及北大的整顿与革新:"旧教员中如沈尹默、沈兼士、钱玄同诸君,本已启革新的端绪;自陈独秀君来任学长,胡适之、刘半农、周豫才、周启明诸君来任教员,而文学革命、思想自由的风气,遂大流行。"①1917年,随着最后一个桐城大家姚永朴离开北大,桐城派彻底失势,北京大学文科的掌权者基本已是章门弟子。

至于章太炎本人,虽然没有到北大任教,但其影响却连陈独秀、胡适等,有时也要靠其名气庇护呢。例如当陈独秀在蔡元培掌校后被聘为文科学长时,在学术上还是受到质疑,为此蔡元培就拿章太炎这块招牌为其辩护:"仲甫先生精通训诂音韵,学有专长,过去连太炎先生也把他视为畏友。熟悉陈先生的人也出来讲话,说他在文学考据方面有素养、有研究、有著作。高一涵先生甚至说,

---

① 蔡元培:《我在教育界的经验》。

仲甫先生讲文字学,不在太炎先生之下。"① 由此可见北大文科风气,在章门弟子占据统治地位后的变化之大,以至章太炎在小学方面的成就,可以成为衡量学者水平的标准了。

因提倡白话而声名大噪的胡适,也很清楚,如果自己要想在北大站稳脚跟,就必须要在考证学上有所成就,才能期望获得章门弟子的承认甚至支持。所以,他在《中国哲学史大纲》中有很多有关考证、训诂、校勘的内容,多少和他的这种考虑有关②。此外,胡适在其《中国哲学史大纲》卷上的再版自序中,更是直接表白对章太炎的好感:"对于近人,我最感谢章太炎先生。"对于胡适与章太炎在学术上的关联,钱穆的评价可谓一语中的:"适之归国,讲学北大,写有《中国哲学史大纲》一上册……此书中观点及取材,颇多采自太炎之《国故论衡》。"③

此外,我们可以具体联系北大当时中国文学门每周课时的安排来看教育重点的转变和章门弟子的重要地位:

第一年　中国文学(6)、中国文学史(上古迄魏,3)、文字学(声韵之部,3)、希腊罗马文学史(3)、哲学概论(3)、第一种外国语(8)

第二年　中国文学(6)、中国文学史(魏晋迄唐,3)、文字学(形体之部,3)、近世欧洲文学史(3)、美学(3)、第二种外国语(8)

第三年　中国文学(6)、中国文学史(唐宋迄今,3)、文字学(训诂之部,3)、第二种外国语(8)④

---

① 沈尹默:《我和北大》,钟叔河等编:《过去的学校》,第33—34页。
② 余英时:《中国近代思想史上的胡适》,台北联经出版事业公司1994年版,第41—42页。
③ 钱穆:《学术传统与时代潮流》,《钱宾四先生全集》,第23册第45页。
④ 朱有瓛主编:《中国近代学制史料》第三辑下册,华东师范大学出版社1992年版,第99页。

而当时担任教学的人员状况是,黄侃、刘师培任教中国文学,钱玄同负责文字学,周作人则担任了欧洲文学史和19世纪文学史的课程,1920年鲁迅受聘于北京大学,讲授中国小说史,这样除刘师培外,都是章太炎的弟子,而刘师培在学术观念上实际也和章氏相近。

不过,此时"新文化运动"已经拉开帷幕,推崇魏晋六朝文章的以章太炎为首的"文选"派同样受到激进思潮的冲击,与过气的桐城派一道被称作"桐城谬种,选学妖孽"。有意思的是,第一个提出这个口号的不是别人,恰恰是章太炎的弟子钱玄同。作为一个声韵训诂方面的大家,且师出国学大师之门,钱玄同热情高涨地倡导了"文学运动"、"白话文学",甚至偏激地提出了要"废灭汉文"!他认为旧文章中的荒谬思想会误人子弟,古文学家所津津乐道的"文以载道"是为封建制度、君主制度服务的,而白话文是大众的,是普遍的,更带有民主性,钱玄同之所以提倡白话反对文言应该就是基于此吧。由于钱玄同是章太炎的入门弟子,可以说是诸多问题的专家,因此他的意见在当时很受重视。陈独秀当时说:"以(钱)先生之声韵训诂学大家而提倡通俗的新文学,何忧全国之不景从也,可为文学界浮一大白。"黎锦熙后来在《钱玄同先生传》中说:"《新青年》编辑人中,只有他是旧文学大师章太炎先生的高足,学有本源,语多行话,振臂一呼,影响更大。"①

意味深长的是,对弟子如此的反叛行径,章太炎并没有表现出多少不满,虽然后来在戏封其弟子时,把钱玄同封为"翼王"。之所以封其为"翼王",大概就是由于他在新文化运动中鼓吹白话和新文学,又治经时信奉康有为、崔适等人的今文经学,算是学术上已经背叛师门吧(当年翼王石达开也因不满天朝内讧,率十万士兵远走四川)。事实上,他们之间的私交其实一直很好,在老师一方,从来没有什么清除门户的想法;而在弟子一方也没有仿效其老师

---

① 姚奠中:《章太炎学术年谱》,第272页。

有什么"谢师"的举动。

不过,在这样一场推崇白话文、抵制复古的新文学革命和思想革命的影响下,确实是有不少章门弟子在文学主张上与老师章太炎渐行渐远,改"向后看"为"向前看",但文风和处事上仍留有章氏风格,以及他们师生所推崇的魏晋风度。

章太炎强调个人的独立思考与个体意志,注重个性的力量,认为要改变中国社会,必须要"依自不依他","所谓我见者,是自信,而非利己,犹有厚自尊贵之风,尼采所谓超人,庶几相近(但不可取尼采贵族说),排除生死,旁若无人,布衣麻鞋,径行独往,上无政党狯贱之操,下作丈夫奋矜之气,以此揭概,庶于中国前途有益"①。这样的独立个性和意志,从他的很多弟子身上都可以看到,前面所提到的钱玄同亦是如此。鲁迅曾多次在自己的文章中推崇尼采,引用尼采的叛逆性十足的警句,关于西方的思想他也有自己的思考:"盖自法朗西大革命以来,平等自由,为凡事首,继而普通教育及国民教育,无不基是以遍施。久浴文化,则渐悟人类之尊严;既知自我,则顿识个性之价值;加以往之习惯坠地,崇信荡摇,则其自觉之精神,自一转而至极端之主我。"鲁迅认为,西方近代社会的一大特点便是"个人"的发现,只有发现"个人"才能最终导致"人"的解放。"为今之计,所当稽求既往,相度方来,掊物质而张灵明,任个人而排众数。人既发扬踔厉矣,则邦国亦以兴起。"②所以周氏兄弟不约而同地举起了"人的文学"这面新的旗帜,从"救国"为目的衍生出来的自我发现、个性解放,使得当时的新文学获得一大批支持者,鲁迅也一举成为新文化运动的领袖人物。

而周作人,则直接把新文学的内容界定为"人的文学",认为文学必须来观察、研究、分析社会中的"人生诸问题"。他在1918年年底发表了著名的《人的文学》一文,主张作家要以人道主义为

---

① 章太炎:《章太炎全集》第四卷,上海人民出版社1985年版,第368页。
② 鲁迅:《文化偏至论》。

本,去描写底层人民的非人生活,积极展示理想的生活,所以"新文学"是一种重新发现"人"的手段。1919年初,周作人又提出了"平民文学"的概念,认为封建的旧文学属于"贵族的文学",而平民文学与它的本质区别在于"文学的精神区别",看它是否普遍,是否真挚。他认为平民文学应该用通俗的语言忠实地反映"世间普通男女的悲欢成败",写大多数人生活的真实一面。不论他的人的文学还是平民文学,都是一种"为人生的文学",强调人性的文学,文学是人类的,也是个人的。周作人所宣扬的个性解放思想,在当时五四时期非常具有代表性。

虽然之后周作人对"人的文学"进行了反思,并逐渐回归书斋,提出"自己的园地"的文学观点,后期他的散文创作具有返朴之意,强调"平淡自然"的气质,讲求内容的"饶有趣味",甚至不惜为此背上"文抄公"的骂名,却终于成为美文大家,这之中不难看出魏晋之文对他的深刻影响。

总之,正是上面提及的章门弟子诸人,不仅用自己的文学观点、创作革新,把一场原本是新旧之争的文学改革演变为整个文学界和思想界的伟大运动,宣告了现代文学的到来;而且也为北京大学日后成为中国高等学府的代表,其学生成为历次学潮的领军人物等,奠定了坚实的基础。

第七章
铿锵四人行
——章太炎、钱玄同与周氏兄弟

一、章太炎与周氏兄弟

1. 在章门弟子中,周氏兄弟不是最为引人注目的,至少不属于所谓的"五大天王"之列。在章太炎心目中,周氏兄弟大概也不是最为得意和最有可能传其衣钵的弟子。章太炎晚年所列的一个"弟子录"中,只有周作人而没有鲁迅的名字,他人问起时,章太炎的回答是仅凭记忆,没有什么微言大义在内,这话恐怕不能全信——那时鲁迅的名气之大,早已和他这位老师差不多,何况他们周氏兄弟早在东京留学时就已拜在章太炎门下,他怎么会只记得一个周作人而忘记其哥哥呢?不过,说来有意思的是,偏偏是章太炎所记得的周作人,却曾写过《谢本师》,要与章氏断绝师生关系。而鲁迅虽曾撰文批判过章太炎的"拉倒车"之举,反而并未做出"谢师"这样决绝的举动。因此,周氏兄弟与章太炎,看来不仅关系不甚亲密,而且颇为微妙。不过,整体而言,章太炎对周氏兄弟似乎也并无多少偏见,反过来周氏兄弟对老师也并非大为不尊。其实,看看他们的交往史,就会发现,在精神、气质、风度和文章风格方面,周氏兄弟倒是最能领会和学得章太炎之真传者,为此连章太炎本人很认同。

说到周氏兄弟与章太炎的交往，应该从他们在日本留学时算起。至于周氏兄弟是何时和怎样开始和章太炎交往的，太炎先生之孙、著名学者章念驰曾特意撰文，其中对于此事是这样说的：

> 太炎与鲁迅都出生于晚清时代，目睹国事日非，风雨飘摇，都曾寄望于变法维新。太炎因年长于鲁迅先生，得以亲与戊戌变法，成宣传改良的论集《訄书》，至遭追捕。变法失败后，太炎领悟到满洲政权必须推翻，否则无以拯救中国，乃剪发示决，发起"支那亡国二百四十二年纪念会"，撰《正仇满论》，序《革命军》，作《驳康有为论革命书》，昌言革命，导致"苏报案"，慷慨入狱，大大激发了民众反清情绪，表现了中国资产阶级初登历史舞台时的英雄气概。鲁迅知道章太炎的名字，即始于此时，他说："我的知道中国有太炎先生，并非因为他的经学和小学，是为了他驳斥康有为和邹容的《革命军序》，竟被监禁于上海西牢。"（鲁迅：《关于太炎先生二三事》，刊《且介亭杂文末编》）这对当时在黑暗中寻找光明的鲁迅，冲击自然很大，他到日本去留学恐怕这也是原因之一。因此，日本著名学者岛田虔次教授称太炎是鲁迅"思想上第一个革命的师"。
>
> 鲁迅到日本后，在革命空气十分浓厚的留学生中，精神更为振奋，一有工夫，"就赴会馆，跑书店，往集会，听讲演"（鲁迅：《因太炎先生而想起的二三事》，刊《且介亭杂文末编》），并在弘文学院江南班中，第一个剪掉了辫子，立下了"我以我血荐轩辕"的誓言。太炎当时因于西牢中所写的《狱中赠邹容》、《狱中闻沈禹希见杀》等四首诗，都传到日本，"最为鲁迅所爱诵"（许寿裳：《亡友鲁迅印象记》，写于1947年，人民文学出版社1977年出版），

直至三十三年后,鲁迅临终前十日,扶病写《关于太炎先生二三事》时,这几首诗又涌于眼前,便全文录于文内,并深情地说:"太炎先生狱中诗,卅年前事,如在眼前",这几首诗"使我感动,也至今并没有忘记"。当时太炎另一篇鼓吹种族主义的文章《张苍水集后序》,也是鲁迅特别爱诵的诗文。虽然那时他俩未曾面识,但对鲁迅来说,太炎在他心目中无疑占据了重要地位,在这种影响下,鲁迅在东京参加了光复会(鲁迅参加光复会事,近年史学家已予肯定,此不赘言)。

鲁迅与太炎相见,是1906年之后的事。当时太炎因"苏报案"刑满释放,七月初抵达日本,他作为"革命党之骁将",在留学生心目中具有英雄形象,受到热烈欢迎,七千多中国留学生在东京神田区锦辉馆为他召开了欢迎大会,倾听了他著名的革命演说。当时,鲁迅刚刚从国内完婚后返日,他有没有去参加欢迎会或聆听太炎演讲,难以确知,但王士菁在他的《鲁迅·章太炎·尊师重道》一文中说,"鲁迅作为激进爱国、胸怀兴亡感的青年留学生,很可能也参加了这个七千人的大会"。如果鲁迅确曾参加了这欢迎会,那么,这就是鲁迅第一次见到了太炎。太炎抵日本后,投入了繁忙的革命活动之中,主持《民报》,宣传革命,而鲁迅是《民报》忠实的读者,他不仅爱读《民报》,而且还把它收集起来,装订成册,他当时虽然知道太炎创办国学会事,但他正彷徨于"医学救国"与"提倡新文艺来改良社会"这样一条"治人"还是"治国"的十字路口,所以他没有立刻成为太炎讲学的第一批学生。次年,鲁迅移居东京本乡东竹町中越馆,弃医从文,与革命党人陶成章、龚未生、陈子美、陶冶公等交往日频,这些人"差不多隔两天总有一个跑来,上大下地的谈上半天"(周遐寿:《鲁迅的故家》),而"陶成章和龚未生几乎每日必至"

(樊光:《我所知道的陶成章》,载《上海文史资料专辑——辛亥革命七十周年》,1981年出版)太炎寓所,"另有章行严、秋瑾、周作人、吕操元、陈独秀等亦为(太炎)座上客"(樊光:《我所知道的陶成章》,载《上海文史资料专辑——辛亥革命七十周年》,1981年出版),这期间太炎与鲁迅之间有这么多共同朋友,必然会导致相识与交往,但真正从学拜师太炎却是1908年去《民报》社听课时候的事①。

周氏兄弟和章太炎还曾有过共同学习梵文的经历,那也是在主办《民报》期间,章太炎计划翻译两本佛学研究著作,为此他决定学习梵文。但懂梵文的老师在东京实在不好找,直到次年,才在来日的印度人中找到一位,定为每月学费40块银元。老师如此难找,章太炎认为不能浪费资源,应该让尽可能多的弟子来听讲,就给他的很多学生写信要求他们来学习梵文。他给鲁迅、周作人兄弟二人的信是这样写的:

数日未晤。梵师密史逻已来,择于十月六日上午十时开课,此间人数无多,二君望临期来赴。此半月学费弟已垫出,毋庸急急也。

不料等到上课那天,竟然只有章太炎和周作人两个人,鲁迅未到是因为他要回国。但既然老师来了,只有先听再说。学习的过程非常枯燥,通常是老师先画出字母,再教发音,他们就照猫画虎,然后跟着念。一次下课前,老师在纸上写了一行梵文,告诉章太炎说这是专门为他用梵文拼写的名字,读作:披爱耳羌。章太炎听不

---

① 章念驰:《论章太炎与鲁迅的早年交往》,载《中华文史论丛》第50集,上海古籍出版社1992年版。

懂,就说他叫章炳麟,不叫披爱耳羌,后来才悟出原来这是他名字的英文拼法(P. L. Chang)。

由于这位老师的教学方法过于死板,学习内容枯燥乏味,周作人学了两次就不愿再去。这样,必然所有的费用都要章太炎一人负担。章太炎当时经济也非常窘迫,于是想到了当时正在南京办祇洹精舍的佛学大师杨仁山。杨仁山当时正热衷于传播佛学和培养有关人才。章太炎就写信给杨仁山,希望他能找几个"年少沙门"来日本学梵文,"相与支持此局"。不过,由于两人学术上见解不同,对佛学的理解也不同,杨仁山回信谢绝了章太炎的提议。自然,只有一个学生是无法坚持的,不久章太炎就因负担过重而放弃学习梵文一事。

东京期间,周氏兄弟与章太炎除了教学关系外还有很多来往。当时周氏兄弟出于思想启蒙的目的翻译《域外小说》时,就得到过章太炎的鼓励支持。如周氏兄弟翻译俄国斯谛普基克的《一文钱》,章太炎不仅看过,还亲手修订很多内容,后又刊登在自己主编的《民报》上。1908年10月,《民报》遭日本政府查封,并处以罚款一百五十元,当时的日本法院故意刁难,宣布如果不能按时如数缴纳,身为编辑人兼发行人的章太炎就要被罚做苦役以抵偿。而当时章太炎生活极为艰苦根本没有能力支付罚金。于是,1909年3月7日,日本政府以无力支付罚金为由将章太炎抓捕,准备处以劳役。鲁迅得知此事后即与好友许寿裳商议,将他们翻译《支那经济全书》的部分印刷费,替老师缴纳了罚金,终于使章太炎在被关押一天之后获得释放。

此外,章太炎被袁世凯软禁在北京时,鲁迅也是常去探望,还劝绝食中的老师进食。在鲁迅的日记中,即有7次探望的记录,而且每次去都是"晚归"、"夜归"、"傍晚归",春节时更是去给章太炎拜年。学生如此尊师,章太炎自然很感激鲁迅,曾亲书庄子的一段话赠给鲁迅,条幅内容出自《庄子·天运篇》,即"变化齐一,不主故常;在谷满谷,在坑满坑;涂郤守神,以物为量"。上款为"书赠豫材",下款为"章炳麟"。章太炎之所以选择《庄子》,是因为诸子之中,他对庄子的评价最高:"若夫九流繁会,各于其党,命世哲人,莫若庄氏。逍遥任万物之各适,齐物得彼是之环枢,以视孔墨,犹尘垢也;又况九渊、守仁之流,牵一理以宰万类者哉。"章太炎还曾专门作《齐物论释》以发挥庄子的思想,这对鲁迅的影响也是很大的。对于老师的题赠,鲁迅自是极为珍爱,一直随身保藏,直至去世。

关于章太炎给予早期鲁迅的影响,著名学者章念驰先生是这样评价的:

> 1908年8月至12月,鲁迅发表了《文化偏至论》和《破恶声论》,这是他早年两篇思想代表作,如果将这两篇论著,与太炎的《俱分进化论》、《四惑论》等著作,以及当时发表于《民报》上一系列文字相对照,会发现有惊人的相似之处,观点如同一辙,简直是太炎先生著作的翻版。由此可见他当时多么全面接受了太炎在《民报》上的主张。
>
> 鲁迅在《文化偏至论》一文中提出:"掊物质而张灵明,任个人而排众数。"因为在资本主义物质文明之盛的后面,"灵明日以亏蚀,旨趣流于平庸,人惟客观之物质世界是趋,而主观之内面精神,乃舍置不之一省",于是,"社会憔悴,进步以停,于是一切诈伪罪恶,蔑弗乘之而萌",因此鲁迅先生认为,应"非物质"、"重个人"、"取今复古,别立新宗",使"国人之自觉至,个性张,沙聚之邦,由是转为人国,人国既建,乃始雄万无前,屹然独见于天下"。鲁迅这些想法,不正是太炎主张之翻版吗!他在《破恶声论》一文中,除阐述了同样思想外,进而批判了"掣维新之衣,用蔽其自私之体"、"假改革之名,而阴以遂其私欲"的保皇党与立宪派的面目,从而提倡"苏古掇

新,精神闿彻",即太炎所倡导的国粹主义精神。值得我们注意的是,鲁迅发表这两篇代表作之时,正是他在《民报》社听太炎讲《说文》期间,正是他从师太炎,交往最密期间。可见,他不单单是去听太炎讲古老的汉学,而是如他自己所述"我的知道中国有太炎先生,并非因为他的经学和小学",去《民报》社听讲,也"并非因为他是学者,却为了他是有学问的革命家"。所以鲁迅从太炎那里所接受的主要影响,也是太炎先生的革命精神与革命思想,从而影响了一生的选择,使他走上了革命道路,选择了以文学为武器,成为新文化运动的旗手和反封建的主将。他以文学为武器,源自太炎先生"用国粹激动种性",他一生致力国民性的改造,源于太炎先生"增进国民的道德"说。只是,在以后的革命实践中,他渐感单纯依靠宗教、国粹,是增进不了国民的道德和爱国热肠的,这止不过是"高妙的幻想",于是他们分道扬镳了①。

至于学术上章太炎对周氏兄弟的影响,就更加深刻复杂。例如章太炎曾经认为孔子是窃取了老子藏书而立说:"老子以其权术授之孔子,而征藏故书,亦悉为孔子诈取。……老子胆怯,不得不曲从其请……于是西出函谷……著《道德经》以发其覆。借令其书早出,则老子必不免于杀身。……呜呼!观其师徒之际,忌刻如此,则其心术可知,其流毒之中人,亦可知已。"②当弟子朱希祖于1910年向他咨询此事时,他仍然不改此说:"言老子征藏故书为孔子所诈取者,此非臆言之也。"③章太炎对孔子有如此偏见,肯定对其门下弟子五四时期奋起"打倒孔家店"有重要的影响。甚至到了1935年,鲁迅在《出关》这篇小说中,写到孔子与老子的关系时

---

① 章念驰:《论章太炎与鲁迅的早年交往》,载《中华文史论丛》第50集。
② 汤志钧编:《章太炎政论选集》上册,中华书局1977年版,第292—293页。
③ 马勇编:《章太炎书信集》,第289页。

仍然沿用了章太炎的观点:"老子的西出函谷,为了孔子的几句话,并非我的发见,是三十年前,在东京从太炎先生口头听来的。"①

至于章太炎对鲁迅文学创作方面的影响,不妨看看著名学者王元化的评价:

> 鲁迅留学东京时曾师事章太炎,受到章太炎较深的影响。这种影响自然不仅是文字学,也不仅是排满思潮,而且还表现在学术思想方面。例如关于今古文学派的看法,对法家所采取的比较肯定的态度,以及对疑古派的反感,都留下这种影响痕迹。
>
> 章太炎曾在《訄书》中说:"瘢夷者恶燧镜,伛曲者恶缲绳",便是对于社会上反对揭示真相的讽刺文学的有力驳斥。可以看出鲁迅曾吸取了章太炎那种犀利的讽刺笔法。其次,章太炎继清代钱大昕、朱彝尊的余绪,破千年来的传统偏见,著《五朝学》,对魏晋时代文学作了再估价,恢复了它在学术史上的应有地位。在这一点上,鲁迅也很可能受到他的影响。鲁迅曾校《嵇康集》,写过《魏晋风度及文章与药及酒之关系》。他喜爱阮籍、嵇康等人的文章,一扫前人奉儒家为正宗、对玄学家和清谈家所采取的不屑一顾的成见,而肯定阮嵇等人非汤武、薄周孔的反礼教的积极一面。他把魏晋时代称为文学的自觉时代。这一说法不仅中肯,而且具有卓识。他在涉及古代文论时,每每征引陆机、刘勰之说,并以新见解加以引申,不仅殚其底蕴,且发扬光大,使之至今仍具有生命力。例如,他对《文赋》中的"榛木苦弗剪"这一论点的阐发就是明显的例子。笔者在拙著《文心雕龙创作论》中,曾五引鲁迅论《文心雕龙》之文,其见解之精辟,就是今天看起

---

① 《鲁迅全集》第6卷,第520页。

来也令人折服。例如,鲁迅引《程器篇》"人禀五材,修短殊用,自非上哲,难以求备,然将相以位隆特达,文士以职卑多诮,此江河所以腾涌,涓流所以寸折也",加以按语说:"东方恶习,尽此数言。"又引《辨骚篇》"才高者菀其鸿裁,中巧者猎其艳词,吟讽者衔其山川,童蒙者拾其香草",加以按语说:此言后世模仿《离骚》者,"皆着意外形,不涉内质,孤伟自死,社会依然,四语之中,含深哀焉"。这类见人所未见的简短按语所包含的深刻内容足以耐人细思寻味。自然,以上这些观点并非来自章太炎,但章太炎的《五朝学》对魏晋时代文学所作的肯定评价,应该说对鲁迅是起了诱发作用。

章念驰先生则重点关注章太炎和鲁迅在魏晋文学与文风方面的共同爱好和趣味,认为后者的喜爱魏晋与章太炎有很大关系:

> 太炎文风,总的来讲,尚质,讲究形式与内容的统一,主张文学为政治服务,形式为内容服务,反对重形式、轻内容、刻意模拟,或无病呻吟,反对雕琢、浮华、颓败、陈腐的旧文风,他说:"文不论骈散,要以文骨为主",他认为文风可见国势的盛衰和民气的刚柔,反之,国势与民气又需要文风的改革,在众多文学流派中,他特别赞扬和推崇魏晋文风,称之"可以为百世师矣"(章太炎:《国学论衡》上卷,1906年出版)。他认为魏晋文学,长于辨名析理,汲取了先秦诸子辩长,特别是吸收了老庄学说的义理,在思想上具有反儒家礼教经学的进步性,在文笔上"仪容穆若,气自卷舒,未有辞不逮意","守己有度,伐人有序,和理在中,孚尹旁达",这种文体,太炎认为正是清末革命文学所需要的文体。因此他著《五朝学》,赞魏晋作品无娇柔之气,无靡丽之词,唐、宋之文与之相较,都远为逊色和

不足为法。太炎说:"效唐宋之持论者,利其齿牙。效汉之持论者,多其记诵,斯已给矣。较魏晋之持论者,上不徒守文,下不可御人以口,必先豫之以学"(章太炎:《文学略说》,载《国家论衡》,1906年出版),而唐宋"欧、曹、王、苏之作,气骨已劣于韩、柳"(章太炎:《文学略说》,载《国家论衡》,1906年出版),"唐末迄于五代,文之衰弊已极",诗词更是越来越堕入文字游戏,小说更是缠绵之作,至于桐城文体,华而不实,更无论了,都不适于清末革命文学的要求。太炎反对文章只注重形式,不重视内容,"若夫前有虚冒,后有结尾,起伏照顾,惟恐不固,此自苏轼、吕祖谦辈教人已法,以此谓之体制,吾未见其为体制也",他本人的文章,就从不讲究形式,而是陡然而来,戛然而止,没有什么首尾呼应等等形式与落套。在诗歌方面,太炎效法魏晋,独步五言,很少写七律,提倡"文学复古",这所谓"复古",即提倡魏晋文艺的复兴,藉以抵御清末文坛诸多靡丽文体,以适应革命的需要。

太炎所处的时代,风雨如晦,鸡鸣不已,黑暗太浓重,反动的势力太强大,一批先驱者"痛同胞之醉梦犹昏,悲祖国之陆沉谁挽",决心去搏击,去流血,而有吴樾之死,陈天华之投江,他们为争生存,不惜去牺牲,为了争光明,不惜将自己燃烧,一批文化战士,以文学倾吐凄楚悲愤,如鲁迅所说:"唯有勇士能有大哀痛",这种哀痛的忧患意识,"是我们民族文化的精魂"。鲁迅目睹太炎先生于辛亥前的追捕坐牢流亡,过着极艰苦的生活,国家之痛与身世之愤,一发于文章,充满凄恻之情,像受了伤痛的狮子,发出悲壮的怒号;辛亥后又受袁世凯囚禁,太炎爱女——鲁迅先生挚友龚未生的夫人——愤世而自尽,刺激更深,发文更加沉痛,好像有一种不可抗拒的力量逼人而来,廉悍劲利,充满大哀痛。鲁迅说:"怒吼的文学一出现,反抗就快到了","与革命爆发时代接近的文学每每带有愤怒之音"。(鲁迅:《革命时代的文学》)太炎的诗文,可以说正是这种"带有愤怒之音"的怒吼文学。这对鲁迅的影响是极为巨大的,鲁迅的创作风格与文学研究,特别是他的杂文——匕首文学,可以说是太炎哀的战斗文章的发展,形成了一个时代二个时期的文学典范。

鲁迅早年的文学风格,曾受到过严复和林纾影响,他自己也承认早年文章里,"受着严又陵的影响"(鲁迅:《〈集外集〉序言》),在翻译小说《匈奴奇士录》时,"还多用林琴南笔调"(周作人:《关于鲁迅之二》,载《鲁迅先生纪念集》,上海书店1979年复印本)。以后在太炎影响下,他终于摆脱了严、林影响,接受了章氏文风。太炎曾批评严、林文风,说:"下流所仰,乃在严复、林纾之徒。复辞气虽饬,气体比于制举,若将所谓曳行作姿者也。纾视复又弥下,辞无滐选,精采杂污,而更浸润唐人小说之风。夫欲物其体势,视若蔽尘,笑若龋齿,行若曲肩,自以为妍,而只益其丑也。"(章太炎:《太炎文录·卷二·与人论文书》)这种批评是非常尖锐苛刻的,但他是具有这样批评的资格。吴文祺先生称太炎文章"析理绵密,无盈辞,无剩义,用文精确,一篇文章中无一句浮泛的话,一句话中没有一个浮泛的字",严、林文章与章氏相较,高低渭然,鲁迅自然接受太炎而摒弃严、林之影响。周作人说:"鲁迅早年接触西方的思想与文学,大半是通过严、林的介绍,因而最初在写作上都曾受到他们的影响。自从从太炎问学后,于是对林氏的笔调有点不满,而对严文也嫌他有八股气了。以后写文喜用本字古义,《域外小说集》中也大都如此。"(周作人:《关于鲁迅之二》)到了五四时代,鲁迅对桐城派的卫道士林纾,则毫不客气地斥为"桐城谬种"、"选学妖孽",给予批驳,完全决裂了。鲁迅正是继承了太炎文风,尚崇魏晋文风,不尚空言,长于辨理,精于用词,文风峻利,用词典雅,嬉怒哀骂,皆成文章,师生可谓一脉相传。但是,太炎的文偏于政论与史论,较学术化,而鲁迅先生的文偏于国民性的改造,"鲁迅比前人的贡献,在于他在中国近代首先把文学和提高民族灵魂境界的使命直接联系在一起,把改造国民性的问题具体化了"(程麻:《沟通与更新》,中国社会科学出版社1990年出版),虽然中国自古有文史不分之说,但鲁迅文的内容比之太炎毕竟更广泛和平民化,显然,鲁迅是继承发展了从魏晋到龚自珍、太炎的思想与文风。

文学评论家王元化说:"章太炎继清代钱大昕、朱彝尊的余绪,破千年来的传统偏见,著《五朝学》,对魏晋时代文学作了再估价,恢复了它在学术史上的应有地位。在这一点上,鲁迅也很可能受到他的影响"(王元化:《文学沉思录·关于鲁迅研究的若干设想》)。鲁迅"喜爱阮籍、嵇康等人的文章,一扫前人奉儒家为正宗,对玄学家和清谈家所采取的不屑一顾的成见,而肯定阮嵇等人非汤武、薄周孔的反礼教的积极一面。他把魏晋时代称为文学的自觉时代。这一说法不仅中肯,而且具有卓识"(王元化:《文学沉思录·关于鲁迅研究的若干设想》)。1927年鲁迅在广州所作的《魏晋风度及文章与药及酒之关系》演讲,即是对魏晋文学在中国文学史上的地位再评价,显示了他对魏晋文学史的修养与造诣。但是,鲁迅没有简单地对魏晋文学进行照搬与重复,这一点上,他大大优越于他的老师。太炎由于太追求魏晋风骨,文必追古(即魏晋),字必用"本字古义",显示高雅,众所周知,秦汉魏晋的本字古义,今已成古字僻词,诚有几者卒读,因而太炎先生文章几成"天下第一难读",里面文字古涩难懂,大大影响了他的文章的影响与普及,正如吴检斋批评所说:"太炎先生的思想是平民的,但他的文字是贵族的。"而鲁迅在精研魏晋文学基础上,又创导了白话文,大大适合了时代需要,从而超越了他的老师。

鲁迅好友刘半农曾为鲁迅撰联一副,称他"托尼学说,魏晋文章",即是说鲁迅思想上曾刻意汲取西方尼采学说,崇尚革命浪漫主义与英雄主义,文章上曾汲取魏晋文体之长,尚崇反抗精神和伐人有序,兼融中西之长,形成了自己的风格。鲁迅对刘半农的对联,对他思想文章的评价,没有任何反对,因为这确实是知者之言。鲁迅的另一位同门好友曹聚仁曾说:"章师(太炎先生)推崇魏晋文章,低视唐宋古文。(黄)季刚自以为得章师的真传。我对鲁迅说:'季刚的骈散文,只能算是形似魏晋文;你们兄弟俩的散文,才算得魏晋的神理。'他(鲁迅)笑着说:'我知道你并非故意捧我们的场的。'后来,这段话传到苏州去,太炎师听到了,也颇为赞许。"(曹聚仁:《我与我的世界》,三联书店1982年出版)鲁迅逝世后,他在东京时另一位同门好友马幼渔写了一副挽联,称鲁迅"热烈情绪,冷酷文章,直笔遥师菿汉阁"("菿汉"是太炎先生号);清任高风,均平理想,同心深契乐亭君"。将鲁迅的为人与文风,与太炎并论,也可谓是知者之言。从刘半农、曹聚仁、马幼渔的评价,都可证明鲁迅继承和发扬了从魏晋到太炎的文风与精神[①]。

1927年,鲁迅在广州有一次讲演,就是那篇有名的《魏晋风度及文章与药及酒之关系》,可以说是比较集中地反映了鲁迅对魏晋文人及其文学风格的意见,从中很能看出他受章太炎影响的痕迹。此处仅摘录两段,供读者欣赏:

[①] 章念驰:《论章太炎与鲁迅的早年交往》,载《中华文史论丛》第50集。

鲁迅

用近代的文学眼光来看,曹丕的一个时代可说是"文学的自觉时代",或如近代所说是为艺术而艺术(Art for Art's Sake)的一派。所以曹丕做的诗赋很好,更因他以"气"为主,故于华丽以外,加上壮大。归纳起来,汉末,魏初的文章,可说是:"清峻,通脱,华丽,壮大。"

……

到东晋,风气变了。社会思想平静得多,各处都夹入了佛教的思想。再至晋末,乱也看惯了,篡也看惯了,文章便更和平。代表平和的文章的人有陶潜。他的态度是随便饮酒,乞食,高兴的时候就谈论和作文章,无尤无怨。所以现在有人称他为"田园诗人",是个非常和平的田园诗人。

2. 那么,周作人在留学东京时,又是怎样看待章太炎的呢? 周作人认为:"太炎先生以朴学大师兼治佛法,又以依自不依他为标准,故推重法相与禅宗,而净土秘密二宗独所不取,此即与普通信徒大异。……且先生不但承认佛教出于婆罗门正宗(杨仁山答夏穗卿书便竭力否认此事),又欲翻读吠檀多奥义书,中年以后发心学习梵天语,不辞以外道为师,此种博大精进的精神,实为凡人所不能及,足为后学之模范者也。"①

在周作人看来,章太炎是一位"儒佛兼收,佛里边也兼收婆罗门"的学者,这是章太炎"最为可贵"之处。周作人说:"我于太炎先生的学问与思想未能知其百一,但此伟大的气象得以懂得一点,即此一点却已使我获益匪浅矣。"然而,后来的周作人,对于章太炎的态度却发生过复杂的转变。

1926年周作人在《语丝》发表《谢本师》,公开反对章太炎,这在有着悠久尊师传统的中国文坛,引起了轩然大波:

> 先生现在似乎已将四十余年来所主张的光复大义抛诸脑后了。我相信我的师不当这样,这样也就不是我的师。先生昔日曾作《谢本师》一文,对于俞曲园先生表示脱离,不意我现今亦不得不谢先生,殊非始料所及。

周作人为何会做出如此激烈的举动呢?对于周作人"谢本师"之缘由,唐振常先生曾有精彩的论述:

> 周文说:"'讨赤'军兴,先生又猛烈地作起政治的活动来了。我坐在萧斋里,不及尽见先生所发的函电,但是见到一个,见到两个,总不禁为我们的'老夫子'惜,到得近日看见第三个电报,把'剿平发逆'的'曾文正'奉作人伦模范,我于是觉得不能不来说一句话了。先生现在似乎已将四十余年来主张的光复大业抛诸脑后了。我相信我的师不当这样,这样的也就不是我的师。"按一九二五至周作人写此文时之一九二六年八月间,章太炎屡屡发

---

① 周作人:《秉烛谈·记太炎先生学梵文事》。

表反赤的演说与通电,且任上海反赤大同盟主席兼理事、反共救国大联合干事会主席。周作人称所见到的第三个电报,经查,指一九二六年八月十三日所发《章炳麟通电》,载于同年是月十五日的《申报》。通电反对北伐,斥蒋介石"尊事赤俄","为赤俄之顺民,奉赤俄之政策",希望他所致电的吴佩孚、张作霖、孙传芳等一串南北军阀做曾国藩,谓"昔卢循必待刘裕而后灭,洪、杨必待曾国藩而后破……今之世虽无刘裕,而曾国藩为老生逮见之人,非不可勉而企也。"于是周作人表态:"先生昔日曾作《谢本师》一文,对于俞曲园先生表示脱离,不意我现今亦不得不谢先生,殊非始料所及。此后先生有何言论,本已与我无复相关,唯本临别赠言之义,敢进忠告,以尽寸心:先生老矣,来日无多,愿自爱惜令名。"心情是沉痛的,言词是平和的。

周作人此论,自然是从政治着眼。值得注意的是,周作人赞扬老师早年之从事革命大业,以后来"先生好作不高明的政治活动"为不然,深深惋惜太炎辛亥回国以来不再讲学,说是"先生倘若肯移了在上海发电报的工夫与心思来著书,一定可以完成一两部大著,嘉惠中国的后学"。又说:"先生太轻学问而重经济(经济特种之经济,非Economics之谓。——振常按:此经济特种之"种",疑为"科"之误),自己以为政治是其专长,学问文艺只是失意时的消遣。"这一句话,无意间道出了太炎在政治与学术间的矛盾。太炎弟子王仲荦生前曾对我说:"老师本是学者,而谈起学术来昏昏欲睡。老师本不擅政治,但一谈政治则眉飞色舞。"此语可为周作人看法作注解。太炎自然是卓越的学者,周作人惋惜太炎分心政治,影响了学术,望乃师成为纯粹的学者。这是周作人的心态与企求,以之与乃兄鲁迅所论的太炎,有所不同,亦可见弟兄二人的异趣。

不过,周作人并未真的与章太炎绝。后来太炎情况变化,周作人对老师态度也就改变。据《知堂回想录》引《日记》回忆,太炎于一九三二年春北游讲学,周作人不但两次去北大听讲(一次讲《论语》,一次周《日记》未记明讲题),还参与了太炎弟子和北大同仁的几次宴太炎聚会,只有一次马叙伦宴太炎时周作人未去,那是因为"座中有黄侃……不欲见之也"。并且,他自己在家设宴款太炎,极为隆重。"托(马)幼渔以汽车迓太炎先生来",请了钱玄同等陪宴,"在院中照一相,又乞书条幅一纸",一直到晚十时半始散,"仍以汽车由玄同送太炎先生回去"。师生相聚之情当必欢愉。同据这篇回忆录,周作人说,他之所以写《谢本师》,实因为太炎主张把北方交给张作霖,南方交给吴佩孚,在《谢本师》中"却借了曾文正、李文忠字样(振常按:文中并未写到李鸿章,此是周误记)来责备他,与实在情形是不相符合的"。周作人尊师如故,当由于太炎晚年"末了回到讲学"(周语),符合周作人的素望。章氏弟子集资刊刻《章氏丛书续编》,周作人也出资一百元,刊后分得了两部书。苏州章氏弟子刊行《同门录》,颇有宗派观念,鲁迅、许寿裳均未列入。然据钱玄同告周作人,《同门录》名单,全凭章太炎记忆所及列举,是以漏了好些人,而周作人"大名赫然在焉",可见章太炎对弟子当年之"谢师"也不存芥蒂。章太炎死后半年,周作人还写了一篇《记太炎先生学梵文事》以作纪念。文中称乃师"中年以后发心学习梵天语,不辞以外道为师,此种博大精进的精神,实为凡人所不能及,足为后学之模范者也。"还有一事应予注意,周作人宴请章太炎,陪客中有俞曲园后人平伯,俞章之事亦应作一了结①。

由上文记叙可见,"谢师"归"谢师",章太炎与周作人两人的师生之谊,似乎还是一如既往,毫无变化。而且,抗战时期,当周作人"落水"当汉奸后,还曾借去南京的机会,顺便去苏州访问章太炎的故居,并去章太炎墓前祭拜。后来写了一篇《苏州的回忆》,说俞樾、章太炎两人晚年"不约而同的定住苏州","是非偶然的偶然"。那么,由俞樾与章太炎的关联,周作人是否就在提醒世人,他与章太炎之交往,当也属于"非偶然的偶然"吧。

周作人对老师是如此态度,再看鲁迅。自然,生活中鲁迅对章太炎是严守尊师之道的,那么,在他笔下的的章太炎又是怎样的形象呢。在其《华盖集》里的《补白》有一段相当有趣的文字:

> 民国元年章太炎先生在北京,好发议论,而且诶毫无顾忌地褒贬。常常被贬的一群人于是给他起了一个绰号,曰'章疯子'。其人即是疯子,议论当然是疯话,没有价值的了,但每有言论,也仍在他们的报章上注销来,不过题目特别,道:《章疯子大发其疯》。有一回,他可是骂道他们的反对党头上去了。那怎么办呢?第二天报上注销来的时候,那题目是:《章疯子居然不疯》。

尽管20世纪30年代,鲁迅对章太炎晚年的复古倒退有所批评,但对作为老师的章太炎,鲁迅始终是持尊敬态度的。在鲁迅晚年写给曹聚仁的一封信里,就有令人感动的一段:

> 古之师道,实在也太尊,我对此颇有反感。我以为师

---

① 唐振常:《读书》,1993年第10期。

如荒谬，不妨叛之，但师如非罪而遭冤，却不可乘机下石，以图快敌人之意而自救。太炎先生曾教我小学，后来因为我主张白话，不敢再去见他了，后来他主张投壶，心窃非之，但当国民党要没收他的几间破屋，我实不能向当局媚笑。以后如相见，仍当执礼甚恭（而太炎先生对弟子，向来也绝无傲态，和蔼若朋友然），自以为师弟之道，如此已可矣。

至于今天，该如何看章太炎与周氏兄弟关系，网络上有一署名为"重组"的帖子，也许可以反映当代读者对鲁迅与章太炎关系的态度，特别是对鲁迅评价章太炎的有关看法：

鲁迅《关于太炎先生的二三事》，本来只是一家之言，因为人威言重，几成定评，后来学者到此，也多学舌一番。重组窃为太炎先生不平，今天就略谈一谈。

鲁迅说章太炎"既离民众，渐入颓唐，后来的参与投壶，接受馈赠，遂每为论者所不满"。这里恐怕就有可以商量的地方。所谓"既离民众"，应该是指章太炎对后来无论国民党主导的国民革命，还是共产党领导的阶级革命，一概不感兴趣，甚至有时还骂两句赤化，嘲笑一下孙中山。所谓"渐入颓唐"，则重组不得其解，大概以为章太炎后来很少对北洋旧军阀和国民党新军阀的内战频仍，苛政虐民少有鸣控，而只是谈论学术。重组认为这里是鲁迅还没有真了解章太炎，太炎先生以复兴古道为己任，对激烈的民族内部革命难以接受，并非不可理解，用这点对老先生批评有失厚道。其实像章士钊他们那样的老先生，积极参与革命勉为其难，但也并不就反对革命的，从后来很多老人建国后对中共和革命的态度不难看出。再说，革命激烈异常，利弊互现，当时传言四布，非血热气盛之少年,踊跃参与的也确实不多。至于,军阀内战,特务横行,民不聊生,等等败政殃民,章太炎先生闭口不言,并不是"颓唐",而是像他自己在私信里说的"不仁者不可与言"。他认为以蒋氏为首的国民政府,属于"不仁者",跟他们说,纯属浪费时间。实际也可想而知,以蒋氏、汪精卫、李宗仁、冯玉祥、阎锡山辈的醉心内战争权,视部下之生死,百姓之疾苦如浮云过目而无动于心,章太炎先生纵日日发电作文以规劝呵斥讽刺,言之平和他们充耳不闻,言之激烈他们反而恼羞成怒,章太炎先生纵不自惜其身,却哪里能使得这些人幡然悔过也哉?所以不言,惜其言,正深贱不仁者之人而已矣。但太炎先生并不就是缄口不言,后来"九一八"事变,日人占我东北,章太炎道:有如此总司令、如此副总司令,欲国土之不丧,其可得乎?愤然发电,指斥"国民政府成立以来,勇于私斗,怯于公战",其大声疾呼、声色俱厉固不让当年之直斥袁世凯也。

"参与投壶",恐怕指章太炎后来和吴佩孚、孙传芳等北洋军阀交往。这个重组认为也有情可原。北洋军阀里的人物,多假托古道,虽然有些言不由衷,毕竟与章太炎先生有臭味之投。而且,北洋军阀虽然误国殃民,其中却多有耿直者。他们承认自己内战误国,对举国责骂不敢反驳,后来失败基本上都安于失败,没有怨天尤人,也没有结党护私,割据一块地皮,仰赖洋人的鼻息与中华为敌。孙传芳死于非命而行凶者无罪,吴佩孚身困北平而意气自如,张学良毅然易帜而成就统一,这三位都有可劝可怜、可歌可泣者。不要说他们任内并未割土赔款,就是众口指责的内战,北洋军阀时期的内战,往往持续不过数天,最多几周,一分胜负,失败者自然下野,其毒民伤兵的危害比起后来国民党内部的内战,国共之间的内战,根本不可同日而语。如果一定要说,恐怕民国时期只有北洋军阀时期算是太平的。尤其比起国民党战败之后,割据台湾,投靠洋人,与中华为敌,则其人格高下,判然可见。我想当时"论者"所不满的"北洋余孽"较之他们当时盛赞的蒋氏还是光明磊落的,章太炎与他们交往又岂足病哉?

鲁迅说章太炎"试为最紧要的'第一是用宗教发起信心,增进国民的道德;第二是用国粹激动种性,增进爱国的热肠',却仅止于高妙的幻想"。这点应该说是双方意见不同处。我本人并不认为章太炎的主张是"高妙的幻想",恰恰是中华之急图。以重组看来,鲁迅在文笔犀利语言尖刻方面固然似乎青出于蓝,但学问则不如章太炎深广,胸怀不如其博大,眼光似不如其长远,而浩然之勇气亦未必有其豪壮。以鲁迅之论为盖棺定论,重组期期以为不可。

话虽然多少有些偏激和片面,但不能不说,该作者对鲁迅的理解以及对如何看待章太炎之政治与学术见解方面,有很多见地还是值得思考的。

二、钱玄同与周氏兄弟

3. 在新文学运动初期,同为章门弟子的他们,曾经是最亲密的战友,互相支持和鼓励,为新文学运动的成功做出了巨大贡献。可惜,由于多种因素,之后钱玄同却与鲁迅开始疏远,而与周作人继续保持密切往来。鲁迅对钱玄同,既有由衷的赞美之词,也有多少有些偏激的贬斥之语。至于周作人,对于钱玄同的评价则相对比较平实。说到钱玄同对周氏兄弟的巨大影响,大约下面两句话可以概括,就是:没有钱玄同的劝说,就没有作为新文学大师的鲁迅；而钱玄同如果不是过早去世，周作人就有可能不会"下水"当汉奸。这其中其实有很多发人深思的东西。

让我们把时光先拉回到1936年10月，那是鲁迅逝世后的第五天，钱玄同写了《我对于周豫才君之追忆与略评》一文，在回忆了他们平生的交往后，谈了自己对鲁迅的看法。他认为鲁迅的长处有三：一、治学最为谨严；二、治学是自己的兴趣，绝无好名之心；三、读史与观世有极犀利的眼光，能抉发中国的痼疾。为此，他以鲁迅的小说《阿Q正传》、《药》和《随感录》为例，说这种文章如良医开脉案，作对症发药之根据，于改革社会是有极大用处的。同时，他也指出鲁迅的弱点有三：一、性格多疑："鲁迅往往听了人家几句不经意的话，以为是有恶意的，甚而至于以为是要陷害他的，于是动了不必动的感情。"二、轻信："他又往往听了人家几句不诚意的好听话，遂认为同志，后来发现对方的欺诈，于是由决裂而至大骂。"三、迁怒："本善甲而恶乙，但因甲与乙善，遂迁怒于甲而并恶之了。"实事求是地说，钱氏的概括很是深刻，虽然不免有些片面。

那么，本来是战友的他们，怎么会演变到如此怒目而视呢？

根据今人卢毅的研究①，关于鲁迅与钱玄同的交往，钱玄同在《我对于周豫才君之追忆与略评》一文中曾经概括说："我与他的交谊，头九年（民前四——民五）尚疏，中十年（民六——十五）最密，后十年（民十六——二十五）极疏，——实在是没有往来。"这基本上真实地反映了二人关系变化的轨迹。具体说来，他们最初相识于《民报》社听讲，但当时关系尚不亲密，"仅于每星期在先师处晤面一次而已，没有谈过多少话"。而随着五四新文化运动的兴起，他们则在思想上产生了较多共鸣，交往也随之密切起来。根据《鲁迅日记》，钱玄同当时几乎每隔三五天就到绍兴会馆与鲁迅交谈，往往一谈就是半夜。对此，鲁迅在其《呐喊自序》中有明确细

---

① 卢毅：《试析章门弟子的内部分化》，《东方论坛》，2007年第6期。

致的记述。

  周作人在其《知堂回想录》之"一六六"中,也对此事有过比较详细的回忆。通过这些思想交流,钱玄同认为"周氏兄弟的思想,是国内数一数二的,所以竭力怂恿他们给《新青年》写文章",最终成功地动员了周氏兄弟加盟《新青年》。结果,周作人的译文《陀思妥耶夫斯基之小说》发表在《新青年》第四卷第一号上,而鲁迅的《狂人日记》发表在第五号。此外,即便是在《新青年》同人中,鲁迅与钱玄同之间的交往也是相当频繁的。对于钱玄同在新文学运动中做出的巨大贡献,鲁迅是给予高度赞扬的:"但是,在中国,刚刚提起文学革新,就有反动了。不过白话文却渐渐风行起来,不大受阻碍。这是怎么一回事呢?就因为当时又有钱玄同先生提倡废除汉字,用罗马字母代替,这本也不过是一种文字革新,很平常的,但被不喜欢改革的中国人听见,就大得不得了了,于是便放过了比较平和的文学革命,而竭力来骂钱玄同。白话乘了这一个机会,居然减去了许多敌人,反而没有阻碍,能够流行了。"①而且,这时的鲁迅对钱玄同大胆直白的文风也是肯定的,指出"玄同之文,即颇汪洋,而少含蓄,使读者览之了然,无所疑惑,故于表白意见,反为相宜,效力亦复很大"②。由此可见,这一时期他们的关系相当融洽。

  但令人遗憾的是,之后鲁迅与钱玄同的关系却日益恶化,最终

钱玄同

---

① 鲁迅:《鲁迅全集·三闲集·无声的中国》。
② 鲁迅:《鲁迅全集》第11卷,第47页。

不仅二人"默不与谈",甚至还互相抨击。

关于鲁迅与钱玄同之间的矛盾,周维强先生的《扫雪斋主人——钱玄同传》是这样描述的:"1929 年 5 月,鲁迅回到北平省亲。有一天在孔德学校,偶然遇到钱玄同,两位章门弟子,新文化运动的战友,因为一张名片上的姓名问题发生争执,不欢而散。从此竟断了往来!"但从两位当事人留下的文字记述来看,他们在孔德学校并不曾发生争执,只是话不投机而已。确切的证据是,1929 年 5 月 25 日鲁迅写给许广平的信,其中说道:"途次往孔德学校去看旧书,遇金立因(原稿作钱玄同),胖滑有加,唠叨如故,时光可惜,默不与谈;少顷,则朱山根(顾颉刚)叩门而入,见我即踟蹰不前,目光如鼠,终即退去,状极可笑也。"对此,钱玄同的说法是:"十八年五月,他到北平来过一次,因幼渔的介绍,他于是月二十六日到孔德学校访隅卿(隅卿那时是孔德的校务主任),要看孔德学校收藏的旧小说。我也在隅卿那边谈天,看见他的名片还是'周树人'三字,因笑问他,'原来你还是用三个字的名片,不用两个字的。'我意谓其不用'鲁迅'也。他说,'我的名片总是三个字的,没有两个字的,也没有四个字的',他所谓四个字的,大概是指疑古玄同吧!我那时喜效古法,缀'号'于名上,朋友们往往要开玩笑,说我改姓'疑古',其实我也没有这四个字的名片。他自从说过这句话之后,就不再与我谈话了,我当时觉得有些古怪,就走了出去。"(出处见前面所说钱氏纪念鲁迅之文)而作为他们共同朋友的沈尹默是这样描述的:"鲁迅从上海回北京,一次曾在他们的老师章太炎那里会见,为了一句话,两意不投,引起争论,直到面红耳赤,不欢而散。"

问题在于,鲁迅写给许广平的信后来发表了,也就是说鲁迅是打算公开他对钱玄同这样苛刻评价的,于是钱玄同看后自然会表示气愤。还是在《我对于周豫才君之追忆与略评》一文中,钱玄同这样反驳鲁迅:"我想,'胖滑有加'似乎不能算作罪名,他所讨厌的大概是'唠叨如故'吧。不错,我是爱'唠叨'的,从二年秋天我来到北平,至十五年秋天他离开北平,这十三年之中,我与他见面总在一百次以上,我的确很爱'唠叨',但那时他似乎并不讨厌,因为我固'唠叨',而他亦'唠叨'也。不知何以到了十八年我'唠叨如故',他就要讨厌而'默不与谈'。但这实在算不了什么事,他既要讨厌,就让他讨厌吧。"看来,因为是为鲁迅逝世而写的文章,钱玄同的文字没有过于表示出对鲁迅之语的反感,但字里行间的不快意味还是可以体会到。

不过,尽管两人由战友而成为路人,由疏远到有成见,但鲁迅却还没有像攻击"第三种人"那样,公开发表文章,而多是私下议论。譬如1930年2月22日,鲁迅在致章廷谦的信中,说钱玄同"好空谈而不做实事,是一个极能取巧的人";1933年12月27月,在致台静农的信中,鲁迅又说钱玄同"夸而懒,又高自位置。而其字实俗媚入骨,无足观"[1];而钱玄同也在此时的日记中多次提及对鲁迅的不满:"购得鲁迅之《三闲集》与《二心集》,躺床阅之,实在感到他的无聊、无赖、无耻","购得新出版之鲁迅《准风月谈》,总是那一套,冷酷尖酸之拌嘴,骂街,有何意思"。当北师大学生邀请鲁迅讲演时,他更声明:"我不认识有一个什么姓鲁的","要是鲁迅到师大来讲演,我这个主任就不再当了!"[2]对此,鲁迅回应说:"钱玄同实在嚣张极了!仿佛只有他研究的那东西才是对的,别人都不对,都应该一齐扑灭!"[3]可以说,二人关系至此已彻底破裂。最后,由于《两地书》的出版,鲁迅对钱玄同的不满还是被公之于众了,鲁迅之所以这样,更多的原因恐怕和那时的钱玄同在思想上与鲁迅越来越不一致,而与周作人趋同,从而引起鲁迅的反感有关吧。

鲁迅在五四新文学运动高潮过后曾回顾说,"《新青年》的团

---

[1] 鲁迅:《鲁迅全集》第12卷,第4、253、309页。
[2] 王支之:《鲁迅在北平》,原载孙伏园、许钦文等:《鲁迅先生二三事——前期弟子忆鲁迅》,河北教育出版社2000年版,第13页。
[3] 同前注,第22页。

体散掉了,有的高升,有的退隐,有的前进,我又经验了一回同一战阵中的伙伴还是会这么变化",这无疑是对胡适、钱玄同等人"退隐"书斋、忙于"整理国故"表示不满。而与此相对应,20世纪20年代末和30代初,钱玄同也对鲁迅的日益"向左转"不满,多次讽刺鲁迅是"左翼公"、"左公",并提出要针对鲁迅倡导的大众语运动实行"鸣金收兵"、"坚壁清野"的措施,以示不予合作。

其次,除了思想分歧之外,二人的人际交往原则不同和交际圈子的不同也是重要因素。1929年6月1日,鲁迅第一次到北平探亲时曾写信给许广平,其中就有这样的评论:"南北统一后,'正人君子'们树倒猢狲散,离开北平,而他们的衣钵却没有带走,被先前和他们战斗的有些人给拾去了,未改其原来面目者,据我所见,殆惟幼渔、兼士而已。"等到1932年底,他第二次北游探亲时又再次拜访了马幼渔、沈兼士等同门。事实上,马、沈等人当时都已远离政治,成为纯粹学者,但这并未妨碍鲁迅与他们来往。由此可见,鲁迅之所以开始与钱玄同有分歧,其实并不单纯因为钱玄同的政治上趋于保守和专心于学术,也是由于二人在交际圈子方面的差异。具体而言,就是钱玄同一直与某些"正人君子"保持友好往来,而这些人却是鲁迅最反感的文人。

所谓"正人君子",就是指的胡适、陈源等人,钱玄同与他们关系很好,自然会使得鲁迅不快。对此,钱玄同曾评价鲁迅"多疑","他往往听了人家几句不经意的话,以为是有恶意的,甚而至于以为是要陷害他的,于是动了不必动的感情"。客观看来,钱氏此言在很大程度上揭示了鲁迅性格中真实的一面。而鲁迅对钱氏也是早生不满。早在1924年,鲁迅便写文章说:"风闻有我的老同学玄同其人者,往往背地里褒贬我,褒固无妨,而又有贬,则岂不可气呢?"这显然是怀疑钱玄同在"正人君子"面前议论他。

最后,两人对顾颉刚的态度是导致其关系破裂的直接导火索。鲁迅对顾氏向无好感,不仅写文讽刺顾氏,甚至要诉诸公堂。而钱玄同则极为赞同顾颉刚"疑古"之说,为此他甚至还改名为

鲁迅

"疑古玄同",这自然也影响了他与鲁迅的关系。

与此形成对比的是,鲁迅与周作人失和后,钱玄同仍然和周作人继续交往,这当然也会引起鲁迅的不满,这种不满当周作人1934年50岁发表所谓的《五秩自寿诗》时达到顶点,因为很多人都写诗唱和,其中就有钱玄同。

周作人的诗当时由林语堂给发表在自己创办的《人间世》杂志创刊号上,共有两首:

其一

前世出家今在家,不将袍子换袈裟。街头终日听谈鬼,窗下通年学画蛇。

老去无端玩骨董,闲来分明种胡麻。旁人若问其中意,且到寒斋吃苦茶。

其二

半是儒家半释家,光头更不著袈裟。中年意趣窗前草,外道生涯洞里蛇。

徒羡低头吃大蒜,未妨拍桌拾芝麻。谈狐说鬼寻常事,只欠工夫吃苦茶。

其诗一出,竟然和者如云,其中钱玄同的和诗如下:

但乐无家不出家,不皈佛教没袈裟。腐心桐选诛邪鬼,切齿纲伦条毒蛇。

读史敢言无舜禹,谈音尚欲析遮麻。寒宵凛冽怀三友,蜜桔酥糖普洱茶。

不过,与其说鲁迅对周作人反感,还不如说是对那些唱和者,这和鲁迅一生对看客和帮凶的鄙视态度似乎完全一致。他在当年4月30日给曹聚仁的信中说:"周作人自寿诗,诚有讽世之意,然此种微辞,已为今之青年所不憭,群公相和,则多近于肉麻,于是火上添油,遽成众矢之的,而不作此等攻击文字,此外近日亦无可言。此亦'古已有之',文人美女,必负亡国之责,近似亦有人觉国之将亡,已在卸责于清流或舆论矣。"之后,鲁迅在5月6日给杨霁云的信中再次谈到周作人的《五秩自寿诗》以及所引起的风波,倒还是为周作人辩护的:"至于周作人之诗,其实是还藏些对于现状的不平的，但太晦瞒，已为一般读者所不憭，加以吹擂太过，附和不完，致使大家觉得讨厌了。"鲁迅的深刻在于，他认为周作人之诗"诚有讽世之意"，是"藏些对于现状的不平的"，并不是像当时上海某些左翼批评家所说的"堕落"、"颓废"。鲁迅认为周作人因写自寿诗而引发文坛风波，其实诗本身倒无大碍，关键是"群公相和"，大都"吹擂太过"，"多近于肉麻"，自然会引起其他文人的不满。此外，鲁迅看得更远的一点在于，在民族危机日益加深的时刻，要当心有人会利用这场"风波"，将"亡国之责"，"卸责于清流或舆论"。应该说，鲁迅对其弟弟的理解超过他人，日后，当周作人从《鲁迅书简》中读到这两封信时，觉得鲁迅"能够主持公论，胸中没有丝毫蒂芥，这不是寻常人所能做到的了"①。

看来，兄弟之情虽然淡去，但他们之间的相互了解之深，还是常人无法达到的。

回过来再说钱玄同，鲁迅对他的评价既能一针见血，也没有完全否定，而是有褒有贬。如在1935年，鲁迅有这样的文字："五四时代的所谓'桐城谬种'和'选学妖孽'是指做'载飞载鸣'的文章和抱住《文选》寻字汇的人们的，而某一种人确也是这一流，形容恰当，所以这名目的流传也较为永久"，即是对钱玄同当年提出这一口号之功绩的肯定。自然，钱玄同也没有因鲁迅对他的反感而诋毁鲁迅在文学史上的崇高地位。他的《我对于周豫才君之追忆与略评》一文，也极力称赞鲁迅的《域外小说集》"志在灌输俄罗斯、波兰等国之崇高的人道主义，以药我国人卑劣阴险自私等龌龊之心理。他们思想超卓，文章渊懿，取材谨严，翻译忠实，故造句遣辞，十分矜慎……不仅文字雅驯，且多古言古字，与林纾所译之小说绝异"，并夸奖鲁迅在《河南》杂志上发表的一系列文章"斥那时浅薄新党之俗论，极多胜义"。此外，钱玄同还高度评价了鲁迅的《中国小说史略》："此书条理明晰，论断精当，虽编成在距今十多

---

① 周作人：《知堂回想录》，第425页。

年以前,但至今还没有第二部比他更好的(或与他同样好的)中国小说史出现。他著此书时所见之材料,不逮后来马隅卿(廉)及孙子书(楷第)两君所见者十分之一,且为一两年中随编随印之讲义,而能做得如此之好,实可佩服"。最后,他还总结说:"他治学最为谨严,无论校勘古书或翻译外籍,都以求真为职志……这种精神,极可钦佩,青年们是应该效法他的。……豫才治学,只是他自己的兴趣,绝无好名之心……"

鲁迅与钱玄同由同门而成为朋友,进而为战友,却最终友情淡化并导致事实上的关系破裂,如今思来确实令人叹息。另一方面,钱玄同与周作人,关系却一直保持得很密切。那么,是什么原因使得钱玄同对周氏兄弟采取了不同的交往态度?抑或是周氏兄弟的不同个性使然?

4. 且让我们看看钱玄同与周作人的交往再说。

周作人与钱玄同的结识,是在他们留学日本时期。也正是在这个时期,他们成为章太炎先生的弟子,此后两人保持交往长达数十年,直到钱玄同去世。相对于和鲁迅之间的交往,钱玄同似乎更愿意和周作人来往。著名学者钱理群先生,是周氏兄弟研究的专家。在他看来,钱玄同和周作人不仅在很多社会问题及文化认识上心有灵犀,而且在私人情趣上他们也保持了高度的契合。他们相识的三十余年中,信函往来不断,互通心曲,可称挚友。同为章门弟子,钱玄同因爱讲话和爱动而被同窗们送以"话匣子"、"爬来爬去"的绰号,而周作人则给人以"甚是高傲,像只鹤似的"印象。仅此一点,似乎两人不能成为好友,但事实上他们却能保持长达数十年的友谊,也使得很多人对此产生兴趣。

20世纪文学史上一个很有意思的现象就是,很多文人都因到日本留学,而迷恋上日本的文化和生活方式,周氏兄弟就是如此。尽管在理智上他们对日本军国主义的侵略行径给予强烈的批判,但在情感上却认同日本的生活方式。特别是周作人,他一踏上日本的国土，便为日本的风土人情所陶醉，以至后来竟然会娶一个日本老婆。周作人惊喜地发现，一些在中国早已消失的汉唐古风，竟然还能在日本找到，使他有"一半是异域，一半是古昔，而这古昔乃是健全地活在异域，所以不是梦幻似的空假"的感觉。毫无疑问，这种怀古之感对于文人的影响往往是终生的。此外，他的老师章太炎所宣扬的复古情绪，

周作人

也促使他更热衷于各种所谓的"复古"试验。例如此时他和鲁迅一起翻译《域外小说集》，就故意使用很多古字，还曾尝试使用非常古奥的古文来翻译《圣经》和《伊索寓言》，与钱玄同可谓异曲同工。

在这种情况下，同样热衷于复古的钱玄同之言行，自然就会引起周作人的共鸣。例如钱玄同不仅有"我以为保有国粹底目的，不但要光复旧物，光复之功告成后，当将满清底政制仪文一一推翻而复于古……愈古愈好"的说法，而且还有日后身穿自己设计之汉装上班引起同事好笑的喜剧经历。

按说，此时周氏兄弟同在日本且生活在一起，他们和钱玄同的关系应一样密切。不过，根据钱理群先生的研究，在日本时周作人和钱玄同的关系似乎不如鲁迅与钱玄同，这大概和鲁迅是兄长而周作人此时多以大哥的意见为主有关。尽管他们的关系疏密不一，但是钱玄同对周氏兄弟所从事的文学启蒙工作，一直是极为赞赏的。

从日本回国后,周作人和钱玄同在1917年前后来到北京。同年4月12日周作人日记中有"见钱玄同君"的记载,此后其日记中,"钱玄同(君)来"就成为常见的字眼。此时,章太炎的众多弟子,有的在教育部工作,有的进入北大等任教,更有鲁迅这样的身兼二任者。诚如周作人后来回忆:"那时章太炎的学生,一部分到了杭州,在沈衡山(沈钧儒)领导下做两级师范的教员,随后又做来教育司的司员,一部分在北京当教员,后来汇合起来,成为各大学的中国文字学教学的源泉。"到京后的周作人与钱玄同很自然地成为朋友,共同服务于北大及后来的国语统一筹备委员会。也就是从这时期起周作人与钱玄同的关系逐渐升温,在周氏兄弟居住的绍兴会馆中,就常常可以见到钱玄同的身影了。

可惜的是,钱玄同这样在新文学运动中充当急先锋角色的人,到了运动后期却开始沉默。1920年,因为钱玄同渐渐趋于沉默,引起当时任新文化运动"总司令"角色之陈独秀的担忧,曾经让周作人转达他的意见,希望钱玄同能和周氏兄弟一样,继续多写一些战斗性很强的随想录一类文字。但此时的钱玄同却在"反省"自己的战斗业绩,对自己过去那些过激言辞和与刘半农一起"唱双簧"的行为表示出否定之意。他在给周作人的一封信中,就表露出这样的反思:"……我们以后,不要再用那'必以吾辈所主张者为绝对之是而不容他人之匡正'的态度来作'诡诡'之相了。前几年那种排斥孔教,排斥旧文学的态度狠应改变。若有人肯研究孔教与旧文学,鳃理而整治之,这是求之不可得的事。即使那整理的人,佩服孔教与旧文学,只是所佩服的确是它们的精髓的一部分,也是狠正当,狠应该的。但即使盲目的崇拜孔教与旧文学,只要是他一人的信仰,不波及社会——波及社会,亦当以有害于社会为界——也应该听其自由……我——钱玄同——个人的态度,则两年来早已变成'中外古今派'了……"

总之,钱玄同的想法是今后慢慢退出政治,而专心于学术和文学。不过,复古保守派的反扑行为使得钱玄同开始觉醒,决心重新

站到反封建的最前线,其激烈的立场和态度又回到了五四时期:
"我之烧毁中国书之偏谬精神又渐渐有复活之象。"但可惜的是,
此时的周作人,却已经认为重返五四是不可能的了,两人的见解多
少有了一些微妙的分歧。不过,在私交方面依然极好,生活趣味也
多相契合,如周作人所读之书,有很多都是在钱玄同介绍后才去读
的。周作人在其《广阳杂记》中,就写道:"十余年前,闻亡友饼斋
(钱玄同)说刘继庄,极致倾倒,自云曾号掇献以志景仰。因求得
《广阳杂记》读之,果绝佳。"由此可见周、钱交谊之不同一般,确实
与他们的爱好相同与相近有关。

至于周作人与钱玄同政治思想方面的分歧,按照钱理群先生
的说法,主要是表现为在《语丝》上的两次论战①。第一次论战发
生在周作人、刘半农和钱玄同之间。开始是1924年周作人在《语
丝》上发表文章,认为"中国国民内太多外国人","应该觉悟只有
自己可靠"等说法,强调"复兴千年前的旧文明"。这些观点得到
刘半农的赞同,而且刘半农不仅指出林纾在中国文学上的功绩是
不容抹杀的,甚至为自己当年攻击林纾而感到后悔。但钱玄同对
周作人和刘半农的观点却坚决反对,他不仅赞同鲁迅的"少读甚至
不读中国书"的观点,而且提出他所爱的中国就是"欧化的中国"
等。他们之间的这次论争虽然没有继续深入,但因涉及如何评价
新文化运动以及如何看待东西文化问题,具有重要意义。特别是
考虑到当时学术界正在进行的东西文化论战这个大背景,他们的
分歧和论争就更加值得关注——因为他们都是五四新文化运动的
直接参与者,由他们的或微妙或明显的差异,自可看出新文化阵营
内部的学术之争和政治之争。尽管在关于"国粹与欧化"的讨论
中,他们二人观点有些相左,但是在坚持五四时期的民主、科学的
传统上,他们还是观点一致。此外,在1925年之际的北京女师大

---

① 钱理群:《周作人研究二十一讲》,中华书局2004年版,第227—230页。以下分析采用钱理群先生的论述。

风潮中,周作人和钱玄同两人与鲁迅等站在一起,对杨荫榆侮辱学生之行为大加"讨伐",为了维护学生利益做了很多工作,也说明他们在大是大非问题上还是能保持一致的。

也是在 1925 年,又发生了关于"国民文学"的论争。这一年的 3 月,《京报副刊》上发表了周作人、穆木天、郑伯奇等人的通信,讨论的主题就是要发扬民族主义,建立"国民文学",流露出一种"复古"情绪。不过,周作人的意见比较全面,他一方面认为"国民文学的呼声可以说是这种堕落民族的一针兴奋剂",一方面又提醒人们注意防止封建复古主义的乘机复活。对此,钱玄同依然坚持其彻底的不妥协战斗态度,还是认为"应该将过去的本国旧文化连根拔去",而将现代世界的新文化"全盘承受"。此时的钱玄同还是坚信"进化"论,认为既然社会是进化的,文化是不断发展的,所以不管哪个国家的旧文化,都应该抛弃。显然,钱玄同与周作人,在如何对待传统文化和西方文化方面,依然有着不小的分歧。不过,这并没有影响他们的私人交往。

1937 年中日战争全面爆发,大批在北平的文化界人士纷纷南下,参加抗日救亡工作。一些文化界名人如郑振铎等都曾劝周作人一起南下,但他执意不愿离开北平。钱玄同是因身体欠佳不得不滞留北平,而周作人却是由于贪图安逸不愿意离开,此为二人虽然微妙却极为关键的差异。由此,在对待日本侵略的态度上,两人开始出现重大分歧。1938 年 2 月,周作人"下水"出席了由大阪每日新闻社出面召开的"更生中国文化建设座谈会",此举立即招致中国文化界很多人的严厉斥责。而同样留京的钱玄同却表现出坚决不与日寇合作的态度。1938 年春,钱玄同恢复旧名钱夏,以示自己心向故国决不变夏为夷之意。此外,他还多次写信给友人,表示决不做汉奸。无疑,钱玄同的态度对周作人有很大影响,至少使得他不敢过于积极地表露出与日伪合作的态度。因此,1938 年"座谈会事件"之后,周作人还是数次婉辞敌伪的邀请与任命,这与钱玄同坚决不与日伪合作态度之影响应很有关系。不料,之后的周作人遇刺事件,竟然成为二人分道扬镳的导火索。

1939年元旦,周作人在家中遇刺,好在是有惊无险。刺客虽然打中了周作人,却因一颗纽扣挡住了子弹,周作人只是皮肤受了一点轻伤。钱玄同获知消息后大为吃惊,急忙派长子钱秉雄去周家探视,之后又亲自探访。本来,钱玄同的用意是好好和老友商谈一次,主要是想劝诫周作人不要"下水"。可惜,因周作人家里客人来往不断,他们没有能够尽情畅谈,也使得周作人失掉了老友的苦口婆心劝诫之机会。于是,1939年1月12日,周作人接受了伪北大图书馆馆长之聘,正式"下水"。得知此事的钱玄同,想必是对老友极为失望,于是在1月15日,即钱玄同去世的前两日,他再次写信给周作人,可惜此信今已不见。不过周作人在其《知堂回想录》中讲:"信中间略去两节,觉得很是可惜,因为这里讲到我和他自己的关于生计的私事,虽然很有价值有意思,却也就不能发表。"由此可以推测,钱玄同对于老友的立场转变,肯定是很不满的。令人遗憾的是,两天之后,钱玄同就因脑溢血突然去世。失去"畏友"的周作人大概觉得可以不用再顾忌老友的监督,之后的投敌行径也就多少有些可以解释的理由了。于是问题就出来了:如果钱玄同没有过早去世,周作人还能保持清白,与钱玄同一样有绝不为敌伪做事的勇气和意志么?

其实,钱玄同之死,应该说多少也与周作人遇刺有一定关系。按照周作人的说法,钱氏本来血压就高,且有些神经过敏,所以受周作人遇刺之刺激而导致发病。此外,周作人还讲了一件非常巧合的事情。钱玄同本不相信命运,但恰好在去世前一年,从其旧书中发现一张批好的"八字",也不知是何年何月发生之事,他自己也早已忘记。但偏偏在此时又被看到,而上面所写恰恰是说他只能活到52岁,正好是他去世时的年龄。周作人认为,无论钱玄同怎样不相信迷信,这多少还是能在其心理上留下一些阴影吧。

周作人与钱玄同、刘半农是终身不渝的好友。从表面上看,三人性格颇不相同:钱玄同偏激,刘半农活泼,周作人则平和;但其实他们内在却有更多的相通。如周作人所说,钱玄同尽管言词偏激,论古严格,"若是和他商量现实问题,却又是最通人情世故,了解事情的中道之人"。周作人与钱玄同两个人待在一起,可以说是无话不谈,钱玄同为人率直,思想也很深刻,深得周作人的赏识。每次见面,周作人总是听钱玄同讲,钱玄同也愿意讲,两个人一起喝茶时,大部分话题围绕最近看了什么书。钱玄同什么书都看,周作人承认,他看的很多书都是钱玄同推荐的,而且,周作人的很多观点也是受到钱玄同启发后才得到进一步深化和明晰。也正因为此,周作人称钱玄同为"畏友":"老朋友中玄同和我见面的时候最多,讲话也极不拘束而且多游戏,但他实在是我的畏友,浮泛的劝诫与嘲讽,虽然用意不同,一样的没有什么用处。玄同平常不务苛求,有所忠告必以谅察为本,务为受者利益计算,亦不泛泛徒为高论,我最觉得可感,虽或未能悉用,而重违其意,恒目警惕,总期勿太使他失望也。今玄同往矣,恐怕遂无复有能规诫我者。"①

周作人喜欢有趣的人,钱玄同、刘半农恰恰也都是懂幽默的佼佼者,也多少可以说明钱玄同为何在周氏兄弟中能够和周作人始终保持交往。且看下面这则广为流传的钱氏轶事:1936年,钱玄同在北师大中文系讲传统音韵学,讲到"开口音"和"闭口音"的区别时,有同学请他举例,他说:有一位京韵大鼓女艺人,形象俊美,特别是一口洁白而又整齐的牙齿,使人注目。后来女艺人因故掉了两颗门牙,这样在应邀赴宴陪酒时,就尽量避免开口。万不得已,有人问话才答话。她一概用"闭口音",避免"开口音",这样就可以遮丑了。例如:"贵姓?""姓伍。""多大年纪?""十五。""家住哪里?""保安府。""干什么工作?""唱大鼓。"以上的答话,都是用"闭口音",可以不露齿。等到这位女艺人牙齿修复好了,再与人交谈时,她又全部改用"开口音",于是对答又改成了:"贵姓?""姓李。""多大年纪?""十七。""家住哪里?""城西。""干什么工作?"

---

① 周作人:《知堂回想录》,第520页。

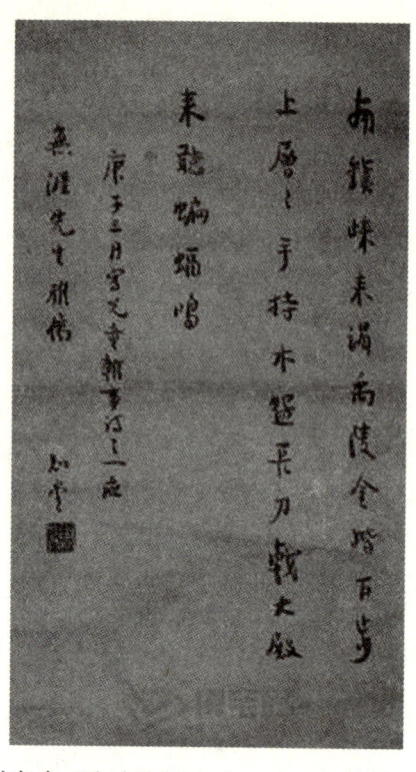

周作人书法作品

"唱戏。"至于刘半农,平时和好友在一起,也是妙语如珠。当年刘半农以一首《教我如何不想她》轰动文坛,据说一文学青年因此非常渴望见到刘半农,以为文如其人,必然也是人如其文,刘半农肯定为一俊秀青年。不料一见之下才知刘半农是身穿长袍、形同乡下人的半老头。不禁脱口而出:"原来是个老头啊!"刚好被刘半农听见,他随口答曰:"教我如何不想他,请进门来喝杯茶,原来如此一老叟,教我如何再想他。"

此外,周作人和钱玄同,也确实在很多问题上有共同见解,其治学趣味也多接近。如对于周作人的散文,很多人以为很有特色,但却很难进入其境界。特别是周作人写于19世纪三四十年代的后期散文,差不多就是等同于"抄书",他自己亦以《夜读抄》名其集。这在很多人看来有些无法接受,但钱玄同却能体会到其妙处,并能从文体创新的角度给予赞扬。他在给周作人的信中写道:"研究院式的作品固觉无意思,但鄙意老兄近数年来之作风颇觉可爱,即所谓《文抄》是也。"这里所说的"文抄",即是指"一篇之中主要是大段抄引古书的文体,所谓'文抄公'的文体"。最多中间加上一两句说明议论文字。这类"文抄公"的文体,人们一般认为不是自己的创见,所以评价不高,周作人的老友林语堂就批评他"后来专抄古书,不发表意见"。但周作人却对此自视甚高,认为抄书实际上比自己写还要辛苦难得,因为要从古人浩如烟海的文字中找到符合自己想法和心情的文字,其难度绝对超过自己写作。他说:"不佞之抄却也不易,夫天下之书多矣,不能一一抄之,则自然只能选取其一二,又从而录取其一二。"所以,他直到晚年,在写给友人的信中提起此事仍流露不满,以为林语堂之"眼光也只是皮毛"。在周作人看来,"抄书"即是"寻友",如同当年陶渊明那样,"历览千载书,时时见遗烈",即一方面用自己的思路和眼界去"发现"古人,另一面又通过这种发现反过来肯定充实自己,"抄书"的过程,就是"物我回响交流"的过程,就是通过与古人(即想象的友人)的"结缘",实现古今沟通,现实与历史的沟通,最终获得精神上的愉悦与思想的深化。其实,在周作人的这类文章中,他所引古人文字与自己的评点议论,都已融为一体,完全可以当做周作人自己的文字来读,而不可简单的视为"抄书"之作。自然,这类文章如果把握不好,也容易流为泛泛之谈甚至堕落为抄袭之作,没有足够的积累和胸襟,不可轻易写作此类文章。所以,周作人曾经告诫后学者说:"学我者病,来者方多。"不妨看他此类抄书体的一则例文:

一岁货声

从友人处借来闲步庵所藏一册抄本,名曰《一岁货声》,有光绪丙午(一九〇六)年序,盖近人所编,记录一年中北京市上叫卖的各种词句与声音,共分十八节,首列除夕与元旦,次为二月至十二月,次为通年与不时,末为商贩工艺铺肆。序文自署"闲园鞠农偶志于延秋山馆",

其文亦颇有意思,今录于后:

"虫鸣于秋,鸟鸣于春,发其天籁,不择好音,耳遇之而成声,非有所爱憎于人也。而闻鹊则喜,闻鸦则唾,各适其适,于物何有,是人之聪明日凿而自多其好恶者也。朝逐于名利之场,暮夺于声色之境,智昏气馁,而每好择好音自居,是其去天之愈远而不知也。嗟乎,雨怪风盲,惊心溅泪,诗亡而礼坏,亦何处寻些天籁耶?然而天籁亦未尝无也,而观夫以其所蕴,陡然而发,自成音节,不及其他,而犹能少存乎古意者,其一岁之货声乎。可以辨乡味,知勤苦,纪风土,存节令,自食乎其力,而益人于常行日用间者固非浅鲜也。朋来亦乐,雁过留声,以供夫后来君子。"

凡例六则。其一云:"凡一岁货声注重门前,其铺肆设摊工艺赶集之类,皆附入以补不足。"其二云:"凡货声率分三类,其门前货物者统称货郎,其修作者为工艺,换物者为商贩,货郎之常见者与一人之特卖者声色又皆不同。"其四云:"凡同人所闻见者,仅自咸同年后,去故生新,风景不待十年而已变,至今则已数变矣。往事凄凉,他年窅寐,声犹在耳,留赠后人。"说明货声的时代及范围种类已甚明了,其纪录方法亦甚精细,其五则云:"凡货声之从口旁诸字者,用以叶其土音助语而已,其字下叠点者,是重其音,像其长声与余韵耳。"如五月中卖桃的唱曰:

"樱桃嘴的桃呕嗷噎啊……"即其一例。又如卖硬面饽饽者,书中记其唱声曰:

"硬面唵,饽啊饽……",则与现今完全相同,在寒夜深更,常闻此种悲凉之声,令人抚然,有百感交集之慨。卖花生者曰:

"脆瓢儿的落花生啊,芝麻酱的一个味来,抓半空儿的——多给。"这种呼声至今也时常听到,特别是单卖那所谓半空儿的……大约因为应允多给的缘故罢,永远为小儿女辈所爱好。昔有今无,固可叹慨,若今昔同然,亦未尝无今昔之感,正不必待风景不殊举目有山河之异也。

自来纪风物者大都止于描写形状,差不多是谱录一类,不大有注意社会生活,讲到店头担上的情形者。《谑庵文饭小品》卷三《游满井记》中有这几句话:

"卖饮食者邀诃好火烧,好酒,好大饭,好果子。"很有破天荒的神气,《帝京景物略》及《陶庵梦忆》亦尚未能注意及此。清光绪中富察敦崇著《燕京岁时记》,于六月中记冰胡儿曰:

"京师暑伏以后,则寒贱之子担冰吆卖曰:冰胡儿!胡者核也。"又七月下记菱角鸡头曰:

"七月中旬则菱芡已登,沿街吆卖曰:老鸡头,才下河。盖皆御河中物也。"但其所记亦遂只此二事,若此书则专记货声,描模维肖,又多附以详注,斯为难得耳。著者自序称可以辨乡味,知勤苦,纪风土,存节令,此言真实不虚,若更为补充一句,则当云可以察知民间生活之一斑,盖挑担推车设摊赶集的一切品物半系平民日用所必需,其闲食玩艺一部分亦多是一般妇孺的照顾,阔人们的享用那都在大铺子里,在这里是找不到一二的。我读这本小书,常常的感到北京生活的风趣,因为这是平民生活所以当然没有什么富丽,但是却也不寒伧,自有其一种丰厚温润的空气,只可惜现在的北平民穷财尽,即使不变成边塞也已经不能保存这书中的盛况了。

我看了这些货声又想到一件事,这是歌唱与吆喝的问题。中国现在似乎已没有歌诗与唱曲的技术,山野间男女的唱和,妓女的小调,或者还是唱曲罢,但在读书人中间总可以说不曾歌唱了,每逢无论什么聚会在馀兴里只听见有人高唱皮簧或是昆腔，决没有鼓起[口胡]咙来吟一段什么的了。现在的文人只会读诗词歌赋，会听或哼几句戏文，想去创出新格调的新诗，那是十分难能的难事。中国的诗仿佛总是不能不重韵律，可是这从哪里去找新的根苗，那些戏文老是那么叫唤，我从前生怕那戏子会回不过气来真是"气闭"而死，即使不然也总很不卫生的，假如新诗要那样的唱才好，亦难乎其为诗人矣哉。卖东西的在街上吆喝，要使得屋内的人知道，声音非很响亮不可，可是并不至于不自然，发声遣词都有特殊的地方，我们不能说这里有诗歌发生的可能，总之比戏文却要更与歌唱相近一点罢。卖晚香玉的道：

"嗳……十朵，花啊晚香啊，晚香的玉来。一个大钱十五朵。"什么"来"的句调本来甚多，这是顶特别的一例。又七月中卖枣者唱曰：

"枣儿来，糖的咯哒喽，尝一个再买来哎，一个光板喽。"此颇有儿歌的意味，其形容枣子的甜曰糖的咯哒亦质朴而新颖。卷末铺肆一门中仅列粥铺所唱一则，词尤佳妙，可以称为掉尾大观也，其词曰：

"喝粥咧，喝粥咧，十里香粥热的咧。炸了一个焦咧，烹了一个脆咧，脆咧焦咧，像个小粮船的咧，好大的个儿咧。锅炒的果咧，油又香咧，面又白咧，扔在锅来漂起来咧，白又胖咧，胖又白咧，赛过烧鹅的咧，一个大的油炸的果咧。水饭咧，豆儿多咧，子母原汤儿的菉豆的粥咧。"

此书因系传抄本，故颇多错误，下半注解亦似稍略，且时代变迁虑其间更不少异同，倘得有熟悉北京社会今昔情形如于君闲人者为之订补，刊印行世，不特存录一方风物可以作志乘之一部分，抑亦间接有益于艺文，当不在刘同人之《景物略》下也。

(二十三年一月)

(原载1934年1月17日刊《大公报》,署名岂明)

5. 至于鲁迅的弟子,也就是章太炎的再传弟子,一般读者多已熟悉,此类书籍也很多,此处不赘,只简单介绍一下周作人的弟子。一般认为周作人有四大弟子:俞平伯、江绍原、冯文炳(废名)、沈启无(原名沈杨)。1934年8月,周作人访日期间,在回答日本记者井上红梅的问题时,说自己"在文坛上露头角的得意门生""只两三个",首先举出来的,就是"现任清华教授的俞平伯"和"用废名这笔名的冯文炳"。的确,在一般人的心目中,也是将俞平伯与废名视为周作人的真正"传人"。

先说俞平伯。按照董桥先生的说法,他们的相识始于周作人1917年在北京大学教书,当时俞平伯是在北京大学读书,于是俞平伯算是周作人的学生。为此,他写信总是称呼知堂师、启明师、岂明师,自称弟子、学生。而周作人给俞平伯的信多称平伯兄。1921年3月1日他给周作人的信中说:"我想定一时间来八道湾。请你告诉我一个时间,并请指明八道湾在什么地段?因为西城路径不甚熟悉。你的学生平伯。"师生往来渐熟,俞平伯去八道湾苦雨斋看望老师就常常顺便吃饭,信上几次约时间拜访都说"并想骗饭吃矣!"不过,他们真正从思想上"相识"应是在1922年初关于新诗问题的讨论。俞平伯认为新诗应当走平民化的道路,贵族气息应该是后加上去的,所以通俗应是诗歌的本质。但周作人认为文学家本不必将自己的创作迁就群众。当年3月27日周作人致俞平伯的信中就说道:"我以为文学的感化力并不是极大无限的,所以无论善之华恶之华都未必有什么大影响于后人的行为,因此,除了真是不道德的思想以外(如资本主义军国主义及名分等)可以放任。"这样的论证,表面看是两个年龄有差异的文人看待世事和文学的老练与幼稚的分歧,一方面显示出俞平伯的青春活力和战斗精神,另一方面则是周作人的逐渐失去五四时的战斗精神,但也说明周作人对文学的审美本质有了更深刻的理解,主张要尊重文学自身的艺术特征。至于俞平伯研究《红楼梦》并因此受到批判，则是后事，此处不表。

而周作人与废名的交往大约也开始于这一时期。据周作人回忆："关于认识废名的年代，当然是在他进了北京大学之后，推算起来应当是民国十一年考进预科，两年后升入本科，中间休学一年，至民国十八年才毕业。但是在他来北京之前，我早已接到他的几封信，其时当然只是简单的叫冯文炳，在武昌当小学教师……推想起来这大概总是在民九民十之交吧。"大革命失败以后，周作人蛰居苦雨斋内，立志"闭户读书"，不问世事，但与俞平伯、废名等弟子的交往却日益密切。至20世纪30年代，在周作人周围，事实上形成了一个以写精致的小品文为特征的文人圈子，对此阿英在1933年所写的《现代十六家小品·〈俞平伯小品〉序》里有精彩的分析："周作人的小品文，在中国新文学运动中，是成了一个很有权威的派别。这派别的形成，不是由于作品形式上的冲淡平和的一致性，而是思想上的一个倾向……在新旧势力对立到尖锐的时候，就是正式冲突的时候，有一些人，不得不退而追寻另一条安全的路……（这）是周作人一派的小品文获得存在的基本的道理。"阿英虽然在这里过于强调了社会历史原因造成的共同思想倾向，多少忽略了文学内在的发展规律，却是比较客观地反映了20世纪30年代的时代思潮和文学创作特征。

抗战爆发后，他们师生三人的生活道路发生了急剧变化。废名南下归乡，隐居山村。俞平伯虽与周作人一起困居北京城，却始终保持了政治上的节操。惟有作为老师的周作人却不光彩地"下水"了。好在学生没有过于计较老师的过错，相反很少在公开场合提到老师这一段往事。在《胡适来往书信选》中，有1945年冬周作人因汉奸罪被捕后，俞平伯寄给胡适的一封信。信中做学生的竟然深责自己没有尽到劝诫老师的责任："以其初被伪命，平同在一城，不能出切直之谏言，尼其沾裳濡足之厄于万一，深愧友直，心疚如何。"俞平伯为此还请求胡适出面援救。1946年北平15位教授呈国民党政府法院文,为周作人说情,列名者中也有俞平伯。这做学生做到这份上,也就可以了罢。至于废名,后来放弃文学,转而倾心佛学,因此虽然对老师"下水"心有不满,大约也只有腹诽而已。总起来说,他们两人对周作人还是始终尊敬有加的,这可从废名所写的《知堂先生》一文看出。他说他和俞平伯先生谈到知堂老人之为人,意见完全是一致的:我们的归结是这么一句,知道先生是一个唯物论者,知堂先生是一个躬行君子。我们从知堂先生可以学得一些道理,日常生活之间,我们却学不到他的那个艺术态度。平伯以一个思索的神气说道:"中国历史上曾有像他这样风度的人没有?"我们两人都回答不了。"渐进自然"四个字,大约能用以形容知堂先生,然而这里一点神秘没有,他好像拿了一本自然教科书做参考。确实,周作人那种没有一点做作和虚伪,完全出于自然的和本性的为人和风度,是他人所无法学习更无法模仿的——就像周作人的抄书体无法模仿复制一样。

不过,最后这一位沈启无(原名沈杨)似乎可以不算周作人的弟子,因为他后来被逐出师门(即所谓"破门")。周作人本人有过这样的说法:"世间传说我有四大弟子,此话绝对不确。俞平伯、江绍原、废名诸君虽然曾经听过我的讲义,至今也仍对我很是客气,但是在我只认作他们是朋友,说是后辈的朋友亦无不可,却不是弟子,因为各位的学问自有成就,我别无什么贡献,怎能以师自居。惟独沈杨,他只继承了我的贫弱的文学意见之一部分,以及若干讲义,一直没有什么改变,这样所以非称为徒弟不可,而且破门也可以应用……"①周作人认为,沈启无本没有什么突出的成绩,只是在他的指导下出过两个选本,即《近代散文钞》与《大学国文》。可是他等到羽毛稍稍丰满以后,却对周作人很有些不敬,搞过若干小动作。所以周作人非常生气,遂于1944年3月15日公开发表声明将他逐出弟子之列,其《破门声明》(原载《中华日报》,1944年3

---

① 周作人:《文坛之分化》,原载《中华日报》,1944年4月13日。

月23日）云：" 沈杨即沈启无，系鄙人旧日受业弟子，相从有年。近来言动不逊，肆行攻击，应即声名破门，断绝一切公私关系，详细事情如有必要再行发表。"所谓"破门"，是日本人的用语，也就是"逐出师门"。之后周作人又写过好几篇文章谈到与"破门"有关的种种情况，一时颇引人注目。所以应当说周作人只有三大弟子。

　　说到沈启无，据当代学者黄开发《沈启无——人和事》一文的考证，其实在这破门风波中，他多少是有些冤枉的。沈启无祖籍浙江吴兴，1902年生于江苏淮阴，1923年考入南京金陵大学，1925年转学北京燕京大学，读的是中文专业。同年认识了他非常崇拜的周作人。1932年至1936年间，沈启无任北平大学女子文理学院文史系教授，同时兼任北京大学、燕京大学中文系讲师。1937年7月北平沦陷，当时周作人不愿意离开北平，并劝沈启无也不要离开北平。1939年秋，伪北大文学院成立，周作人任院长，沈启无当中文系主任。

　　由上文可见，沈启无和周作人的关系本来就极为密切，当年周作人遇刺，沈启无正巧在场，他给周作人拜年，结果也挨了一枪。而且当周作人落水当汉奸后，沈启无也继续为周作人出谋划策，还四处活动，为周作人当上"伪国府委员"及"伪华北政委会委员"立下功劳。沈启无的如意算盘，大概是指望自己的如此卖力，能够博得周作人的赏识，提拔他当上教育总署秘书长，或者北大文学院院长。然而，周作人碍于种种人事纠葛，却最后只任命沈启无为北大文学院国文系主任兼北大图书馆馆长，这让沈启无大失所望以至开始对周作人萌生恶意，终有化名写文章攻击周作人之事。不料周作人很有眼光，一下就看出此文出自沈启无之手，不禁大为愤怒，当即将沈启无逐出师门，并多次在报刊发表文章，一定要置后者于死地。而沈启无当时尚未真正在文坛立足，自然毫无还手之力。不过，他还是写了一首诗为自己开脱，此诗发表在《中国文学》第五号上：

你的话已经说完了吗
你的枯燥的嘴唇上
还浮着秋风的严冷
我没有什么言语
如果沉默是最大的宁息
我愿独抱一天岑寂
你说我改变了，是的
我不能做你的梦，正如
你不能懂得别人的伤痛一样
是的，我是改变了
我不能因为你一个人的重负
我就封闭我自己所应走的道路
假如你还能接受我一点赠与
我希望你深深爱惜这个忠恕
明天小鸟们会在你头上唱歌
今夜一切无声
顷刻即是清晨
我请从此分手
人间须要抚慰
你也须要安静

之后，被逐出师门的沈启无走投无路，只好去投奔另一个汉奸文人胡兰成。然而两人的合作并不愉快，沈启无只好辗转于国内一些学校任教，但在文坛，始终无法立足。1949年后，他依然在国内高校任教，虽曾被打成右派，倒还能继续从事教学。"文革"爆发，沈启无终于难逃厄运，多次遭受批斗，终于1969年因心脏病发作去世。而在此前，周作人也已去世，大约九泉之下，这师徒二人终会"一笑泯恩仇"吧。

第八章

周氏兄弟与许寿裳、曹聚仁

一、生死至友——鲁迅与许寿裳

1. "鲁迅逝世已四周年。追念故人,弥深怆恸,其学问文章,气节德行,吾无间然。其知我之深,爱我之切,并世亦无第二人。曩年匆促间成其年谱,过于简略,不慊于怀。思为作传,则苦于无暇。其全集又不在行箧,未能着手,只好俟诸异日耳。"上述这一段文字,出自许寿裳的日记,写于 1940 年 10 月 19 日。显然,如果不是与鲁迅关系特别密切,对鲁迅极为理解并与鲁迅有生死不渝之友谊者,是写不出这样的文字的。熟悉鲁迅研究的人大都知道,鲁迅一生和五个姓许的人有着不解之缘,其中三位男性是许寿裳、许季上和许钦文,两个女性为许广平和许羡苏。

确实,鲁迅一生真正的好友并不算多,可姓许的就占了 5 个,而且都是善始善终。先说女性中的许羡苏,她之所以值得注意,不仅因为她是作家许钦文的四妹,而且因为她与鲁迅不仅是老乡,而且有很多通信往来,其数量比鲁迅与许广平的通信还多——可惜这些书信都没有保留下来。许羡苏曾在 1961 年写了一篇《回忆鲁迅先生》,当时没有发表,只是为了鲁迅研究者参考。直到 1979

年,才刊登于当时内部发行的《鲁迅研究资料》第3期。根据许羡苏回忆,鲁迅的三弟周建人是她在绍兴女子师范就读时的老师。1920年,她到北京投考高等院校,在举目无亲的情况下,通过周建人的介绍,住进了周氏兄弟的八道湾寓所。没有想到的是,她意外地得到鲁迅母亲的欢迎,因为许羡苏能讲地道的绍兴话,常常与鲁迅的母亲谈论绍兴的风土人情。那时鲁迅的母亲和朱安初到北京,既吃不惯北方菜,外出也有语言障碍,于是许羡苏无形中就成了鲁家的特约采购员和鲁迅母亲的陪伴人员。1926年暑假后直到1931年春,因鲁迅已经离京南下,许羡苏就一直住在鲁迅原来的工作室兼卧室中。就这样,在鲁迅先生家里,她不仅长期居住,而且跟鲁迅母亲和朱安成为忘年交,鲁迅也自然跟她形成一种亦师亦友的关系。数年间,他们之间的通信多达两百余封。据说,她对鲁迅是有爱意的,也是很有可能成为鲁迅爱人的一个,不过,鲁迅最后的选择是许广平。对此,鲁迅的母亲曾有这样的说法:两个女人都爱大先生,不过两个当中(许广平和许羡苏)大先生爱长的那个(指许广平,她比许羡苏不仅年长,而且个子也高很多)。看来,对自己的孩子,母亲的观察总是不会错的。尽管当时鲁迅与许广平的交往,至少在北京时还是处于相对秘密的状态,但想瞒住自己的母亲,鲁迅看来是没有成功。

至于男性中的许季上和许钦文,他们与鲁迅的交往都是可以大说特说的。许季上(1891—1953),浙江钱塘(今杭州市)人。季上是其字,本名为"丹"。许季上自幼聪慧,过目成诵,据说8岁时就读完儒家十三经,有神童之誉。14岁丧父,其母典鬻以资攻读,后入上海复旦公学学习,以第一届第一名毕业,年仅19岁。曾受聘为南京高等师范学校教师。辛亥革命后,他应召至北京政府教育部任职,与鲁迅同事,交往甚密,对此《鲁迅日记》中多有记载。例如鲁迅于1914年出资刻印《百喻经》,其实就是由许季上促成。许钦文(1897—1984),原名许绳尧,生于浙江绍兴。1917年毕业于杭州省立第五师范学校,1920年赴北京工读,在北京大学旁听鲁迅的《中国小说史》课程，并因同乡关系与鲁迅先生过从甚密，自称是先生的"私淑弟子"。1922年发表第一篇作品短篇小说《晕》，此后经常在《晨报》副刊发表小说和杂文，受到鲁迅的扶植与指导。1926年由鲁迅选校、资助的短篇小说集《故乡》出版，描写的多是家乡的人情世故，鲁迅将其列入"乡土作家"之列。

不过，这里我们主要介绍的，还是鲁迅与许寿裳既为同乡、又同属"章门弟子"的长达数十年的友谊。

陕西师范大学历史系教授刘九生，曾写过一篇题为《论许寿裳》的文章，比较概括地评述了他们两人的关系。兹摘引几段如下：

> 当此之际，抚今思昔，如果有人要发起一项活动，评选鲁迅研究的"第一功臣"，"当之无愧的权威"，那么，依我外行人的直觉，能获此殊荣者，非许寿裳莫属。评判的标准其实很简单：提供新知识，知行合一，身后长存的重要性。1937年，鲁迅先生纪念委员会编《鲁迅先生纪念集》(评论与记载)，放眼世界，气象博大，兼收并蓄，极一时之选。许寿裳的三篇文章，紧接蔡元培的压卷之作，加上书前许寿裳撰《鲁迅年谱》，收文达四篇之多，为入选者之冠。
>
> 许寿裳系鲁迅生死不渝的至友，鲁迅生平常引以为豪。他对鲁迅的行动，尽管未必一起去做，但总是无条件地承认鲁迅所做的都对。他们亲如兄弟，同仇敌忾，无患得患失之心，惟大义凛然是见，许广平叹为"求之古人，亦不多遇"。
>
> 自1902年在日本东京弘文学院由相识而相知，迄1936年鲁迅病逝上海，许寿裳与鲁迅，有三十五年的交情。在鲁迅五十六年的生命历程中，这三十五年交情非同寻常。其中，自1902年秋至1927年夏，整整25年，除

了鲁迅在仙台、绍兴、厦门辗转求学,任教职,合计三年多;许寿裳在南昌江西省教育厅长任上三年外,彼此晨夕相见者近二十年。

昼则同桌办公,夜则联床共语者所在多有,相知之深确乎不异兄弟。1927年广州中山大学别后,鲁迅蛰居上海,许寿裳奔走南北,晤见虽稀,音问不绝。一旦晤见,必定盘桓一半天,可以把彼此多时不见的别后离情倾诉,无论多么忙碌,许先生不大肯取消这似乎是特地留起的时间的。即或不及多谈,也大有依依不舍,兄弟怡怡之情,满面流露,且必然解释一番,再订后会。

作为亲人,许广平自然对鲁迅与许寿裳的生死之谊有更为直接的体会,她曾这样描述他们两人的亲密友情:"鲁迅先生无论多忙,看到许先生来,也必放下,好像把话匣子打开,滔滔不绝,间以开怀大笑,旁观者亦觉其恰意无穷的了。在谈话之间,许先生方面,因所处的环境比较平稳,没什么起伏,往往几句话就说完了。而鲁迅先生却是倾吐的,像水闸,打开了,一时收不住;又像汽水,塞去了,无法止得住;更像是久居山林了,忽然遇到可以谈话的人,就不由自己似的。在许先生的同情、慰安、正义的共鸣之下,鲁迅先生不管是受多大的创伤,得到许先生的谈话之后,像波涛汹涌的海洋的心境,忽然平静宁帖起来了。"

2. 那么,许寿裳是如何与鲁迅结为友谊的呢?

许寿裳(1883—1948),字季茀,号上遂,绍兴赵家坂人。现代著名教育家和传记文学作家。早年曾就读于绍郡中西学堂和杭州求是书院。1902年秋,以浙江官费派往日本留学,入东京弘文学院补习日语,与鲁迅相识,遂成终生挚友。1904年,考入东京高等师范学校史地科,并于同年冬天,加入反清革命组织光复会。1909年4月,许寿裳自日本回国,任杭州浙江两级师范学堂教务长。

1911年南京临时政府成立,应教育总长蔡元培之邀,赴南京筹建教育部。1912年5月,随部迁往北京,任教育部佥事、科长、参事和普通教育司司长,兼任北京大学、北京高等师范学校教授。1917年底,奉派出任江西省教育厅厅长。1922年出任北京女子高等师范学校校长。1927年初,应聘赴广州中山大学任教,同年10月,蔡元培创办大学院,他应邀出任秘书长。翌年任中央研究院秘书处主任。1934年起,他出任北平大学女子文理学院院长,创办《新苗》院刊。1946年任台湾编译馆馆长。1948年2月18日,许寿裳在台北寓所惨遭歹徒杀害。所著有《章炳麟传》、《我所认识的鲁迅》、《中国文字学》、《传记研究》等。

以上是百度网站上关于许寿裳生平的介绍,由此也大致可知他与鲁迅交往的简要过程。

他们的友谊,始于在日本留学时。当时,鲁迅和许寿裳住在一起。吃面包时,许寿裳喜欢将面包皮撕下扔掉,只吃面包瓤。鲁迅因为小时候生活艰难,对粮食特别珍惜,可又不好直接指出,就把许寿裳剥下的面包皮捡起来吃掉。许寿裳不明白这是为什么,就问他。鲁迅为照顾对方面子,只说:"我喜欢吃面包皮。"许寿裳信以为真,以后每次吃面包时,都先将面包皮撕下来给鲁迅。鲁迅哭笑不得,只好继续吃自己"喜欢"的面包皮。这则故事不一定真实,却从一个侧面展示了他们之间的友谊。

鲁迅逝世后,许寿裳满怀对老友的思念之情,义不容辞地担任起撰写回忆鲁迅文章和专著的责任,为此他曾从西四三条鲁太夫人处,借阅鲁迅日记14本,并多次向鲁太夫人了解鲁迅幼年时的一些逸闻趣事,先后发表出版的论著有《鲁迅的思想与生活》、《亡友鲁迅印象记》,加上未能结集的文章若干篇,总计约14万字。其中发表最早的,是在鲁迅逝世的"三七"忌日,即1936年11月8日。而最后一篇,写于他在台湾遇害的前3个月,即1947年11月1日,时间跨度长达12年。可以想见的是,如果不是过早离世,许寿裳还会写出更多的有关鲁迅及其著作的研究文章。

至于鲁迅,对于好友也是极为关心。许寿裳的儿子5岁时,许寿裳特请鲁迅为开蒙老师。鲁迅便教他儿子一个"天"字,一个"人"字,又在学生用的书上写下受业的姓名,算是完成了启蒙仪式。此事《鲁迅日记》上也有记载:"上午季市将其大儿世瑛来开学。"(1914年2月5日)此外,许寿裳素好集邮,鲁迅常常记挂在心,通信时说:"邮票已托内山夫人再存下,便中寄呈。顷得满邮一枚,便以附上。"(1932年11月3日)为了好友的爱好,鲁迅由于往来书信很多,就平时注意积累,等到和许寿裳见面时一并交给他,如1933年5月27日《鲁迅日记》记载:"上午季来,留之午餐,并赠以旧邮票十枚。"对于许寿裳,鲁迅是极为信任和看重的,也相信对方会无条件地相信自己,这对于生性多疑的鲁迅来说很是难得。他说:"季对于我的行动,尽管未必一起去做,但总是无条件地承认我所做的都对。"(许广平:《亡友鲁迅印象记·读后记》)这说明许寿裳总是相信鲁迅的,鲁迅也非常了解许寿裳。不过,对于好友的弱点,鲁迅看得十分清楚。例如:"许君人甚诚实,而缺机变"(致郑振铎函)、"许君人甚老实,但他对于人之贤不肖,却不甚了然"(致曹靖华函)、"季黻是很细密的,可惜他文章不辣"(致许广平函)、"我和他极熟,是幼年同窗,他人是极好的,但欠坚硬"(致曹靖华函)。所有这些,都说明鲁迅非常了解许寿裳,知道他人虽诚实,但在思想上却有点幼稚,不够深刻。因此对于许寿裳的错误观点鲁迅从来都是直言相劝,即使是临终前也不放弃对老友的忠告。

事情是这样的,章太炎去世后,许寿裳在《新苗》第八期上发表文章,题目为《纪念先师章太炎先生》,其中有些说法引起鲁迅的不满。原来许寿裳认为纪念章太炎,就要坚持太炎先生的观点,一是"用宗教发起信心,增进国民的道德",一是"用国粹激动种性,增进爱国的热肠"。他和老师的意见一致,认为在中国不能用孔教、基督教,只可用佛教来挽救中国。因为:"我们中国本称为佛教国,佛教的理论,使上智人不能不信,佛教的戒律,使下愚人不能不信,通彻上下,这是最可用的。"对此鲁迅自然不以为然,遂写信给好友给予批评。此事见于1936年9月25日给许寿裳的信:"得《新苗》,见兄所为文,甚以为佳,所未敢苟同者,惟在欲以佛法救中国耳。"

他们二人非同一般的友谊,可从下面一事得到确认。鲁迅生前的最后一首诗,就是赠给好友许寿裳的。据《鲁迅日记》,该诗题目为《亥年残秋偶作》:

> 曾惊秋肃临天下,敢遣春温上笔端。
> 尘海苍茫沉百感,金风萧瑟走千官。
> 老归大泽菰蒲尽,梦坠空云齿发寒。
> 竦听荒鸡偏阒寂,起看星斗正阑干。

这首诗写于1935年12月5日。诗中,鲁迅一方面感慨当时中国社会的黑暗,抒发了自己的孤独和忧愤心情,一方面又对未来表示了有限的乐观。许寿裳在《〈鲁迅旧体诗集〉跋》里,说这首诗"哀民生之憔悴,状心事之浩茫,感慨百端,俯视一切,栖身无地,苦斗益坚,于悲凉孤寂中,寓熹微之希望焉"。应该说许寿裳的分析准确到位,不愧为鲁迅的挚友。

许寿裳不仅对鲁迅个人的事业、生活极为关心,而且对其子周海婴的学习也费尽心血。今人宋志坚《六十年前的疑案:关于许寿裳之死》一文曾引许寿裳给许广平的两封信,介绍了许寿裳对周海婴欲来台湾学习的意见:

> 海婴来台甚善,入学读书,当为设法,可无问题(现已修毕何学年,盼及)。舍间粗饭,可以供给,请弗存客气,无需汇款。此外如有所需,必须汇款,则小儿世瑛本每月汇款至小女世瑄处,可以互拨也。大约何日成行,务望先期示知,当派人持台大旗帜在基隆船埠迎候。(1948年1月15日)

得廿四来书,知海婴行期,须俟阴历年外再定。现值台北雨季,气候转变较剧,索性俟雨季过后(约三月底止)为宜,因霁野、何林两夫人每当此季均病气喘,未知海婴曾患此否?如本无此恙,则可不以为意。(1948年1月31日)

当时大陆局势动荡,许广平有意让周海婴到相对平静的台湾读书,自然首先想到的,就是当时已任台湾大学国文系主任的许寿裳。不料许寿裳竟然于1948年2月18日晚上被杀,原想当年3月来台湾读书的周海婴也就只好放弃了这个计划。

二、忘年之交——周氏兄弟与曹聚仁

3. 在20世纪中国学人中,曹聚仁是一个值得研究的人物。他不仅是一位杰出的学人和报人,更在国共两党之间长期担任信息传递和中间人的角色,为20纪国共两党的第三次合作可能做出了很大贡献。不过,我们这里只评述他与周氏兄弟的关系。在具体论述前,不妨先从其生平说起。

曹聚仁,字挺岫,号听涛,常用笔名有陈思、阿挺、丁舟、赵天一、土老儿、沁园等。1900年6月26日,出生在浙江浦江县通化乡蒋畈村(该地今属兰溪市)的一户农家。曹聚仁之父曹梦岐耕读出身,是清末最后一科秀才。曹聚仁幼承父训,先读私塾,后转至育才学堂攻读新学。3岁读完《大学》,且会写会讲。4岁进私塾,熟读《中庸》。5岁读完《论语》《孟子》。6岁即可动笔写四五百字短文。7岁那年已能背诵《诗经》,如此读书成就,不可不谓之神童。

1915年曹聚仁考入浙江第一师范学校,这是一所有着悠久历史且拥有单不庵、朱自清、俞平伯、陈望道、刘延陵、夏丏尊、刘大白等一批名师的名校。五四运动时期,一师也成立了学生自治会,曹聚仁被推举为学生自治会主席,更是著名的"一师风潮"的领导人之一。1921年他从一师毕业后来到上海,边读书边写稿,成为邵力子主编的《民国日报》副刊《觉悟》的主要撰稿人,先后发表100多万字,成为引人注目的青年学人。

说到曹聚仁与章太炎的师生缘分,要从1922年4月章太炎应江苏省教育会之邀请,到上海作国学演讲说起。当时的曹聚仁年仅22岁,以《民国日报》特约记者身份前往听讲并作笔录,由于他国学功底深厚,记录很准确,深得邵力子称许,获准把他整理的章太炎的讲演稿在《觉悟》副刊上连载,后结集《国学概论》一书,由上海泰东图书局出版,先后印行近40版,还有外文译本,成为当时大专院校流行的文史课本。此事被章太炎得知,以为曹聚仁如此年轻却国学根底如此扎实,实属难得,即有意将曹聚仁收为弟子。在曹聚仁一面,自然是大喜过望,如此他就成为章太炎晚年最年轻的弟子(之一),也自然成为周氏兄弟的同门师弟。

抗战爆发后,曹聚仁以新闻记者身份来往大江南北,报道抗战战况。曾首报台儿庄大捷和首次向海外报道"皖南事变"真相,成为抗战名记者之一。抗战胜利后,曹聚仁回到上海,依然从事新闻工作,曾在高校任教。1950年,曹聚仁只身赴港,任《星岛日报》编辑,并主办《学生日报》、《热风》,还为新加坡《南洋商报》写特约文章。不过,他到香港后扮演的另一个重要角色,就是在国共两党之间充任说客。为此他频频来往于北京和台湾之间,成为毛泽东、周恩来、蒋介石、蒋经国的座上宾,秘密商讨两岸和平统一大事。遗憾的是,由于当时的国内国际形势变化极速,国共两党的第三次合作没有实现,也使曹聚仁感到非常遗憾。1972年7月23日,曹聚仁在澳门逝世。当时任总理的周恩来称他为"爱国人士",并为其亲拟墓碑碑文:"爱国人士曹聚仁先生之墓。"周恩来总理并指示要"叶落归根",曹聚仁因此得以安葬于南京雨花台侧望江矶,这规格不仅在当时而且在今天也属特别优待。曹聚仁一生著述甚多，影响较大的有《国学概论》、《国学大纲》，散文集《我与我的世界》和《鲁迅评传》等。

北京大学中文系曹聚仁研究会柳哲先生，是曹聚仁研究专家。以下关于周氏兄弟与曹聚仁的交往叙述，即主要根据柳哲先生的研究成果[①]：

据曹聚仁的回忆，曹聚仁与鲁迅最初的见面，是在1927年12月21日，地点在上海的暨南大学。当时鲁迅应暨南大学邀请，到该校演讲，正在暨南任教的曹聚仁为之笔录，整理成《文艺与政治的歧途》在《新闻报》副刊《学海》上发表，后收入《鲁迅全集》。

之后，曹聚仁与鲁迅的交往便逐渐多起来，据《鲁迅日记》记载，鲁迅写给曹聚仁的书信就达43封，最后收入《鲁迅全集》的就有25封。

1931年8月22日，曹聚仁主编的《涛声》在上海创刊，鲁迅匿名寄来《三十六计，走为上计》的文稿，作为支持。《涛声》创刊二周年，鲁迅寄来《祝涛声》，称赞曹聚仁"赤膊打仗，拼死拼活"的精神。

鲁迅发表在《涛声》上的文章还有《"蜜蜂"与"蜜"》、《悼丁君》、《〈守常全集〉题记》等。特别是《〈守常全集〉题记》一文，更是周氏兄弟失和以后的又一次"默契"地合作。当时在北京大学任教的周作人为了纪念李大钊，写信给曹聚仁请代为联系出版。为了更快出版李大钊全集，曹聚仁邀约鲁迅、蔡元培等人为之作序。鲁迅欣然应命，写了《〈守常全集〉题记》在《涛声》上发表。

鲁迅不幸于1936年病逝后，曹聚仁集鲁迅诗意写成挽联：

文苑苦萧条，一卒彷徨独荷戟；
高丘今寂寞，芳荃零落痛余香。

[①] 柳哲：《曹聚仁：湮没于历史中的历史见证人》，引自http://www.cat898.com。

为了使民众更好地理解鲁迅和学习鲁迅,鲁迅逝世后的次年,曹聚仁就与夫人邓珂云编印了《鲁迅手册》,1956 年,曹聚仁在香港又写了《鲁迅评传》,1967 年又编著了《鲁迅年谱》,加上他之前所写的回忆、研究鲁迅的 20 余篇文章,总计字数百万字以上。这里值得一提的是曹聚仁所写的《鲁迅评传》,是将鲁迅描画成有血有肉的人,他反对把鲁迅神话,这一点更值得钦佩。

周作人在读了曹聚仁的《鲁迅评传》后写信给他说:"《鲁迅评传》,现在重读一过,觉得很有兴味,与一般的单调书不同,其中特见尤为不少,以谈文艺观与政治观尤佳,云其意见根本是'虚无主义'的,正是十分正确。因为尊著不当他是'神'看待,所以能够如此。"曹聚仁一生完成了鲁迅研究的"三步曲",总算完成了他的一个宿愿,对得起九泉之下的鲁迅了。

4. 至于曹聚仁与周作人的交往,可能早于鲁迅。据钱理群先生的研究文章可知,周作人于 1925 年 11 月 2 日的日记记载:"得曹聚仁君函。"这可能是他们的交往之始①。

据曹聚仁后来回忆,他当时正"十分醉心"于《语丝》所表现的"独来独往"的"自由主义"精神,"做过他们的喽罗,呐喊过几阵"。周作人正是当时《语丝》的主要撰稿人和实际主持人,并且是曹聚仁所说的《语丝》的"自由主义"精神的主要代表。对"自由主义"的追求与向往或许是曹聚仁与周作人交往的思想基础。对这一点,曹聚仁在 1930 年 9 月写给周作人的一封信里也有过明确的说明:"我自以为是先生的信从者。……在消极的意义,有些近于虚无主义,在积极的意义,有些近于新自由主义。"正是因为有着这样的共同的思想基础,在由周作人的《五秩自寿诗》引发的"30 年代中国自由主义知识分子与左翼青年的思想交锋"中,曹聚仁主动站出来为周作人辩护,就不是偶然的。他在《申报·自由谈》的文章

---

① 以下内容多参考钱理群先生的研究,特此说明。

中,一面指出周作人"十余年思想的变迁,正是从孔融到陶渊明200年间思想变迁的缩影",其"备历世变,甘于韬藏,以隐士生活自全,盖势所不得不然",同时提醒世人注意:周作人虽"谈狐说鬼"却并未"厌世冷观","炎炎之火仍在冷灰底下燃烧着"。而特别有意思的是,曹聚仁的观点引起了鲁迅的关注,在给曹聚仁的私信中发表了如下意见:"周作人自寿诗,诚有讽世之意,然此种微辞,已为今之青年所不憭,群公相和,则多近于肉麻,于是火上添油,遂成众矢之的……此亦'古已有之',文人美女,必负亡国之责,近似也有人觉国之将亡,已在卸责于清流或舆论矣。"此时周氏兄弟早已失和而断绝了来往,曹聚仁有意无意地起到了沟通他们思想的作用,这自然彰显出他的独特性。

不过曹聚仁与周作人的第一次见面,却是在1956年。当时曹聚仁作为《南洋商报》的特派记者访问了北京,并特别要求有关部门允许他拜访周作人。这次见面,曹聚仁帮助周作人解决了晚年作品无处发表的问题。此后,周作人大量的散文经过曹聚仁介绍得以在海外发表。尤其值得赞赏的是,周作人的自传《知堂回想录》,就是在曹聚仁的催促和鼓励下,才得以问世。周作人去世后,为了能够让该书尽早出版,当时身患重病的曹聚仁,忍痛校对周作人的遗稿,促其最终得以出版,为20世纪中国文化史和文学史留下了一份珍贵的遗产。

周作人在后记中对曹聚仁"待人的热心,办事的毅力"非常"感佩",以为这也是"蒋畈精神的表现"。他在1966年1月3日为《知堂回想录》写成的"后记"中说:

> 我在这里首先要感激曹聚仁先生,因为如果没有他的帮忙,这部书是不会得以出版的,也可以说从头就不会写的。当初他说我可以给报社写点稿,每月大约十篇,共写一万字,这个我很愿意,但是题目难找,材料也不易得,觉得有点为难。后来想到写自己的事,那材料是不会缺

乏的,那就比较的容易得多了。我把这个意思告诉了他,回信很是赞成,于是我开始写《知堂回想录》,陆续以业余的两整年的工夫,写成了三十多万字,前后寄稿凡有九十次,都是由曹先生经手收发的。这是回想录的前半的事情,即是它的诞生经过。但是还有它的后半,这便是它的出版,更是由于他的苦心经营,乃得有成。我于本书毫无蔽帚自珍的意思,不过对他那种久要不忘的待人的热心,办事的毅力,那是不能不表示感佩的。这大约可以说是蒋畈精神的表现吧。

这里的"蒋畈精神",有必要稍加笺注一下。蒋畈是曹聚仁的故乡(现属浙江兰溪石阜乡),蒋畈的远近闻名,与曹聚仁之父曹梦歧老先生兴办教育有很大关系。曹聚仁在香港时曾出版过一本《蒋畈六十年》对其父事迹给予赞美。估计周作人知道此书,并更进一步在蒋畈后面冠以"精神"二字,可见周作人对曹聚仁极为感激,才有此"投桃报李"之举。曹聚仁与周作人晚年书来信往,非常密切,收入《周曹通信集》的周作人书信就有300余封。至于未发表的书信也还有不少。

且说曹聚仁在为鲁迅写完传记后,本来还计划为周作人写一本传记。令人遗憾的是,他没有来得及实现这一愿望,也给后世研究周氏兄弟者留下一个谜——他会怎样描述这位苦雨斋主人呢?

5. 由于与周氏兄弟有着长期密切的联系,加之曹聚仁对他们兄弟的理解有着别样的深刻和阐释,因此他被视为周氏兄弟研究的专家是很自然的。我们不妨先看曹聚仁对鲁迅以及他与鲁迅关系的评价:

> 我从来没有说过,鲁迅是我的朋友,因为一则论语社有一条禁例是不许说"我的朋友胡适之",依例当然不可

说"我的朋友鲁迅"。二则此间有人说我在上海卖文,全靠鲁迅提拔,后来又背叛鲁迅了。可是,我从1922年到上海,直到1927年鲁迅才到上海久住。我和他本不相识,而我又从不靠卖文过活,不知如何提拔我?三、鲁迅是章太炎的入室弟子,我呢,已经是后辈又后辈了。钱玄同先生和鲁迅是同辈,我的老师单不庵和钱玄同一辈,我是该退居后辈的。四、鲁迅先生是文学家,我呢,只是研究历史的人,道并不相同。不过《鲁迅全集》出来了,他的《书信集》也出来了,还有《鲁迅日记》也出版了,证明了我和鲁迅并非泛泛之交。

鲁迅先生看见我书架上的一角,堆积了他的种种作品以及一大堆资料片,知道我准备替他写传记。我笑着对他说:"我是不够格的,因为我不姓许。"他听了我的话,也笑了,说:"就凭这句话,你是做得我的了。"就凭这一句话,我就在大家没动手的空缺中,真的写起来了。

我一开头便说:我之于鲁迅先生,并不想谬托知己,因为他毕竟比我大了二十岁。我虽不曾受他的教诲,不是他的学生,在上海那一段时期,往来得相当亲密,但对于他们那个时代,总有些隔膜,至少,我不曾应过科举,对启蒙时期的士大夫的观点并不了解。我接受新青年派的文艺观点,以及非孔的思想观点也很早,但我初看鲁迅的《狂人日记》,实在不了解。他的小说,以《阿Q正传》为世人所知;但他以"巴人"的笔名在《北晨副刊》连载,邵力子先生剪给我看时,我实在看不懂。(恕我说实话,如今读过这篇小说的,自己想想看,究竟懂得了多少?百人之中,能否有一个人懂?也难说得很。)[1]

---

[1] 曹聚仁:《我与我的世界·鲁迅与我》,人民文学出版社1983年版,第391、394、396页。

纵观曹聚仁的《鲁迅评传》，确实是实事求是地写出了一个真实的鲁迅。曹聚仁对鲁迅究竟怎么看？这里不妨引用钱理群先生的说法，大致介绍一下：

第一，鲁迅骂过的人未必是坏人。曹聚仁用大量分析与事实证明，鲁迅骂过的人，往往好坏参半。比如梁实秋、陈源等，在人格上都没有大亏欠，不是我们想象的那么坏。此外，鲁迅的骂，往往对事不对人，多半属于文艺论争。意气用事的时候也有，不过火一发完，往往也就不放在心中，并不会刻骨铭心（对少数人除外）。

第二，人们赞扬鲁迅，其心态和目的各有不同。有些人别有用心，表面上想把鲁迅捧成高尔基和革命家，其实只为达到他们的私人目的。有人胡说八道，如写《鲁迅传》的王士菁。有人只是口上赞扬，心里却不服气，比如郭沫若、周扬。有人自以为在继承鲁迅衣钵，其实却浅薄而不自知，如胡风、聂绀弩。有人有话不会说，只会干喊，因为他修养不够，比如许广平。有人迫于某种压力，欲言又止，比如冯雪峰。

第三，鲁迅性格复杂。鲁迅也是阿Q，因为那篇小说中也有鲁迅的影子。鲁迅身上还有种绍兴师爷气（从好的方面来说），这与他童年生活与家庭没落有关。世态炎凉、祖父的脾气、父亲患病等，也养成鲁迅日后"多疑"、"讽世"的嵇康式性格，更使他可以"坚决"、"执著"地追求真理与人生意义。曹聚仁曾对鲁迅说过："你的学问见解第一，文艺创作第一，至于你的为人，见仁见智，也难说的很。不过，我并不觉得你是一个难以相处的人。"这个看法得到了鲁迅承认。

第四，鲁迅从来不属于任何一党，也不想加入。他曾说过："革命的领导者，要有特别的本领，我却做不到。"可以说鲁迅是"正义"的"同路人"，却不能说他是革命家。为什么鲁迅始终不愿加入任何党派？因为他既讨厌那种"以别人作牺牲"的政客所为，又怀疑革命的意义，尽管他始终对革命有积极态度。鲁迅曾经这样说，"革命，反革命，不革命。革命的被杀于反革命的，反革命的被杀于革命的"。所以,他终生不曾加入任何党派。

第五,鲁迅的思想精髓何在。曹聚仁以为刘半农的评语概括了鲁迅思想:"托尼学说,魏晋文章。"托尔斯泰与尼采的观念虽有很大不同,却一样影响着鲁迅。在鲁迅文字里,也始终含有魏晋风骨。

第六,鲁迅与左联的关系。鲁迅不是左联的领导者,左联也不愿要鲁迅领导,不过想利用鲁迅的名气。周扬、徐懋庸等,就曾经在鲁迅身后捅刀子。

第七,鲁迅与大众语运动。王瑶在他的新文学史著述中认为,鲁迅倡导了1934年的大众语运动,但曹聚仁认为这个运动其实是陈望道、夏丏尊、曹聚仁等8人提倡,鲁迅只是应邀的参战者,虽然鲁迅的成绩最大。

对于曹聚仁笔下的鲁迅形象,人们可能有不同看法,但不可否认的是,曹聚仁确实为世人展示了一个别样的鲜活的鲁迅形象,他笔下的鲁迅,就是一个普通的人,一个有个性的文人。仅此一点,就功不可没。

正因为曹聚仁始终没有把鲁迅当做神而是当做一个普通人看待,所以他的《鲁迅评传》才能取得极大的成功,被视为鲁迅研究的重要成果。今人李世琦对该书有极为精到的评述:

> 曹著《鲁迅评传》之所以能够成功,首先得益于作者的写作原则,即把鲁迅作为一个"人"来写。这样的原则现在看起来再正常不过,但了解了对鲁迅评价的历史后,才知道说起来容易,做起来非常之难,因为即使在鲁迅健在时,人们对鲁迅的评价已经判若天渊,用陈独秀的话说:"世之毁誉过当者,莫如对于鲁迅先生。"褒之者在九天之上,贬之者在十八层地狱之下。前者如中共的领袖毛泽东,说鲁迅是"现代中国的圣人","最正确、最勇敢、最坚决、最忠实、最热忱的空前的民族英雄"。后者如苏

雪林,说鲁迅是"玷辱士林之衣冠败类,二十四史儒林传所无之奸恶小人"。其他人或友或敌,各自从自己的立场、角度,或有意或无意地对鲁迅进行神化、圣化或鬼化、妖魔化。大体说来,歌颂鲁迅的一方以中共为代表,贬损鲁迅的一方受到国民党的暗中支持,双方都有雄厚的政治、文化资源。在这样的背景下,曹氏独抒己见,有"天下皆醉我独醒"之概,其胆其识均令人感佩。在这样的原则指导之下,曹氏对长期流行的说鲁迅为人老于世故、猜忌刻薄的说法进行了抉剔、辩驳。鲁迅在给曹氏的信中说:"现在的许多论客,多说我会发脾气,其实我觉得自己倒是从来没有因为一点小事情,就成友或成仇的人。我还有不少几十年的老朋友,要点就在彼此略小节而取其大。"此种情况如鲁迅与其终身挚友许寿裳,许氏在鲁迅逝世后回忆说:"生平三十五年,彼此关怀,无异昆弟。"许夫人突然病故,鲁迅发来唁函说,世兄们失掉慈母,固然是不幸,却也并非完全的不幸,因为他们也许倒成为更加勇猛、更无挂碍的男儿的。许氏认为鲁迅想得深刻,不是寻常的套话。可见他们的相知之深。所以,许广平说他们"真可以说是知无不言、言无不尽的知己好友"。对于说鲁迅脾气古怪、性好猜忌的说法,曹氏举了向培良、尚钺的例子。他们都是鲁迅支持的狂飙社的成员,原本和鲁迅十分接近,后因人际纠纷而分手。向培良曾在《记谈话》一文中写道:"人们一提到鲁迅先生,或者不免觉得他稍为有点过于冷静,过于默视的样子,而其实他是无时不充满着热烈的希望,发挥着丰富的感情的。"狂飙社成员和鲁迅闹翻后,鲁迅激愤下曾说过狂飙那一群人,除了向培良都是骗子这样的重话。即使如此,尚钺在鲁迅死后对自己误解鲁迅表示"至今仍然是心中的一个苦痛伤痕"。可见鲁迅的人格感人之深。在另一方面,曹氏也直言不讳地指出了鲁迅平凡和有缺点的一面。例如鲁迅的外貌、举止一点都不像伟人："他那副鸦片烟鬼样子，那袭暗淡的长衫，十足的中国书生的外貌。"以至于真的鸦片烟鬼曾向鲁迅打问在哪里可以买到鸦片。鲁迅第一次到女师大给许广平等上课，曾引起她们哗笑。鲁迅并不像后来在电影、图片里那样器宇轩昂、光彩照人。这才是真实的鲁迅！

对于鲁迅思想发展的轨迹，曹氏也有自己与众不同的看法。对于鲁迅后期的思想，中共方面的学人都认为"比共产党还共产党"，国民党方面也认为鲁迅是"赤化分子"，社会上也有人说鲁迅"拿卢布"，似乎是铁定不疑的。曹氏举出鲁迅自己的话，说鲁迅将自己比做一头瘦牛，"张家要我耕了一弓地，可以的；李家要我挨一转磨也可以的……要专指我为某家的牛，将我关在他的牛栏内，也不行的，我有时也许还要给别人家挨几转磨"。这十分有力地说明鲁迅的独立意识是非常之强的。所以，曹氏说："到他死去为止，他只是一个文化斗士，从未参加政治组织。"他比较赞同刘半农对鲁迅的评价。刘曾经送给鲁迅一副对联："托尼学说，魏晋文章。"前一句说鲁迅的思想是托尔斯泰的博爱主义和尼采的超人哲学的融合，后一句说鲁迅的文字风格取法魏晋文章的高洁峭拔。这一对联得到了鲁迅的认可。对于郭沫若把鲁迅比做"文起八代之衰而道济天下之溺"的韩愈，曹氏认为"即非违心之论，必是敷衍了事的纪念文字，而鲁迅呢，平生却最讨厌韩愈，风格也相去的很远"。堪称一针见血！

曹氏还从生活的细微之处描写了鲁迅。鲁迅在衣着上虽然不修边幅，但眼睛特别有精神。写鲁迅擅长说笑话，大家笑，但他自己不笑。鲁迅的书房，收拾得井然有序，纹丝不乱，不像钱玄同、胡适那样一塌糊涂。他写作时虽然烟茶并进,通宵达旦,但也注意调剂生活,不忙时看看电影,而且买最贵的票,侦探片、打斗片、滑稽片、生活风景片,他都喜欢看,"把心神松下去,好好欣赏一番的"。这就给了读者一个丰满、立体的鲁迅形象。

经过半个世纪的检验,曹著《鲁迅评传》在众多的同类著作中脱颖而出,被学术界推为研究鲁迅的必读书。那么,曹聚仁为什么能够成功呢?这是由曹氏客观、主观两方面的条件造成的。从客观方面说,他和鲁迅是同乡,又同是章太炎的弟子。他对鲁迅作品中涉及的人物、环境、风土人情等都有研究的便利,而曹氏果真进行了实地踏勘。他还是鲁迅认可的忘年交,有过深入的交往,相互通过四十多封书信,有过几次深谈。从主观方面说,曹氏兼学人、报人、史家于一身,曾执教于数所大学,多年从事报刊的记者、总编辑工作,于史学有深厚的造诣,鲁迅就曾请他代查历史典故。为了写作该书,他进行了多年准备。他精湛的国学修养又使他的表述思路清晰,文字简洁精练,显出大家气象。自然,该书也有它的缺点,比如只谈托尔斯泰、尼采对鲁迅的影响,而不谈马克思主义对晚年鲁迅的重要影响,就显见得有些矫枉过正了[1]。

至于曹聚仁对周作人的评价,则稍微有些复杂。一般认为,在鲁迅还活着的时候,曹聚仁对周作人的态度大致和鲁迅保持一致。而在鲁迅去世后,对周作人的态度开始有所转变,不过,对于周作人的下水当汉奸,曹聚仁还是态度鲜明地给予批判。1949 年之后,由于在国共两党间从事联络工作的需要,曹聚仁开始频繁地往来于大陆和香港之间,也因此成为有机会接触到周作人这样有特殊历史背景的海外人士之一。也因此,他对周作人的态度发生了

---

[1] 李世琦:《曹聚仁眼中的鲁迅》,载《书屋》,2006 年第七期。

较大的转变,意识到周作人这样的历史人物在当时已是越来越少,应该让周作人有机会从事写作和发表文章,以给后世留下宝贵的历史资料,而不仅仅是为了鲁迅研究本身。

1956年,一直在香港从事报业活动的曹聚仁趁北上出席鲁迅逝世20周年之机,访问了周作人。曹聚仁后来回忆:"那时,老人年已72,年老体弱,医生吩咐,见客只能谈三五分钟,他却特别高兴,留我谈了一点多钟。"曹聚仁曾在《与周启明先生书》中详尽地谈到了他们这次长谈的内容:"我们那天又谈到了鲁迅的作品,鲁迅自己推荐了《孔乙己》,因为那一篇小说写得从容不迫","我那天说到了自己的爱好,我是最喜欢《在酒楼上》的","你也同意我的说法,你说,这是最富鲁迅气氛的小说"。他们这次谈话竟是围绕鲁迅而展开,这是颇耐人寻味的。在谈话结束时,周作人将自己的诗稿抄送曹聚仁,并经曹聚仁之手,发表于香港《热风》77期(1956年11月出版),从此海外才开始获知周作人的一些情况,而周作人也有了可以在海外发表文章的机会①。

不过,显而易见,晚年的周作人之所以可以有机会继续写作,除了和曹聚仁当时的特殊身份有关外,也和周作人作为鲁迅之弟的特殊身份有关:由于对鲁迅及其作品研究的需要,作为亲属的回忆和对鲁迅作品和生平的解读,至少从资料方面来说,也是很有价值的。而让周作人的文章在海外发表,更多的意义恐怕还是在这件事本身,它代表了一种姿态、一种政策,连周作人这样有过不光彩历史的人都还能够写作,其他的文人又何必担忧呢?

于是,本来是作为章氏同门和同乡的周氏兄弟和曹聚仁之间,就在几十年的历史过程中,结下了不解之缘。如果说曹聚仁和鲁迅的交往,除却对后者的敬意还有同门和同乡的因素外,那么,他与周作人的交往其间究竟有多少这样的因素,大概就是说不清也不必说清楚的吧。

---

① 钱理群:《曹聚仁与周作人》,载《曹聚仁研究》试刊第四期,1999年4月14日。

第九章

学在民间与最后的知识分子之消失

——从20世纪中国文化视角看师承关系

老一代知识分子以不可言喻的方式把知识传给了后代，不仅如此，他们还把梦想和希望留给了后代，这种文化的传送带正遭遇威胁。更为宽泛的文化传播有赖于人数正在减少的老年知识分子，这些老年知识分子又没有接班人。年轻的知识分子被大学生涯完全占据了。他们的专业生涯成功之时，也就是公共文化逐渐贫乏衰落之日。

——摘自（美）拉塞尔·雅各比
《最后的知识分子》，萧莎译

一、从高校师生关系现状说起

1. 出于对知识分子问题的兴趣和对于新老知识分子之间代际沟通的日益隔膜的忧虑，当然，也是出于为撰写本书所作理论上准备的需要，从去年初笔者一直在阅读有关论著特别是近期所翻译西方学术界的著作,其中很多仅仅是题目就激起笔者浓厚的兴趣:保罗·博维的《权利中的知识分子》,拉塞尔·雅各比的《最后的知识分子》,马克·里拉的《当知识分子遇到政治》以及艾尔文·古德纳的《知识分子的未来和新阶级的兴起》等等。自然,阅读的过程并不轻松,不过我还是首先应该对这些著作的翻译者表示感谢。然后,每当我的阅读产生障碍时,再看看章太炎及其弟子的著作,似乎总能有所启发。而自己在高校任教的这一特殊身份和长期与学生接触过程中产生的一些想法,也似乎总在验证这些著作中的很多观点,尽管这些作者并没有把当代中国知识分子问题纳入他们的研究范围。也因此,这作为最后一章多少带有一点总结性质的文字,我想最合适也最恰当的方式,就是从当下高校师生关系的现状说起。

大概是2008年的上半年吧,有一家很有名的学术网站邀我主持一次网聊,题目由我来定。我当时首先想到的,就是作为该小节题目的这个。可能是由于常年在高校任教的缘故吧,对于近年来的师生关系,常有"今不如昔"之感。从表面看,似乎不能说师生关系不再密切,相反,过去没有的电话、短信和电子邮件以及网上聊天等交流方式,如今正普及到不能再普及的程度,那么至少从形式看,没有任何妨碍师生关系交流的障碍,他们理应是更加密切、更加融洽才对,怎么人们感觉到的却不是这样呢?

例如在学校日常生活中,由于自己所在学校近年来迁入位于郊区的新校区,于是师生之间的面对面交流成为很大问题。每当教师下课后,总是要急急忙忙去坐班车回城,不然就要自己赶到很远的车站去挤公交车。这样,每天下午放学后,偌大的一个校园中几乎没有教师的影子,学生除却打电话和上网外,几乎没有其他可以和教师交流的方式,而那些传统的耳提面命教学法和师生在校园内边散步边探讨问题的富有诗意的教学方式几乎消失。再加上所谓的"代沟"问题,教师和学生之间,似乎共同语言越来越少。由于受社会上一些不良风气的影响,部分学生变得越来越功利和庸俗。我就不止一次经历过这样的事情：每当考试前，个别学生就主动找我套近乎，我知道他们无非是为了获得某些考试的内容，或者让我对他们有一个好学的印象，以便在阅卷时增加一些印象分。可是，当考试结束，成绩也出来后，这些成绩过关的学生再见到我，马上就变了一个人，不仅见到我不打招呼，而且似乎从来就不认识我，那种旁若无人般从我身边走过的样子，确实让我感到几丝悲哀。

不错，时代发展了，环境变化了，那么，我们的师生关系也应该有所变化，但是，难道不是应该变得更好而是更糟么？难道师生之间的关系也要异化为赤裸裸的买卖关系，一手交钱，一手换文凭？

2. 于是，为了准备这次网聊，我特意撰写了下面的提纲，并专门摘抄了一些材料，准备作为与网友交流之用：

1. 师生关系的过去（是怎样的？）

中国古代的孔子师生之间：有教无类、三人行必有我师、教学相长等。

韩愈：古之学者必有师。师者，所以传道、受业、解惑也。人非生而知之者，孰能无惑？惑而不从师，其为惑也，终不解矣。

韩愈在《师说》中，不但对教师在教学中的作用作了明确的规定，传道、授业、解惑。更为重要的是阐发了孔子的"三人行，必有我师焉"的思想；论述了"无贵无贱，无长无少，道之所存，师之所存"的平等关系。因为所师的是道，而不是地位的贵贱和年龄的长少。并且强调指出："弟子不必不如师，师不必贤于弟子，闻道有先后，术业有专攻，如是而已。"所有这些思想，都是对孔子教学相长思想的最好阐述。

"程门立雪"的启示。

西方古代的师生关系:古希腊的柏拉图和亚里士多德(吾爱吾师,吾更爱真理)。

2.近代以来的师生关系

章太炎和章氏门人如鲁迅、钱玄同等;陈寅恪和他的弟子季羡林、周一良等。

"文革"时的极端案例:学生批斗甚至打死老师。

3.近年来的师生关系

(1)实际上,师生关系问题在去年曾有过矛盾激化,有一个时期最为突出,具体有三个方面的表现:

A:彼此过于淡漠甚至冷漠,相互理解不够。师生关系变成了无关系!(原因很多,如应试教育、商品经济的冲击、高校园区多建设在市郊,使得师生交往变得困难等)。

B:师生关系开始世俗化、功利化(由相互理解变为相互利用)。

C:对如何构建新型师生关系缺少思考(从管理部门到师生本身)。

(2)师生关系淡化和功利化世俗化的原因:市场经济的影响、教育产业化的因素、教师素质的降低和学生知识结构的不合理、独生子女教育不当的后果等。

4.将来(理想的关系)

学生看老师:亦师亦友。

老师看学生:亦友亦子(弟子和孩子)。

5.师生关系的几种形式

严(名)师高徒型(一日为师,终生为父)。

"谢本师"型(所谓的背叛师门)。

普通型(平平淡淡,所占比例最高)。

亦师亦友型(王国维和陈寅恪、陈寅恪和吴宓)。

不正常型:雇佣型——类如老板和打工者关系,似乎理工科更多见。

6. 老师对学生的正确态度

首先是爱。

其次是责任。

再就是主动沟通。因为教师是一个特殊的职业。至于高校教师,则更为特殊。

7. 高校师生关系的特殊性

双方均为成人,所以应是平等关系,而且学生已有一定的判断能力。

学生学习压力相对较轻,但就业压力很大,困惑更多。

除却学习外,学生的情感问题较多,如恋爱问题、友谊问题、家庭问题等。

8. 参考案例(反面)

(1)一名学生家长当着孩子的面把校长杀害了,仅仅因为校长打了淘气的孩子一巴掌——这是近日发生在浙江温州灵昆镇中学的一个令人震惊的惨剧。被害人黄玉生是该所中学的校长,行凶者郑缘波则是初中二年级一名学生的父亲。(《中国青年报》,11月23日)

(2)几名违反就寝纪律的学生,被值班教师罚出去在众目睽睽之下"裸奔"。宁波浒山中学在管理中使出了此等绝招。当时,被罚跑步的10位男同学中,只有两人穿了长裤,其他8位同学都只穿了条三角短裤,而且他们奔跑时,其他年级的同学正好下了晚自习,不少人围在操场边上哈哈大笑。虽然事情已过去一个月了,可一些同学老拿这事儿戏说他们是"裸奔"。(《宁波晚报》,11月23日)

(3)2007年,先有中山大学博士生在网上发帖控诉导师"虐待",紧跟着就是中国政法大学教授在课堂上与学生发生了激烈冲突。

(4)2008年10月21日,缙云县盘溪中学学生丁于真杀死老师潘伟仙。丁于真沉迷于网络,经常请假不上课而去上网。21日到校后潘老师与他进行谈话,并与丁于真一起去他外公家了解相关情况。途中,老师被丁于真推下悬崖,丁于真发现老师并未死去后,还用绳索将其勒死。此类事近年来已发生多起。

9.参考案例(正面)

中国的传统教育始终强调学术的传承关系,而这种传承之最好的方式就是师生之间的代代相传。至于有关师生之谊的佳话更是数不胜数,此处仅举两个和陈寅恪有关的例子。已故中山大学教授刘节,当年曾就学于著名的清华国学院,因此,他任中大历史系主任时,每年春节都要去老师陈寅恪家里叩头行礼。"文革"期间,红卫兵要批斗陈寅恪,刘节竟拦住大呼道:"我是他的学生,他身上有的毒,我身上都有,斗我就行了!千万别斗他!"学生不惜以自己的生命代替老师挨批,确实感人。还有那位陈寅恪以身后著作相托的复旦大学教授蒋天枢先生,生前曾数次冒着风险到广州看望老师,然后利用在广州的时间,每天都去老师家聆听教诲。蒋天枢晚年不顾自己的研究,坚持出版了陈寅恪文集,成为美谈。蒋天枢以如此谦恭态度对待老师,也就无愧于陈寅恪之"学术托命者"的身份了。

10.师生关系的最高境界

我认为,师生关系的最高境界,在于《论语》中这样如诗如画的描述:"莫春者,春服既成。冠者五六人,童子六七人,浴乎沂,风乎舞雩,咏而归。夫子喟然叹曰:'吾与点也。'"

孔子和其弟子关系有如此和谐之境界,和他的教育思想有很大关系,例如他的"有教无类"说,即"不分宗族贵贱,不分阶级,都是可以施教的",这该是人类教育史上一项具有革命意义的创造性思想。因此,出身贫寒如颜渊者不但如愿成为孔子之弟子,而且是其得意门生。其次,孔子和弟子们不但在人格上是平等的,而且在学问上也是平等的,因为他提倡"当仁不让于师"。在弟子们心目中,孔子的形象是"温而厉,威而不猛,恭而安"。孔子自30岁招收学生,一直到老都恪守"学而不厌,诲人不倦"的教育原则,也因此博得弟子的高度敬仰。

当我做好必要的准备,于预定时间上网开始网聊时,一个不可思议的情况出现了,聊天室内竟然只有几个人,根本不能展开话题。我最初想,这很自然,因为我毕竟还不是什么名人,没有多少吸引力是自然的。不过,这个话题应该还是有很多可说之处,何况上网者之中当以学生占多数,他们应该还是有话要说的吧。那就等一等再说。遗憾的是,又等了很长一段时间,聊天室内不见人多,原有的几个见迟迟不能开始,也几乎都溜之乎也。无奈之下,该网站有关技术人员只好和我商议,暂时取消,改日再说。

不用说,我对此感到非常失望。不仅因为自己的准备白费,而且对网友特别是那些学子的冷漠感到不可理解——对于师生关系的淡漠和世俗化,难道他们没有亲身体会么?也许就是从那时开始,我对中国历史上那些令人感动的师生关系范例,有了试图加深了解的愿望。而在20世纪中国历史上大放异彩的章门弟子群体,也由此开始进入我的视野。

二、从章太炎及其弟子看20世纪中国知识分子命运

3. 鲁迅晚年居住在上海时,曾对人谈起,其实他很想写一部关于中国知识分子的长篇小说,其中会写到三代人,即他的老师章

太炎一代、他这一代以及比他年轻的一代。可惜,鲁迅的愿望未能实现,以至到今天还有学者在惋惜之余,在设想假如鲁迅写出了这个长篇,其文学地位又会如何更伟大的问题——其实这是没有意义的伪问题。当然,在今天,如果有人要写,依然是一个很有意思的题材,不过那大概要写到五代甚至更多,才能概括整个20世纪中国知识分子的命运呢——其难度之大,可想而知。

不过,由此倒可以引出一个值得关注的话题,即百年来中国知识分子的命运以及他们在中国社会的重大变迁时刻,该如何确立自己的身份以及如何发挥自己作用的问题。窃以为这些问题迄今并没有得到很好的解决,甚至没有得到很好的思考和研究——因为历史上曾有过甚至连这种研究也被禁止的阶段,而在今天,当这种研究似乎可以进行时,却差不多已经没有多少人再对此话题有兴趣了——比起下海捞钱来,研究这些的确没有什么收益呢。不过,问题并没有因为无人关注而自动消失,相反,它每时每刻都在,都是一个切切实实的现实,它与每一个中国知识分子的命运息息相关,也与中国文化的发展和未来走向息息相关。

那么,既然本书是写章太炎及其弟子的,我们不妨先从他们的命运说起。

整个20世纪,章太炎的命运似乎还算不错。首先,在其逝世后,当时的国民政府还是给予了比较高的评价,这在本书的开头已有叙述,不赘。其次,他虽然曾大闹总统府,不过袁世凯除了将其软禁起来,也并未怎么样他,在那时也确实罕见,由此可见袁世凯还是有些肚量的,至少比张作霖等人强得多。对此,著名作家孙犁有极好的评价:

> 文人逸事,热闹有趣者多,真实可信者少。章太炎大闹总统府一事,最为当时乐道。记载颇多,且加演义,以为章太炎如何英雄,袁世凯如何没有办法。其实,在那种场合下,有办法的还是大总统,没办法的还是穷书生,他

究竟是被拘留起来了。章氏自记,就平实得多,晚年并称赞了袁世凯的肚量,证明章太炎是一个诚实的人,一个真正的书呆子。

　　古人以能立功、立德、立言者,为名人。章氏有功于民国,虽无大德于民,然亦无亏缺之处。至于言,皇皇大著,更无论矣。成为近代史上一大名人,固非投机取巧,沽名钓誉者流可比。然名人都有时代的特点,为历史所铸造,与英雄同。当其一旦成为名人,则追逐者日众,吹捧者日多,军阀官僚商贾皆争先利用之。或赠以高楼,或赠以骏马。黄金不求自得,美女纷至沓来。于舆论优势之外,往往亦得实利。本人亦以不同凡俗自居,人之阿谀,不以为怪,人之厚赠,以为应当。日久天长,主观客观上,名存实亡,变成偶像。言行不顾,见利忘义,有些名人,遂成为不名誉之人。……①

至于章太炎逝世,当时的延安是如何反应的,笔者一时难以找到材料。不过,毛泽东后来对章太炎曾有这样的评价:章太炎活了60多岁,前半生革命正气凛然,尤以主笔《民报》时期所写的文章锋芒锐利,所向披靡,令人神往,不愧为革命政论家;后来虽一度涉足北洋官场,但心在治经、治史,以国学家称著。鲁迅先生纵观其一生,评价甚高,但对他文笔古奥,索解为难,颇有微词。他出版一本论文集,偏偏取名《訄书》,使人难读又难解②。应该说毛泽东的评价不仅仅侧重于章太炎的革命生涯一面,对其学术成就也有"以国学家称著"的赞誉,由此可见他对于章太炎还是大致持肯定的态度。

　　此外,章门弟子吴承仕曾被延安当做烈士举行追悼大会,由此

---

① 孙犁:《买章太炎遗书记》,见《芸斋梦余》。
② 参看周朔源:《毛泽东评点古今人物》,红旗出版社1998年版,第453—455页。

也可间接看出那时的延安对于章太炎本人及其学术,是不会有多么否定之看法的。例如,作为延安时期的理论家,陈伯达曾撰文指出:"真正马克思主义者都会了解:一种新文化是不会凭空掉下来而和过去的历史发展及过去的文化发展无关的。而且如对于旧文化不能去做有批判地接受和改造,就无从创造新文化。"陈伯达认为,所谓的"国粹","翻译成白话文,就是叫做'民族的精华'。保存民族的精华,这恰是我们新文化运动者所要做的"。在文章中,陈伯达列举了启蒙思想家在发挥民族文化传统精华方面的贡献,其中就提到了章太炎的名字。最后,他提出:"保存我们的国粹,以创造中国最优美的新文化奇葩。"①

最后,我们还可看当时的风云人物张学良的挽联:

天丧斯人,朴学难续;
瞻言国故,悼悲极深。

张学良本不轻易臧否人物,但他对章太炎的评价,应当说还是很中肯贴切的。

总之,章太炎去世后的大半个世纪,所受到的评价应该都是正面居多,至于十年"文革"时期遭受批判,则属于例外,因为那时不仅章太炎,所有历代文人差不多都被列入批判之列呢。但虽说如此,章太炎给国人的整体印象,恐怕还是作为学者的因素更多一些,至于其革命家的一面,人们记住最多的,也不过是在"苏报案"中的表现以及他大闹总统府的时候。但对于那时章太炎作为读书人的无奈心境,又有多少人理解呢?

至于鲁迅逝世后的命运国人大都熟知,此处不必饶舌。倒是其弟子的命运各有不同,但大都多舛悲惨,其代表当为胡风,就他本人而言,虽然到晚年始获平反,聊胜于无,但平反之后的胡风已

---

① 陈伯达:《论文化运动中的民族传统》,载《解放》第 46 期,1938 年 8 月。

经基本上丧失了继续思考和研究的能力，终归还是以悲剧告终。至于鲁迅弟子中之幸运者，按说应该很多，其实寥寥，个中奥妙则难以说清。不过章太炎及其弟子和再传弟子的整体命运以及对20世纪中国社会进程所发生的影响，的确值得后人好好探讨。因为在某种程度上，我们都算是他们的弟子，也因此承继了他们的一切——包括使命和命运。

萨义德在其名著《知识分子论》的第六章，使用了这样一个题目："总是失败的诸神"，用意显而易见，作为知识分子，其命运大概总是和失败连在一起——即便那些所谓的"成功者"，无非也是由于丧失了作为知识分子的独立性而获得世俗的成功，其实也还是失败。萨义德在该章的开始讲述了一个他非常熟悉之朋友的故事，这个朋友曾经极为热心地投身于政治事务之中，也曾获得有限的成功，但最终却还是碰得头破血流，不得不依然回到其本行：利用自己的知识和舆论工具间接地干涉时政，而不会再积极地踏入政坛的漩涡。萨义德认为，他的这位朋友的经历具体地体现了当代知识分子面临的困境，即当代知识分子对于萨义德所认为的那些公共空间的兴趣不只是理论的或学术的，而且也包括直接的参与。问题在于，这种参与究竟该到何种程度为止，知识分子应该在党派之争中态度鲜明么？应该加入某个政党么？是否应该对自己涉身其中的某些政治过程中所体现的某些理念给予真正的相信并为之奋斗？或者反过来，对此抱应有的审慎但却不会在日后产生幻灭之感（20世纪的茅盾在大革命失败后的选择是一个好例）么？最后，萨义德提出：一个知识分子能否既保持内心的独立，又不会蒙受公开认错和忏悔之苦？

在我看来，萨义德所论述的主要对象虽然是西方知识分子，却显得对20世纪的中国知识分子更有针对性。整个20世纪，作为群体的中国知识分子，其实一直就在不断的追求、奋斗、彷徨、受难、绝望和幻灭之中循环，于国共两党之争之外，他们还更多地为启蒙和救亡的孰先孰后、孰重孰轻困惑，为从政和潜心治学该如何选择困惑,为是否该介入所谓的激进与渐进、改良与革命之争困惑,也还曾为是否要为保守辩护还是为改革呐喊困惑……至于他们的命运,单单使用命运多舛和坎坷不平似乎都分量不够,看他们在整个20世纪的命运,就好像观看一部极度惊险刺激的大片——任何人都可能成为故事的主角,任何人的命运你都无法预测,而整个故事的结局,更是令所有的观众——也包括演员甚至导演自己,都无法预料。而章太炎及其弟子的选择以及他们的命运,似乎就是这个知识分子群体的最佳缩影和写照。

4. 我们不妨看看作为相对的局外人(其实所有的中国知识分子都是局内人),那些同样声名显赫的大学者大作家们,对章太炎及其弟子的评价。

1921年,胡适曾应申报馆之约撰写《五十年来中国之文学》之长文,其中断言云:"章炳麟的古文学是五十年来的第一作家,这是无可疑的。但他的成绩只够替古文学做一个很光荣的下场,仍旧不能救活古文学的必死之症。"看看历史,就该认为胡适的判断大致不错,但古文学要说全部灭亡,也非如此。不过胡适的意思其实是为章太炎定位:他无非是旧文学的殿军而已,至于其政治上的贡献,胡适没有评价。此外,在其《中国哲学史大纲》的导言里,胡适曾特别指出章太炎与其他考据学家的不同:"清代的汉学家,最精校勘训诂,但多不肯做贯通的工夫,故流于支离碎琐。……到了章太炎方才于校勘训诂的诸子学外,别出一种有条理系统的诸子学。太炎的《原道》、《原名》、《明见》、《原墨》、《订孔》、《原法》、《齐物论释》都属于贯通的一类。《原名》、《明见》、《齐物论释》更为空前的著作。"在《中国哲学史大纲》自序里,胡适再一次提到章太炎:"我做这部书,对于过去的学者我最感谢的是:王怀祖、王伯申、俞荫甫、孙仲容四个人。对于近人,我最感谢章太炎先生。"

总括胡适对章太炎的评价,可以看出他对章太炎还是尊崇有加的。不过,对于那个参与政事的章太炎,胡适似乎没有多少兴趣给予评价。

那么,那位和章太炎算是同辈同时也是身兼学者和政治家双重身份的梁启超,又是如何评价章太炎的呢?梁启超在《清代学术概论·二十八》中一方面对章太炎作有保留的评价,如称"炳麟谨守家法之结习甚深,故门户之见,时不能免,如治小学排斥钟鼎文龟甲文,治经学排斥'今文派',其言常不免过当,而对于思想解放之勇决,炳麟或不逮今文学也"云云;另一方面,对其继往开来的大家气象,还是给予应有的赞美:"在此清学蜕分与衰落期中,有一人焉能为正统派大张其军者,曰:余杭章炳麟。(中略)所著《文始》及《国故论衡》中论文字音韵诸篇,其精义多乾嘉诸老所未发明。应用正统派之研究法,而廓大其内容,延辟其新径,实炳麟一大成功也。炳麟用佛学解老庄,极有理致,所著《齐物论释》,虽间有牵合处,然确能为研究庄子哲学者开一新国土。其《菿汉微言》,深造语极多。……盖炳麟中岁以后所得,固非清学所能限矣。"

还有钱基博,作为钱钟书的父亲,近年来名气大长的他似乎是沾了儿子的光,其实他在20世纪中国文化史上的地位绝对不需要靠儿子帮忙,因为仅仅一部《现代中国文学史》就足以使他占有一席之地,而他真正有价值的代表作还有《经学通志》、《中国文学史》等多种。那么,他又是如何评价章太炎的呢?

钱基博在其《现代中国文学史》中,不仅高度评价章太炎的小学成就:"多涉猎西籍,以新知附益旧学,日益闳肆。而治说文尤精",而且对其文学成就也评价甚高,认为章太炎是魏晋文的代表人物:"炳麟论文,右魏晋而轻唐宋,于古今人少许多迕",同时又指出,"至诗之魏晋,其渊源实出王闿运、章炳麟"。钱基博还指出,一般世人甚至包括一些学人,其实都不能理解章太炎,这是章氏的悲哀,也是时代的悲哀:"然世儒之于炳麟,徒赞其经子诂训之劬,而罕会体国经远之言;知赏窈眇密栗之文,未有能体伤心刻骨之意。世莫知炳麟,而炳麟纷纶今古,益与世为迕;剽剥儒墨,虽老师宿学不能自解免焉。"①对于其大弟子黄侃,钱基博在《现代中国文学史》一书里,评价说"文辞淡雅,上法晋宋","词笔高简;初见方讶其奇字涩句,细玩又觉隽永深醇;小赋可追魏晋;五言诗有晋宋之遗"。

最后再看五四运动的领导人物,也是20世纪史学大家之傅斯年的评价。傅斯年当年在评价近代以来的中国学术发展时,认为康有为和章太炎可以称为清代学问的殿军,他指出,在这一时期,"中国人的思想到了这时期,已经把'孔子及真理'的信条摇动了,已经临于绝境,必须有急转直下的趋向了;古文学今文学已经成就了精密的系统,不能有大体的增加了;又当西洋学问渐渐入中国,相逢之下,此消彼长的时机已熟了。所以这个时期竟可说是中国近代文化转移的枢纽。这个以前,是中国的学艺复兴时代;这个以后,便要是中国学艺的再造时代。"②

非常有意思的是,这些学人对于章太炎及其弟子,其评价大体中肯贴切。不过,无论是褒还是贬,他们最看重的,还是章氏等人的学术研究成就。对于其从政经历和成就,要么不提,要么评价不高(相对于其学术成就而言),其中自然以章太炎的参与革命所获成就最大,但在很多后人眼中,还是很自然地把他作为一个学者看待——至于其革命家的身份,却有意无意地被淡化了,甚至被忘却了。还有鲁迅,当年也曾被指为是革命家和思想家,其实到今天,人们最认同的,却还是作为文学家的鲁迅,即便承认其思想深刻者,也大都要结合其文学作品来说呢。

对于这种评价倾向的弊端以及产生之缘由,著名学者汪荣祖先生指出:"身为大国学家而参与政治的章炳麟,是民国史上一位杰出人物。然而历史学者一向对他的地位贬抑有加。此固然由于主观所致——民国史学依然存有党见;然章氏繁杂的思想和艰涩

---

① 钱基博:《现代中国文学史》,第66—67页。
② 傅斯年:《清代学问的门径书几种》,原载《新潮》1卷4号,第702页。

的文字,也常使学者难做正确的论断。时下一般的看法认为章氏是一狭隘的种族主义者,是一反对共和制度者、政治的反动者、思想的守旧者,甚至于说他是反复无常的疯子(章疯子)。但这些有关章氏论著所依据的,仅是章氏言行的一鳞半爪,失之偏狭,缺乏透彻的了解。再加上各种误会,使研读中国近代史者仅把章氏看成国学大师,而以为他的政治思想与行动是次要的、混杂而矛盾的。"①为此,汪荣祖先生认为,有必要对章太炎的著作进行彻底的审视,包括近年来发现的资料,然后才可以对其一生的从政活动给出实事求是的评价。汪荣祖先生在充分研究章太炎大量著作的基础上,最后做出的结论是:"纵观他在民国以后的生平,除了1929年到1931年间短期的退隐之外,他始终是积极而活跃、直言无讳的。所谓章氏从1914年以后就自隐于社会之外,因此对社会没有影响力,以及说他在辛亥之后的政治生涯已经衰竭的看法,并不符事实。我们认为章氏对民国的影响,无论在民国建立之前或之后都是意义重大的。因此他的政治生涯值得重新检讨,而他在民国史上的地位也须重新评价。"②

应该承认,汪荣祖先生的分析很有见地,不过,如果说对章太炎的评价特别是对其从政意义的评价可以从此有本质的改变,也是比较天真的愿望。因为在当今的学术界,对一个大学者任何评价的改变,事实上都不仅仅因为某些新的研究成果的问世,而是和更多更复杂的其他因素有关,也因此常常极为慎重和稳妥。至于那些地位和声望远不如章太炎者,他们所指望的被改变评价恐怕更是一个遥远的期待,而能够比较实际一点的,大概还是对其纯粹学术研究的评价吧。

那么,这是否意味着文人学者的最后阵地还是在书斋,而不是议会? 如此又如何解释那些成功的或失败的政治家,他们当中的

---

① 汪荣祖:《章太炎散论》,中华书局2008年版,第208页。
② 汪荣祖:《章太炎散论》,第243页。

很多,其实就是真正的学者或文人,例如曾担任捷克总统的哈维尔,不仅是一个著名的自由主义者和剧作家,而且其从政生涯也在历经坎坷后获得成功。在中国,这样具有双重身份而都获得成功的文人墨客也不是没有,例如当代作家王蒙。不过,也许可以说他们还是个案,文人从政或者说那些具有双重身份的知识分子,真正在建功立业方面获得成功者还是寥寥,更多的文人,其最好的归宿或者说家园,大概还是著书立说或者传道授业吧!如此说来,章太炎晚年在苏州开办学院,是否就是其大彻大悟的结果呢?

三、私人讲学——文人最后的舞台与家园

5. 公元前484年(鲁哀公十一年),68岁的孔子终于回到鲁国,在失意与寂寞中度过生命的最后五年。从公元前497年去鲁至此时归国,孔子携其弟子在外奔波十三年,"干七十余君,莫能用"——当时的中国社会正处于诸侯争霸的混乱之中,没有哪位"明君"愿意认真采纳一位"不识时务"之老人的道德理想。而回到鲁国的孔子所能做的除了整理古籍和撰写《春秋》这部经典外,就是继续由他开创之私人讲学的伟大事业——在某种程度上,它们其实是一回事。数千年后的今天,当我们透过历史的迷雾寻找年迈的孔子携其弟子驾车奔走列国之场景的时候,当我们终于意识到孔子所做一切只不过是为处于水深火热之中的中华民族试图寻找一条获得安宁与幸福之路的时候,我们是否该为他的失败说些什么,还是仅仅只有一声叹息?

无独有偶,比孔子生活年代晚百年左右,柏拉图也设立学院讲学,试图把自己的思想留给后人。自从苏格拉底死后,柏拉图其实就离开了雅典,一直在海外漫游,边考察、边宣传他的政治主张。遗憾的是他与孔子一样,同样得不到统治者的欣赏。公元前387年,在漂泊中感到厌倦的柏拉图回到雅典,创立了自己的学院——同样一个无奈却被历史证明是利在千秋的选择。与孔子稍稍不同

的是，公元前367年柏拉图再度出游，接连两次赴西西里岛说服一个年轻的君主，试图借他的权力实现自己的理念。然而，这个君主对于柏拉图的理论所流露出的热情仅仅限于叶公好龙的层次，柏拉图最后遭到的是被强行放逐，只好于公元前360年回到雅典，继续讲学、写作，直到去世。

看来，私人讲学——或好友间切磋、或与弟子教学相长，不仅是文人之价值可以得到认同的方式，而且常常是文人最后得以表现自己的舞台，是他精神上最后的家园。如果连这一点也不能维持，那即便能够苟活于尘世，也会感到痛苦无比。无怪乎陈寅恪当年会对"易堂九子"（即明末清初赣南地区的九位古文家：魏际瑞、魏禧、魏礼三兄弟，以及李腾蛟、丘维屏、彭任、曾灿、彭士望、林时益六人）有说不出的羡慕之情了："清光绪之季年，寅恪家居白下，一日偶捡架上旧书，见有易堂九子集，取而读之，不甚喜其文，唯深羡其事。以为魏丘诸子值明清嬗蜕之际，犹能兄弟戚友保聚一地，相与从容讲文论学于乾撼坤岋之际，不谓为天下之至乐大幸，不可也。"（《赠蒋秉南序》）

孔子曰："三人行，必有我师焉。择其善者而从之，其不善者而改之。"韩愈亦有名言曰："师者，所以传道、受业、解惑也。"看来，教师这一行当存在的必要性不容怀疑，而中国似乎也有着悠久的尊师重教传统。不过现实中的情况常常是，这"传道、受业、解惑"往往不是文人的最初理想，而更多是遭受挫折后的无奈选择。文人更看重的似乎还是参政与议政，很多文人最高的期望就是"为君师"，其次是"为君臣"，但其结局却更多的是"为君阶下囚"——有些讽刺意味，不是么？于是，有些看破的文人为了避免那最后的尴尬或者说痛苦，就及时选择了退却——这一退，就退到几乎无路可退的地步，因为除了收几个徒弟之外，他已经没有任何可以向社会施加影响的能力。就算是他还可以著书立说，但这更多算是私人行为，且给文人的成就感不是很强烈。因为要获得人们的承认不太容易，何况很多情况下也不敢奢望自己的著作得以流传于当世，而只有藏诸名山、传诸后人而已。相对于著述，讲学毕竟还是有"桃李满天下"之成就感的，而且借助于弟子的力量，自己的学说得以流传甚至被发扬广大的可能也就大了很多很多。

自然，即便给予文人以讲学这"最后的舞台"，他们能坚守也不是易事。一方面即便老师想教，却并不总是有学生愿学。据说柏拉图的讲学讲到最后只有一个学生，那就是亚里士多德，对众讲学变成了二人对话，我想那柏拉图心中恐怕也不会有多高兴吧。此类事不仅古代有，现代也有。1926年，32岁的金岳霖留学回国，受聘于清华大学，创办了清华大学哲学系并担任系主任。说来可怜，当时哲学系只有他一个教师，也只招到沈有鼎这一个学生，一师一生，号称一系。再如20世纪50年代初，陈寅恪任教于岭南大学时，因当时该校历史系很弱，所以把历史与政治合在一起，叫历史政治系，而整个系不过有二十几个学生，大多数还是学习政法专业。因此，选修陈寅恪所开课程的人很少，有两个学期甚至只有一个学生，此人就是后来成为中山大学历史系教授的胡守为。这样的事发生在自然科学领域可能少些，却也不是没有，徐迟的名作《哥德巴赫猜想》里就有例证：1950年，著名数学家陈景润以同等学历考进厦门大学，那年的厦大因为学生人数太少，只有数学物理系。陈景润读到大二时，才有了一个数学组，但只四个学生。到三年级时，总算有数学系了，其实系里还是这四个人。仅仅四个大学生，倒有四个教授和一个助教指导学习。

像这样近乎一对一的教学，固然容易出现"名师高徒"现象，其实不是做老师的初衷，往往只是无奈的选择。至于个中缘由因过于复杂，此处不提。

6. 再说另一方面，那就是师生关系，如果双方处理不当，则无论是老师之"讲"还是学生之"学"，恐怕都难以持续长久。

师生关系，我们看到和听到的，常常是好的居多，比如中国的传统教育始终强调学术的传承关系，而这种传承之最好的方式就是师生之间的代代相传。至于有关师生之谊的佳话更是数不胜数，例如上述所举的两个和陈寅恪有关的例子。

但凡事必有另一面，师生关系不好甚至弄僵以至最后决裂者也不是没有。亚里士多德17岁起就拜柏拉图为师，对亚里士多德来说，柏拉图既是他的恩师也是他的挚友。他曾作诗这样赞美柏拉图："在众人之中，他也是唯一的，也是最初的。……这样的人啊，如今已无处寻觅！"然而，在哲学观点和方法上他与老师存在着严重分歧，为此他毫不留情地批评恩师。这在常人看来自然认为亚里士多德是背叛恩师的忘恩负义之徒，对此亚里士多德的回答是："吾爱吾师。吾更爱真理！"在中国，由于传统教育对师道尊严的过分强调，与老师分道扬镳甚至背叛师门的事情似乎较少，为数不多的个案基本上也大都出于政治因素。在中国近现代史上，就有三次"谢本师"人们一直津津乐道，而究其原因，无不与政治有关。更有意思的是，这三次均发生在章太炎及其弟子之间。

1901年，章太炎作《谢本师》一文，拒绝接受老师俞曲园的批评，是近代史上引人关注的一大文化事件。得意门生叛出师门，且言辞激烈地对本师全盘否定，此事震动了当时的知识界。几十年后，周作人如法炮制，发表了一篇《谢本师》，而所"谢"对象，就是章太炎。不过接下来发生的事情很有戏剧性：周作人答应为日伪政权做事后不久，其北大学生沈启无也作了《谢本师》，与他绝交了。师徒三代相继"谢师"，在20世纪中国文化史上可谓空前绝后之举。

看来，要避免弟子的"谢本师"行为，这做老师的就要"与时俱进"、善于学习，甚至不耻下问、拜弟子为师，在政治上要站得稳，行得正，否则这"师"位是不大稳当的。不过，对这"稳"与"正"的判定却不太容易，特别是这判定是由当弟子的一方来实行的时候，对此我们不妨再看看陈寅恪的例子。执教中山大学时的陈寅恪，尽管常常只有一两个学生听课，他还是乐意开课，而且他所开的课每次内容都不同，都是他最新的研究成果和心得。但到了20世纪50

年代后期,随着极左思潮在中国高校的泛滥,陈寅恪终于被剥夺了走上讲台的权利。而且,他还要为自己数十年的从教生涯付出代价:遭受暴风骤雨般的大批判,而最让他伤心的,就是来自他弟子的或出于恶意或出于无知的攻击。一向以教书育人引为自豪的陈寅恪愤怒地拒绝再讲授任何课程,他的教学生涯过早地被结束。当然,陈寅恪的教学活动还不是真正的私人讲学行为,不过在那个时代,无论何种行为的讲学都不能正常进行,却是不会错的。

  从历史上看,导致师生关系破裂的内在原因,常常和师之"无道无德"或者和弟子之"朽木不可雕也"无关,而是来自现实社会各方面的巨大压力或者说影响。"文革"时期,"读书无用"论盛行一时,则师生关系当然沦为畸形。至改革开放时期,社会风气大变,则尊师重教成为时尚,师生关系也得以渐渐恢复到正常。不过,眼下似乎"读书无用"论又有抬头之势,师生关系也开始变得更加庸俗和功利,让人不免又为之担心几分。至于这种关系最终会演变到什么地步,却是我们无法预料的了。的确,所谓大学城的建设,所谓形形色色的教育改革,似乎都忽视了对师生关系的加强。当我们的老师下课后急匆匆地坐上学校的班车,返回与大学城相距数十公里的市区时,当我们的学生上网聊天、玩游戏的时间远远超过钻研专业的时间时,又怎能奢望师生之间有坐而论道的场景出现呢?

  在今天,文人纯粹以个人身份开办私学毕竟不多见,更多的还是在各种公立或私立学校中,以一个教师的身份出现在社会公众面前。但无论是何种身份,有一种使命文人必须清楚,那就是他要对人类精神的健康发展负责。苏格拉底曾经形象地把人的灵魂比喻为有一个车夫驾驶、由两匹马拉动的马车。他说其中一匹马生性高贵,向着永恒和真理的方向前进,而另一匹则不脱牲畜本性,无法分辨高贵与卑鄙,容易走上邪路。而车夫的责任就是不仅要控制那劣马,使它跟随生性高贵之马前进,而且车夫还要助高贵之马一臂之力,让它有机会上升到离永恒真理更近的地方。而文人在某种程度上,不就扮演了一个车夫的角色么?

不过,不能过高估计文人扮演这种角色的能力,因为有些灵魂是无法提升的,就像孔子和柏拉图无法说服那些君王一样。苏格拉底描述过九种灵魂的类型,最高贵的是哲学家和诗人,也就是文人吧,而最低的属于暴君和僭主。其实他的分类既不够恰当也不符合实际,因为文人中沦为暴君帮凶者也不是没有,而那些试图"对牛弹琴"即总想把自己的理念灌输到君王脑中的文人,虽然动机高尚,却总是分不清哪些是可以教育的对象,其灵魂的真正高贵与否也就值得怀疑了。

说来说去,文人的使命也就简单之极,因为消灭罪恶和暴政或许不是他们力所能及的,那就不要勉强去做——连孔夫子和柏拉图都做不到的,我们何必再去尝试?但至少,我们应该控制自己的灵魂,不要让它变成脱缰的野马。如此,那就让我们抽身而退吧,苏格拉底告诉我们:"平静并照看好自己的事情——正如一个处于风暴中的人,当风吹来尘土和雨水的时候,他只能站在矮墙下躲避。看到别人无法无天,他对自己可以过完全摆脱不正义和邪恶的生活而感到满意,并满怀着崇高的希望幽雅而欢欣地抽身而退。"至于退到何处,自然是写写书和讲讲学而已。另一方面,退守家园也不是说就完全不参与社会变革,至少你还可以通过你的言辞和教育你的弟子与社会黑暗斗争,尽管你的影响可能微弱得不值一提。而在更多的情况下,如果你已经把你的思想传给弟子,也就是尽到了和邪恶搏斗的责任——因为你告诉他们应该永远追求真理,同时对现实保有应有的热情和责任。

然而,苏格拉底的命运告诉我们,这最后的家园并不可靠,很容易遭到外力的摧残。倘如此,那也就无话可说——因为说什么都已无济于事。等到"程门立雪"的故事已不再有人相信甚至遭到嘲讽、恶搞之时,也许就是师生关系完全崩溃之日,那时的教师,其唯一的出路也就只有经商下海,或者归隐山林。如果那时还有人硬要坚持其教书育人的所谓使命,恐怕除了沦为世人的笑柄外,别无所获——我是否过于悲观了?

后记

这是一本被拖延太久才完成的小书,因为本来它问世的时间应该是在 2008 年的暑假前后。只是由于很多阴差阳错的因素——当然主要是因为我的懒惰,才迟至今日与读者见面。虽然晚了很多,但晚问世总比最后的归于消失要好,这是我唯一聊以自慰的理由。

对于章太炎及其著作,我本来不太熟悉。至于其门下众多弟子生平与学术成就,我更是知之甚少。但最终下决心来写他们——尽管很可能肤浅和粗陋,还是要感谢老友耿传明以及大象出版社的张前进兄,没有他们的鼓励和善意的宽容,本书早就夭折了呢。

我之所以最后选择了写作本书,用意首先在于——近年来我对百年来浙江籍文人学者的兴趣。熟悉中国近现代史的读者都知道,没有了浙籍文人学者,我们的这一段历史肯定就要重写了吧。原籍浙江或者说出生在浙江的文人墨客,在百年来的中国历史舞台上,常常是叱咤风云的主角,尽管有时也沦为配角,但依然会上演有声有色的活剧,令人过目不忘。而且,我的感觉是浙籍文人在气质风度上、在命运结局上,似乎都很有些特点。而章太炎及其门下众多弟子,应该就是浙籍文人的最佳代表,也因此他们是最值得写也最值得研究的中国知识分子群体。

当然,支撑我最后写出本书的,还在于章太炎及其弟子们的传奇经历以及他们那些开创性的学术成就——对此我以为自己既身在浙江高校任教,就有向读者介绍的责任,至少该为他们提供一个了解这些大师级人物的入门途径。还有一点让人伤感的是,今天的中国学术界,已经是真正的大师消失、而伪大师层出不穷的时代,令人在多少有些哭笑不得之余,也对那些已经逝去的大师,更增添了缅怀和追寻他们踪迹的怅惘。

不过,真的动笔写作时,我才发现难度之大超出了我的想象。且不说章太炎的文字艰深古奥和学识的广博令人叹为观止,也不必说其众多弟子涉及的学术领域过于宽广博大,仅仅是搜集写作资料就几乎是不可能做好的事情——需要的太多太多,而能找到的太少太少。俗话说得好,"巧妇难为无米之炊",何况我本不是什么"巧妇"呢!最后,我在几乎绝望的情况下决定,只有就米下锅,有多少米煮多少饭,至于最后的成品如何,味道是否还能为读者接受,只有读者看后再说了。不过,我自认尽了自己的最大努力,但愿读者还能认同我这个手艺不高厨师的烹饪技艺。

而且,在我之前,已有不少学者对章太炎及其弟子进行了出色的研究,他们的成果让我获益匪浅。因为本书之目的在于评述章太炎及其弟子的生平事迹以及学术成就,所以在写作过程中,我不可避免地使用了他们的一些观点和研究成果。对此,尽管我已尽可能以注释的方式在书中注明,但还是要在此表示衷心的谢意——没有这些学者的研究成果,我的这本小书很可能写不出,或者写成另外一个样子——更加不成样子的样子。

已故著名历史学家陈寅恪先生,其治学尤为注重研究学者之家世出身、婚姻关系以及师承关系等,并认为中国学术的传承,更多的是在民间,以师生相传为主要方式,因此民间讲学和开办私学,其实就是中国文化体系中一个重要特色——这些在历史上的动乱时代，表现得尤其明显。显而易见，在章太炎及其弟子那里，陈寅恪的观点都得到很好的证明。如此我想，研究章太炎及其弟子，对于今天中国学术的发展，应该也是有参考价值的吧。

2009年杭州的夏天极为酷热，让人怀疑这个所谓的"人间天堂"其实名不副实——当然不仅仅在于它的热。忍受着酷暑坐在电脑前写作的滋味，自然很不好受。好在章太炎及其弟子的故事能够不时让我感动，也时时促使我萌生把它们传达给读者的冲动，终于在暑假即将结束的时候，书稿得以杀青，我总算可以长吁一口气了。

最后，我要感谢我的家人以及我的几个学生，他们为该书的完成付出了很多劳动。特别是卢建军，他不但动笔写了本书中的两章，而且还对本书的内容、结构等，提出了一些很有价值的建议，也是要在此说明的。从我的这些学生那里，我依稀看到了一些希望——尽管他们的学术根基还很不牢固，但只要有一颗向学之心，假以时日，谁能说他们不会做出成就呢？如此，则我这个水平有限的教师，岂不是可因培养出几个有所造就的人才，而有几分欣慰呢？——但愿吾能如愿。

2009年8月底于西子湖畔